Theodor Bergk

Fünf Abhandlungen zur Geschichte der griechischen Philosophie und Astronomie

Theodor Bergk

Fünf Abhandlungen zur Geschichte der griechischen Philosophie und Astronomie

ISBN/EAN: 9783743686502

Hergestellt in Europa, USA, Kanada, Australien, Japan

Cover: Foto ©ninafisch / pixelio.de

Weitere Bücher finden Sie auf **www.hansebooks.com**

FÜNF ABHANDLUNGEN

ZUR GESCHICHTE DER GRIECHISCHEN

PHILOSOPHIE UND ASTRONOMIE

VON

THEODOR BERGK

HERAUSGEGEBEN

VON

GUSTAV HINRICHS

LEIPZIG
FUES'S VERLAG (R. REISLAND)
1883

FÜNF ABHANDLUNGEN

ZUR GESCHICHTE DER

GRIECHISCHEN

PHILOSOPHIE UND ASTRONOMIE

VON

THEODOR BERGK

HERAUSGEGEBEN

VON

GUSTAV HINRICHS

LEIPZIG
FUES'S VERLAG (R. REISLAND)
1883

VORWORT

Theodor Bergks Leben ist bis wenige Monate vor seinem Tode (zu Ragaz am 20. Juli 1881) mit ununterbrochenem Fleisse und Erfolge der wissenschaftlichen Arbeit gewidmet gewesen, so lange es seine körperliche Kraft und geistige Frische erlaubte. Die vorher starke und grosse Handschrift war plötzlich im letzten Winter dünn und kleiner geworden.

Die Vorbereitungen für die vierte Auflage der Poetae lyrici Graeci, deren Vollendung er nicht mehr erleben sollte, hatten ein gut Theil Zeit für sich in Anspruch genommen und unterbrachen, abgesehen von einigen Studien über jeweilig neue Erscheinungen, die Arbeit an seiner Lebensaufgabe, an der griechischen Litteraturgeschichte. Die erste grosse Hälfte (bis zum Jahre 300 v. Chr.) war in gleichmässiger Darstellung beinahe bewältigt bis auf die klassische Prosa: von der Geschichte des Nachlebens der griechischen Litteratur, des zweiten grossen Zeitraumes (von 300 v. Chr. bis 529 n. Chr.), liegen leider nur spärliche Theile in zusammenhängender Form vor. Die Hauptarbeit mehrerer Jahre hatte ihr Verfasser nach Abschluss der Geschichte der Poesie der attischen und späteren Prosa, der historisch-rhetorischen wie der philosophischen, vor allem Plato, zugewandt. Das bezeugen eine grosse Zahl Collectaneenzettel und einige für den Druck bestimmte Abhandlungen, welche die Resultate seiner Studien genauer begründen und ohne Zweifel seiner Darstellung der Prosa den Weg ebnen sollten.

Als Bergks wissenschaftliches Testament darf die umfassende und scharfsinnige Abhandlung über die Redaction der Gesetze Platos oder eher noch der unfertige, aber ertragreiche Aufsatz über die moralischen Διαλέξεις in dorischem Dialekte gelten, welche er als eine klassische Schrift der Geschichte der Prosa neu einzuordnen versucht: beide Manuscripte zeigen die veränderte Handschrift des letzten Winters (1880/81), Krankheit und Tod haben die letzte Feile fern gehalten. Da der Verfasser auf die erstere Arbeit selbst noch grossen Werth gelegt hat, so war ihre baldige Veröffentlichung durchaus erwünscht. Der ursprüngliche Plan ging nur auf die Sammlung der etwas älteren Platonischen Studie über den Theaetet und der eben genannten litterarhistorischen Abhandlungen. Als sich aber aus dem Manuscriptenmaterial für die Litteraturgeschichte ferner noch ein umfangreicher Aufsatz über den Astronomen Aristarch von Samos und seine Theorie von der Erddrehung aussondern liess, trug ich im Einvernehmen mit der geehrten Verlagshandlung kein Bedenken, ausser diesem auch den kritischen Überblick über die litterarische Thätigkeit der Sophistenfamilie der Philostrate hinzuzufügen und dadurch wenigstens der Zeit nach den Inhalt dieser Beiträge zur Geschichte der griechischen Philosophie abzurunden. Die besondere Hindeutung des Titels auf Aristarch schien empfehlenswerth.

Fertig und mit einer Überschrift versehen lag nur der erste Aufsatz dieser Sammlung vor; die Benennungen der übrigen Stücke sind von anderer Hand hinzugefügt, meist von Herrn Geheimen Regierungsrath Professor Dr Schaefer in Bonn, welcher sich um die Sichtung und Erhaltung des gesammten ansehnlichen schriftlichen Nachlasses Bergks das grösste Verdienst erworben hat. Von ihm rührt ebenso im Grossen und Ganzen die vorläufige Anordnung der einzelnen Manuscripte, soweit sie gestört war, her. Am sichersten war die Blattfolge der beiden Platonischen Abhandlungen erhalten, welche auch bereits Herr Oberlehrer Dr R. Peppmüller in Halle gelegentlich der Auswahl der Schriften für die Opuscula einer nachprüfenden Revision unterzogen hatte. Den dritten und zumal den vierten Aufsatz, welche beide einige Lücken aufweisen, habe ich nach dem Inhalte redigirt; dabei sind in letzterem S. 167 zwei Sätze, welche schon S. 153 fast gleichlautend stehen, getilgt worden. Für den fünften Aufsatz ist die zweite Fassung unter jedesmaliger Angabe und Anwendung von Sternen mehrfach aus der älteren vervollständigt. Eine Paginierung der Blätter war nirgends vorhanden.

Da wo der laufende Text Unebenheiten und Lücken zeigt, würde der Verfasser bei der Überwachung des Drucks zweifellos mancherlei geglättet und ausgefüllt haben. Meine Ergänzungen habe ich überall genau durch eckige Klammern kenntlich gemacht, weil sie möglicher Weise das Verständnis des Zusammenhangs alterieren. Dagegen habe ich meist darauf verzichtet, die Revision der sehr häufig ganz ausgelassenen oder unvollständigen oder verschriebenen Citate zu bezeichnen, ausser wo ein Zweifel bestehen kann oder etwa die Deutlichkeit es wünschenswerth machte; auch einige Wortverschreibungen (wie z. B. S. 14 Hegesippos gegen Hegesippos statt Hegesippos gegen Chabrias u. a.) habe ich stillschweigend verbessert. Nicht übergehen darf ich, dass Herr Geheimer Oberregierungsrath Professor Dr M. Duncker die grosse verbindliche Freundlichkeit gehabt hat, sein Interesse an dem ihm ehedem vorgelegten Theile der litterarischen Hinterlassenschaft des ihm eng verbunden gewesenen Verfassers durch eine gefällige Durchsicht der Druckbogen zu bethätigen.

Mögen nun die Fünf Abhandlungen, welche nicht weniger als die übrigen Arbeiten Bergks durch ihren reichen Inhalt von der glänzenden und vielseitigen Gelehrsamkeit, von der scharfsichtigen und weittragenden Combinationsgabe und der treuen Ausdauer ihres Verfassers beredtes Zeugnis geben, auch in der jetzigen posthumen Gestalt eine wohlwollende Aufnahme finden!

Berlin, den 10. Juni 1883.

Gustav Hinrichs.

INHALTSVERZEICHNIS

	Seite
Vorwort	III—V
I. Wann ist Platos Theaetet abgefasst?	1—40
II. Platos Gesetze	41—116
III. Über die Echtheit der $\Delta\iota\alpha\lambda\acute{\epsilon}\xi\epsilon\iota\varsigma$	117—138
IV. Aristarch von Samos	139—171
V. Die Philostrate	173—183
Stellenverzeichnis	184—189
Druckfehler	190

WANN IST PLATOS THEÆTET
ABGEFASST?

I.

Wann ist Platos Theaetet abgefasst?

Wie bei den meisten Dialogen Platos, gehen auch hinsichtlich der Abfassungszeit des Theaetet die Ansichten der Neueren weit aus einander: Socher setzt den Theaetet und Gorgias nebst anderen Gesprächen in die Zeit vor Eröffnung der Schule[1]), also noch vor Phaedros, ähnlich im Wesentlichen Hermann und Stallbaum [2]). Zeller lässt auf den Phaedros zunächst Gorgias, dann Meno und Theaetet folgen. Nur Überweg verlegt den Theaetet in eine spätere Epoche, indem er mit Munk das im Eingange des Dialoges erwähnte Treffen bei Korinth auf den Sieg des Chabrias über die Thebaner Ol. 102, 4 bezieht.

Ich kann dieser Ansicht nur beipflichten, denn sie allein [steht] mit der Scenerie des Platonischen Dialoges durchaus im Einklange. In dem einleitenden Gespräche erfahren wir, dass der Athener Theaetet in der Schlacht bei Korinth verwundet wurde: er steht im Mannesalter und hat die Erwartungen, welche Sokrates unmittelbar vor seinem Tode über den damals sehr jungen Schüler des Mathematikers Theodoros aussprach, nicht getäuscht. Nach Plato lernte Sokrates den Theaetet erst in seinen letzten

---

1) Auch Schleiermacher stellt Gorgias und Theaetet neben einander. Man sieht daraus, wie trügerisch und unsicher alle solche Hypothesen sind, wenn es nicht gelingt, bestimmte Indicien nachzuweisen. Zwischen der Abfassung des Gorgias und Theaetet liegt mehr als ein Menschenalter. Doch über die Zeit des Gorgias, die bisher sehr unrichtig bestimmt ist, ein anderes Mal.

2) Steinhart lässt Plato den Theaetet in Kyrene gegen Ende Ol. 96 schreiben: damals war Plato von seinen Reisen bereits wieder in die Heimath zurückgekehrt: die sogenannten Wanderjahre haben in der Platonischen Biographie sehr viel Unheil gestiftet.

Tagen, als gegen ihn die Klage bereits angebracht war, kennen: er gehört also gar nicht zu dem zahlreichen Kreise der Schüler und Freunde des Sokrates. Gesetzt auch Theaetet, der Ol. 95, 1 als μειράκιον bezeichnet wird, habe bereits im korinthischen Kriege Ol. 96, 3 und f. Kriegsdienste gethan, so konnte er doch schwerlich sich damals schon durch wissenschaftliche Leistungen einen geachteten Namen erworben haben, wie sie der von ihm gebrauchte Ausdruck ἐλλόγιμος nothwendig voraussetzt. Man müsste denn annehmen, Plato habe erst geraume Zeit nach dem korinthischen Kriege den Dialog geschrieben und jener Ausdruck ἐλλόγιμος sei proleptisch gebraucht. Denn Plato will offenbar dem Theaetetos, einem philosophisch gebildeten Mathematiker, der wie andere seiner Fachgenossen mit dem Philosophen in regem wissenschaftlichem Verkehre stand, einen Beweis seiner Freundschaft und Hochachtung geben, indem er ihn nicht nur im Theaetet, sondern auch im Sophisten einführt[1]). Auch wird sehr bestimmt gesagt, die Erwartungen des Sokrates hätten sich erfüllt[2]), also muss Theaetet sich in seinem Fache bereits als Lehrer oder Schriftsteller (vielleicht nach beiden Richtungen hin) bewährt haben. Indes ohne zwingende Gründe soll man die Zahl der Anachronismen bei Plato nicht vermehren. Verlegt man den einleitenden Dialog in Ol. 102, 4, dann sind seit Sokrates' Tode Ol. 95, 1 etwas über dreissig Jahre verflossen, und Theaetet hatte bereits die ἀκμή erreicht[3]).

Die Zeit, in welche ein Gespräch verlegt wird, fällt nicht nothwendig mit der Zeit der Abfassung zusammen[4]). Wie Plato das Hauptgespräch in [die] letzten Tage des Sokrates versetzt, weil es

---

1) Da Theaetet weder zu Sokrates' noch zu Platos Schülern gehört, sondern vielmehr an Eukleides und die Megariker sich anschloss, würde Plato einem jungen, noch nicht erprobten Manne schwerlich diese Rolle übertragen und noch weniger dem Sokrates jenes prophetische Wort in den Mund gelegt haben, da ja diese Hoffnung ebenso getäuscht werden konnte, wie die ähnliche Äusserung im Phaedrus über Isokrates; da Plato in Betreff des Isokrates seinen Irrthum bald inne werden musste, wird er sich gehütet haben, zum zweiten Male in diesen Fehler zu verfallen.

2) Der Ausdruck ὡς ἔοικεν . . . . .

3) Die Verpflichtung zum Kriegsdienst dauert bekanntlich bis zum 60. Lebensjahre, doch wurden damals zum Felddienst gewöhnlich nur Bürger unter 50 Jahren verwandt.

4) Theoretisch wird dieser Satz anerkannt, aber praktisch nicht selten dagegen gefehlt.

nur so möglich ward, den jungen Theaetet noch persönlich mit Sokrates verkehren zu lassen, so wird er für die Mittheilung dieser Unterredung durch Eukleides Ol. 102, 4 gewählt haben, weil der megarische Philosoph bald nachher gestorben sein wird. So liegt die Vermuthung nahe, dass der Dialog erst später abgefasst sei, und diese wird vollkommen bestätigt durch die ausführliche Episode (172 C — 177 C), welche den Gang der dialektischen Verhandlung in sehr auffallender Weise unterbricht. Die Versuche der Erklärer, sowohl die Stelle dieser Parekbase als auch ihre Bedeutung für die eigentliche Aufgabe des Dialoges zu rechtfertigen, übergehe ich. Diese Abschweifung, in der Plato ebenso die Hoheit seines Geistes, wie seine wunderbare Redegewalt aufs Neue bewährt, kann nur durch persönliche Verhältnisse motivirt sein, welche den Philosophen veranlassten, sich gegen feindselige Angriffe zu wehren. Es kann daher auch nicht befremden, wenn sich hier historische Beziehungen vorfinden, welche weder mit der Zeit der ersten noch der zweiten Unterredung vereinbar sind, wohl aber uns in den Stand setzen, die Entstehungszeit des Dialoges zu ermitteln.

Wenn Plato S. 175 D ff. ausführt, der wahre Philosoph sei ausser Stande, eine Lobrede auf einen Fürsten oder Tyrannen in der landläufigen Weise zu halten, so muss man sich erinnern, dass zuerst Isokrates diese Gattung von Schaureden aufgebracht hat. Lobreden auf berühmte Männer oder Frauen der Heroenzeit zu schreiben war schon längst ein beliebtes Thema bei den Sophisten; aber Isokrates hat in seiner Rede auf Euagoras zum ersten Male das Andenken eines Fürsten der unmittelbaren Gegenwart zu verewigen versucht, wie er selbst bezeugt[1]). König Euagoras von Salamis auf Kypern starb nach Diodor Ol. 101, 3, die Schaurede des Isokrates ist jedoch erst einige Jahre nachher verfasst. Seinem Vorgange folgten bald andere, man versuchte sich wetteifernd in der neuen Gattung; als Xenophons Sohn Gryllos in der Schlacht bei Mantinea Ol. 104, 2 gefallen war, erschienen, wie Aristoteles bezeugt, zahlreiche ($\mu\nu\rho\iota\omicron\iota\ \ddot{\omicron}\sigma\omicron\iota$)

---

1) Euag. 8: περὶ μὲν γὰρ ἄλλων πολλῶν καὶ παντοδαπῶν λέγειν τολμῶσιν οἱ περὶ τὴν φιλοσοφίαν ὄντες, περὶ δὲ τῶν τοιούτων οὐδεὶς πώποτ' αὐτῶν συγγράφειν ἐπεχείρησεν. Daher sieht auch Isokrates auf die mythologischen Themen, obwohl er selbst früher sich damit befasst hatte, voll Geringschätzung herab, indem er bemerkt (§ 6), man wisse ja nicht einmal, ob jene Heroen wirklich gelebt hätten.

Lob- und Leichenreden auf den Reitertod des jungen Atheners [1]). Als Mausolos, König von Karien, Ol. 107, 2 gestorben war, setzte seine Gemahlin Artemisia einen Preis für die beste Leichenrede aus; an diesem rednerischen Wettkampf betheiligten sich die namhaftesten Schüler des Isokrates. Bald ging man weiter; der Isokrateer Theopomp schrieb ein Enkomium auf Philipp von Macedonien noch bei Lebzeiten des Fürsten. Als Plato jene Worte niederschrieb, müssen diese Schaureden auf Fürsten schon ziemlich verbreitet gewesen sein, dies ist also mit der Annahme, der Dialog sei um Ol. 102, 4 verfasst, nicht vereinbar [2]). Wenn Plato hervorhebt, dass man in solchen Reden den Reichthum und das Alter des Geschlechtes rühme, so wird nicht leicht ein höfischer Redner diese Motive verschmäht haben, aber Platos Darstellung geht so in das Detail ein, wie z. B. die 10,000 Morgen Landes und die Aufzählung der 7 Ahnen [3]), dass man annehmen muss, sein Spott beziehe sich auf bestimmte Reden; ganz sicher ist dies der Fall; wenn er steigend fortfährt: $ἀλλ' ἐπὶ πέντε καὶ εἴκοσι καταλόγου προγόνων σεμνυνομένων καὶ ἀναφερόντων εἰς Ἡρακλέα τὸν Ἀμφιτρύωνος$, so geht dies offenbar auf einen spartanischen König, und zwar kann kein anderer als Agesilaos gemeint sein, der in der Reihe der Prokliden die 19. Stelle einnimmt. Rechnen wir dazu die Generationen zwischen den Ahnherren des Geschlechtes und den spartanischen Herakliden:

1) Nach Hermippos hätte auch Isokrates damals ein $ἐγκώμιον Γρύλλου$ verfasst.

2) Die älteren Lyriker haben allerdings in verschiedenen Formen ($ἐγκώμια, θρῆνοι, ἐπινίκοι, ὑπορχήματα$) wie andere Zeitgenossen, so auch Fürsten gepriesen, aber diese Art der Lyrik war längst verstummt. Das prosaische Zeitalter erneuert den alten Brauch in der ihm gemässen Form der Rede. Plato hat in dieser Parekbase überall nur Redner, nicht Dichter im Auge.

3) Nach Diodor S. XXXII, 3 hinterliess Massinissa jedem seiner Söhne einen $μυριόπλεθρος ἀγρός$, man vergl. Polyb. XXXVII, 3, wo $μυριόπλεθροι ἀγροί$ im Reiche des Massinissa scheinbar in anderem Zusammenhange erwähnt werden, aber der Epitomator oder die Schreiber tragen wohl die Schuld der Verwirrung; Polybios, aus dem Diodor schöpfte, wird gleichfalls von dem Nachlasse des Königs berichtet haben. — Im bürgerlichen Leben begnügte man sich mit der Abstammung $ἐκ τριγονίας$, edle Geschlechter setzten ihren Stolz darein, mindestens $ἑπτὰ πάππους$ aufweisen zu können (in ähnlicher Weise wie Plato spottet über diesen Ahnenstolz Menander fr. inc. 4), vergl. die verderbten Glossen des Hesych. $ἐνδοϊτιναι$ und $ἐνδοϊέμεναι$ (hier ist in der Erklärung $ὅσοι ἀπὸ ἑπτὰ πατέρων καὶ μητέρων$ statt $ἑτέρων$ zu schreiben). Den Gegensatz bildet $ἑπτάδουλος$ bei Hipponax. Vergl. auch Lobeck Aglaoph. I, 764.

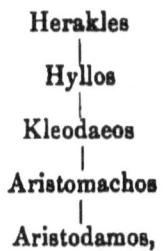

den Vater des Eurysthenes und Prokles, so erhalten wir 24 Geschlechter, und zählt man, wie billig, die vormundschaftliche Regierung des Lykurg mit, so erhalten wir 25, dabei sind sowohl Herakles als auch der jüngste Spross Agesilaos mitgezählt, wie die folgenden Worte Platos: ὅτι δὲ ὁ ἀπ' Ἀμφιτρύωνος εἰς τὸ ἄνω πεντεκαιεικοστὸς τοιοῦτος ἦν, οἷα συνέβαινεν αὐτῷ τύχῃ deutlich zeigen[1]). Der greise Agesilaus starb bekanntlich nach einem vielbewegten Leben auf seiner letzten abenteuerlichen Heerfahrt in Aegypten.

Das Todesjahr des Agesilaos zu bestimmen ist schwierig. Diodor berichtet den Tod unter Ol. 104, 3, was unbedingt falsch ist, die Neueren nehmen meist Ol. 104, 4 an, Böckh dagegen (Manetho S. 369 ff.) im Anschluss an das Verzeichnis der aegyptischen Dynastien von Manetho und den astronomischen Kanon Ol. 105, 3, und dabei wird man sich beruhigen müssen, zumal da die Angaben über das Alter des Agesilaos und die Dauer seiner Regierung nicht recht verlässig sind[2]).

Noch ist uns eine gleichzeitige Lobschrift auf den Spartanerkönig erhalten. Wenn es hier gleich im Eingange c. 1, 2 heisst: περὶ μὲν οὖν εὐγενείας αὐτοῦ τί ἄν τις μεῖζον καὶ κάλλιον εἰπεῖν ἔχοι ἢ ὅτι ἔτι καὶ νῦν τοῖς προγόνοις ὀνομαζομένοις ἀπομνημονεύεται, ὁπόστος ἀφ' Ἡρακλέους ἐγένετο, καὶ τούτοις οὐκ ἰδιώταις,

---

1) Auf das andere Königshaus kann man diese Bemerkung nicht beziehen, da dasselbe im Zeitalter Platos schon weit höhere Zahlen aufweist.

2) Plutarch giebt ihm 84 Lebensjahre (nach Xenophon war er 80 Jahre alt, als er die Fahrt nach Aegypten antrat) und 41 Regierungsjahre; bis zur Schlacht bei Leuktra (Ol. 102, 2) rechnet er über 30 Jahre, so dass auf den Rest der Regierung etwa 10 Jahre kommen würden. Den Regierungsantritt setzen die Neueren entschieden zu spät an, er muss Ol. 94, 4 oder 95, 1 zu Anfang erfolgt sein, denn um diese Zeit war der Krieg gegen Elis bereits beendet, wie das, was über die Schicksale des Sokratikers Phaedros berichtet wird, beweist; die Schwierigkeit, welche Xenophons Darstellung bereitet, lässt sich leicht beseitigen.

ἀλλ' ἐκ βασιλέων βασιλεῦσιν, so ist es mir nicht zweifelhaft, dass Plato eben diese Worte vor Augen hatte. Mit geschickter Wendung hebt der Lobredner die lange ununterbrochene Reihe der Vorfahren des Agesilaos hervor, hütet sich aber die Zahl anzugeben, um nicht in die Nüchternheit der altaegyptischen Prosa zu verfallen, während der Kritiker Plato ihm nachrechnet und seinem Zwecke gemäss die Zahl nennt, um das Kleinliche dieses Ruhmes recht anschaulich zu machen. Dieses Lebensbild des Agesilaos, obwohl rednerischen Schmuck nicht verschmähend, hat doch nicht die Form der eigentlichen Rede, aber es kündigt sich gleich von vornherein als Lobschrift an (c. 1, 1 ἔπαινος) und am Schlusse c. 10, 3: ἀλλὰ γὰρ μὴ ὅτι τετελευτηκὼς ἐπαινεῖται, τούτου ἕνεκα θρῆνόν τις τοῦτον τὸν λόγον νομισάτω, ἀλλὰ πολὺ μᾶλλον ἐγκώμιον[1]); der Agesilaos gehört also jener Gattung an, die Isokrates zuerst in die Prosalitteratur eingeführt hatte und Plato hier vor Augen hat.

Die Echtheit des Agesilaos ist von der neueren Kritik vielfach angefochten[2]), aber die Vermuthung, als liege die Stilübung eines späteren Rhetors vor, ist entschieden abzuweisen[3]). Nur ein Zeitgenosse des Agesilaos, der mit allen Verhältnissen wohl vertraut war, kann diese Blätter zur Erinnerung an den Mann aufgezeichnet haben, der länger als ein Menschenalter die Geschicke seines Staates mit fester Hand geleitet und mit dem Ruhme seiner Kriegsthaten alle Theile der damaligen Welt erfüllt hatte. Was man gegen Xenophons Namen, den die Schrift führt, geltend macht, lässt sich unschwer zurückweisen. Nicht ein Fremder hat hier Xenophons hellenische Geschichte ausgeschrieben, sondern Xenophon selbst benutzt sein eigenes Werk, wozu er vollkommen berechtigt war, und konnte dies um so eher thun, da die Hellenika damals noch nicht vollendet oder doch noch nicht veröffentlicht waren. Freilich wenn Diogenes Laertios Recht hätte, Xenophon sei Ol. 105, 1 gestorben, dann konnte er nicht dem Agesilaos, der erst im dritten Jahre darauf aus dem Leben schied, dies Denkmal setzen; allein diese Notiz, welche die Neueren vielfach beirrt hat, beruht auf einem Missverständnis des ein-

---

1) Aristoteles Eth. Nikom. I, 12 unterscheidet zwischen ἔπαινος und ἐγκώμιον, überlässt aber die genauere Untersuchung τοῖς περὶ τὰ ἐγκώμια πεπονημένοις.
2) Valkenaer.
3) Ein Rhetor oder Sophist würde unbedingt der Schrift die Form der Rede gegeben haben, deren Xenophon mit richtigem Takte sich nicht bedient.

fältigen Diogenes oder der von ihm angezogenen ἀρχόντων ἀναγραφή des Stesikleides[1]). Wohl mögen damals gar manche sich an diesem dankbaren Thema versucht haben[2]), aber für Xenophon, der dem Fürsten lange Zeit persönlich nahe gestanden hatte und ihm vielfach verpflichtet war, lag die Aufforderung am allernächsten: er wird nicht gesäumt haben seinen Gesinnungen alsbald Ausdruck zu geben, noch bevor er die griechische Geschichte zum Abschluss brachte, die zumeist bestimmt war, den Agesilaos, den sie in den Vordergrund rückt, zu verherrlichen. Dass aber Plato gerade diese Lobschrift berücksichtigt, ist die beste Bürgschaft für ihre Echtheit.

Nun lässt sich auch die Abfassungszeit des Platonischen Dialoges mit Sicherheit feststellen. Agesilaos starb Ol. 105, 3 in der Mitte des Jahres (im Winter 358/7). Xenophons Schrift kann recht wohl noch in demselben Jahre erschienen sein, so dass Plato bereits Ol. 105, 4 darauf sich beziehen konnte. Jedenfalls darf man den Theaetet nicht später als Ol. 106, 1 ansetzen, denn auf diesen Dialog folgten der Sophist und Politikos; ausserdem gehört in diese Zeit noch der Parmenides, eine unvollendete Arbeit, die offenbar erst nach des Philosophen Tode veröffentlicht wurde. Dann verstummt Plato: die Umgestaltung der Ideenlehre, sowie die Ausarbeitung der Gesetze nahmen die Arbeitskraft des grossen Philosophen vollständig in Anspruch.

Jetzt fällt auch Licht auf die dunkele Stelle S. 175 C, wo Plato die landläufige Ansicht βασιλεὺς εὐδαίμων κεκτημένος τ᾽ αὖ πολὺ χρυσίον berührt, der auch der dort verhöhnte Sophist huldigte. Recht unglücklich war Hermanns Einfall, das unverständliche τ᾽ αὖ zu tilgen; mit richtigem Blick erkannte Madvig in πολὺ, was auch die besten Handschriften auslassen, den Zusatz

---

1) In der Quelle wird sich die Notiz gefunden haben, Theopomp beginne sein Hauptwerk, die Φιλιππικά, da, wo Xenophon aufhörte; κατέστρεψε, d. h. ἱστορίαν, die Ἑλληνικά, aber der unwissende Compilator ergänzt τὸν βίον. Xenophon schliesst mit der Schlacht bei Mantinea Ol. 104, 2 ab, Theopomp beginnt mit der Thronbesteigung Philipps Ol. 105, 1. Die kurze Zwischenzeit, welche keine selbständige Bedeutung hat, kommt nicht in Betracht, auch Anaximenes schloss seine Ἑλληνικά mit jener Schlacht (Diodor XV, 89 κατέστροφεν εἰς τὴν ἐν Μαντινείᾳ μάχην καὶ τὴν Ἐπαμεινώνδου τελευτήν) und nahm dann den Faden in seinen Φιλιππικά wieder auf.

2) Wenigstens versichert der Verfasser des 9. Isokratischen Briefes: εἰδώς, ὦ Ἀρχίδαμε, πολλοὺς ὡρμημένους ἐγκωμιάζειν σὲ καὶ τὸν πατέρα καὶ τὸ γένος ὑμῶν.

eines Abschreibers; sein Vorschlag ταῦ χρυσίον zu lesen mit Verweisung auf Hesych ταῦς·μέγας, πολύς ist auf den ersten Anblick ansprechend, aber wenn man genauer prüft, unzulässig. Diesen alterthümlichen glossematischen Ausdruck konnte Plato nur anwenden, wenn er ein Sprüchwort oder ein poetisches Citat verwendete; aber nichts deutet sonst auf eine dichterische Reminiscenz hin, ebensowenig ist es als sprüchwörtliche Redensart nachweisbar. Man erwartet hier vielmehr einen Eigennamen, wie im Meno 90, A .τὰ Πολυκράτους χρήματα oder im Euthyphro 11 E τὰ Ταντάλου χρήματα¹). Ich lese κεκτημένος Ταὼ χρυσίον. Der aegyptische König, dem Agesilaos mit einem Söldnerheere zu Hülfe kam, um ihn in seinen Kämpfen gegen Persien zu unterstützen, wird von Aristoteles (d. h. in einer älteren, dem Aristoteles beigelegten Schrift) Ταώς, im Manetho Τεώς, von Xenophon und den griechischen Historikern Ταχώς genannt. In den sog. Aristotelischen Oekonomika c. 25 werden ausführlich die Finanzoperationen geschildert, welche Taos (Tachos) anwandte, um sich Mittel zum Kriege zu verschaffen. Die Praktiken waren nicht gerade ehrenhaft, aber schlau ersonnen und konnten in einem so reichen Lande, wie Aegypten, überraschenden Erfolg haben ²). Taos hatte bald [über] bedeutende Summen zu verfügen: dadurch ward es ihm leicht Sparta zu gewinnen, bereitwillig trat der achtzigjährige König als Führer der Landsknechte in den Dienst der aufständischen Barbaren³), schlug sich aber bald auf die Seite seines Rivalen, des Nektanebis, und verhalf ihm zur Herrschaft über Aegypten: Nektanebis entliess den Agesilaos, indem er ihm ausser anderen werthvollen Geschenken offenbar aus den Schätzen seines Vorgängers, die ihm in die Hände gefallen waren, 230

---

1) Früher glaubte ich auch hier *Ταντάλου* statt τ' αὖ πολύ corrigiren zu dürfen, aber πολύ ist sichtlich Versuch eines Schreibers, das unverständliche τ' αὖ durch ein verständliches Wort zu ersetzen. *Πολύ* oder etwas Ähnliches verlangt der Gedanke, der Schreiber braucht dazu nicht das Wörterbuch des Diogenian einzusehen.

2) Nach diesem Berichte hatte Chabrias, der gleichfalls im Dienste des Tachos stand und die Flotte commandirte, dem Könige zuerst die Mittel und Wege angegeben.

3) Xenoph. Ages. 2, 25 vom Tachos πολλὰ χρήματα ἔχων; 2, 29 Agesilaos tritt in aegyptische Dienste aus Dankbarkeit für die Wohlthaten, die Tachos Sparta erwiesen, d. h. für die Gelder, welche er wie Mausolos auf Betreiben des Agesilaos den Spartanern geschenkt hatte, denn dies ergiebt sich aus der nicht ganz klaren Darstellung 2, 27.

Talente Silbers gab, mit denen Agesilaos den Kampf gegen die
Feinde Spartas im Peloponnes fortzusetzen gedachte [1]). Der Ruf
mag den Reichthum Aegyptens noch gesteigert haben, so dass
der Schatz des Tachos wie früher der des Tantalos oder Polykrates und Kroesos sprüchwörtlich gebraucht wurde [2]).
Dass die Episode im Theaetet, welche das Bild des wahren
Philosophen, der nur im Reiche des Gedaukens lebt, gegenüber
dem Weltmenschen, der lediglich praktische Interessen verfolgt,
mit den lebhaftesten Farben, mit jener eigenthümlichen Mischung
von Unmuth und Begeisterung schildert, die den Leser unwillkürlich mit fortreisst, durch persönliche Erfahrungen hervorgerufen wurde, wird jeder Unbefangene sofort wahrnehmen. Wenn
irgendwo, so redet hier Plato selbst, indem er die gewohnte
Maske des Sokrates eine Zeit lang ablegt. Gleich der Eingang
καὶ πολλάκις μέν γε δή, ὦ δαιμόνιε, καὶ ἄλλοτε κατενόησα, ἀτὰρ
καὶ νῦν, ὡς εἰκότως οἱ ἐν ταῖς φιλοσοφίαις πολὺν χρόνον δια-
τρίψαντες εἰς τὰ δικαστήρια ἰόντες γελοῖοι φαίνονται
ῥήτορες. Man darf dies nicht auf den Process des Sokrates beziehen, denn dieser stand als Angeklagter vor Gericht, dies ist
eine Nothwendigkeit, der sich auch der Philosoph nicht zu entziehen vermag. Plato kann nur von Betheiligung an Gerichts-
händeln aus eignem freiem Entschlusse reden. Überhaupt schliesst
die Erregtheit, der ungewöhnlich herbe Ton die Vorstellung aus,
als ob bittere Erfahrungen eines anderen Plato zu dieser Abschweifung veranlassten. Jene Schroffheit ist vollkommen verständlich, wenn Plato einmal persönlich als Redner vor Gericht
aufgetreten ist, wie sich bei seiner Eigenthümlichkeit erwarten
lässt, mit ungünstigem Erfolg, ausserdem mochte ihn der Spott
und Hohn der Gegner empfindlich treffen. Man darf dagegen
nicht einwenden, dass Plato nachher S. 173 C ausführt, der wahre
Philosoph wisse nicht den Weg zum Markte, zu einem Gerichtshofe oder zum Rathhause zu finden, er halte sich von allen öffentlichen Angelegenheiten, von allem Parteitreiben fern: wohl rechnet sich Plato zu den echten Jüngern der Weisheit (den κορυ-
φαῖοι), nicht zu den Philosophen gewöhnlichen Schlages (οἱ φαύ-
λως διατρίβοντες ἐν φιλοσοφίᾳ); jenen Grundsätzen hat er von

---

1) Plutarch Ages. 40. Xenoph. Ages. 2, 31 χρήματα πολλὰ προςλαβών.
2) Durch Chabrias, der auch mit Plato befreundet war, wird man über die
aegyptischen Verhältnisse ausreichend unterrichtet gewesen sein.

Jugend auf nachgelebt, und eben die bittere Erfahrung, die er machte, als er einmal davon abwich, konnte seine Überzeugung von der Unvereinbarkeit seines Berufes mit dem Weltwesen nur aufs Neue befestigen.

Zweimal soll Plato vor Gericht als Redner aufgetreten sein, in Aegina, als der Philosoph auf der Rückkehr von Syrakus und dem älteren Dionysios in die Gewalt der feindseligen Insulaner gerieth, und später in Athen als Fürsprecher des Chabrias. Der erste Fall kann, abgesehen von der bestrittenen Glaubwürdigkeit der widerspruchsvollen Überlieferung [1]), nicht in Betracht kommen, da dies ein unfreiwilliger Akt war. Wenn Plato sich des Chabrias vor Gericht annahm, so kann sich dies nur auf den bekannten Rechtshandel [beziehen], den Leodamas, nachdem Ol. 103, 3 Oropos in die Gewalt der Thebaner gefallen war, gegen Kallistratos und Chabrias anstiftete. Die Klage lautete auf Verrath. Nichts kennzeichnet so deutlich den Niedergang Athens, als dass jedes Mal, wenn den Staat ein Unfall traf, was bei dem vollständigen Mangel einer geregelten und verantwortlichen Regierungsgewalt nicht ausbleiben konnte, das Volk die jeweiligen Machthaber des Landesverrathes bezichtigte, und die Partei, welche gerade nicht am Ruder war, stimmte jedes Mal am lautesten in diesen Ruf ein. Auch diesmal war es lediglich eine politische Intrigue, um den einflussreichen Redner Kallistratos und den fähigsten Heerführer, den Athen nächst Iphikrates und Timotheos besass, zu beseitigen. Daher nahm dieser Rechtshandel das allgemeinste Interesse in Anspruch, und wegen der Bedeutung der Männer, um deren Schicksal es sich handelte, erhielt sich auch später die Erinnerung an diesen Vorgang.

Die Versuche der Athener, Oropos wieder zu gewinnen, nahmen Zeit in Anspruch; erst nachdem sie misslungen waren,

---

1) Diog. L. III, 19. Dass Plato vor Gericht verstummte, unfähig ein Wort zu seiner Rechtfertigung vorzubringen, ist eine abgeschmackte Erfindung. Der Spartaner Pollis soll den Plato als Sklaven in Aegina verkauft haben, dann aber ist es undenkbar, dass man Plato nachträglich vor Gericht stellte. Wahrscheinlich setzte Pollis den Philosophen in Aegina ans Land, ob absichtlich oder weil er nicht anders konnte, mag dahin gestellt bleiben; die Aegineten werden den Angehörigen des verhassten athenischen Staates als Kriegsgefangenen behandelt und ohne Weiteres auf den Sklavenmarkt gebracht haben. Jene gerichtliche Verhandlung mag eine Erfindung der Rhetoren sein, denen eine solche Controverse den dankbarsten Stoff darbot.

wird Leodamas, ein alter Gegner des Chabrias, die Klage eingebracht haben, Ol. 104, 1 [1]). Plato war von seiner zweiten Reise nach Sicilien bereits zurückgekehrt [2]), er konnte also recht wohl an diesem Handel sich betheiligen. Wenn Neuere diese Überlieferung als eine Erdichtung betrachten, so ist dieses Misstrauen zwar begreiflich, da gerade die Lebensgeschichte der griechischen Philosophen dieser Epoche vorzugsweise durch Fabeleien entstellt und [mit] Anekdoten jeder Art ausgeschmückt ist, aber diese Wahrnehmung enthebt uns nicht der Pflicht, alles unbefangen und gewissenhaft zu prüfen. Wenn Diogenes Laertios seinen Bericht mit dem Worte λόγος einleitet, so berechtigt dies uns nicht, die Glaubwürdigkeit der Thatsache zu verdächtigen; Einzelnes ist wie gewöhnlich hinzugesetzt und verändert, aber deshalb nicht das Ganze aus der Luft gegriffen [3]). Wenn es auch auffallend ist,

---

1) Dies Jahr nimmt auch Niebuhr Kl. Schr. I, 121 an, Schäfer Demosth. entscheidet sich für Ol. 103, 4, hält jedoch auch 104, 1 für zulässig (I, 96).

2) Sein Aufenthalt in Syrakus fällt in die Jahre Ol. 103, 2—4, daher erwähnt auch Diodor XV, 76 unter Ol. 103, 3 des Plato, Aristoteles und anderer Philosophen.

3) Diog. L. III, 23. 24. Indem der Compilator seine Notizen aneinanderreiht, gebraucht er, um seiner monotonen Darstellung etwas Abwechslung zu verleihen, bald φασί (λέγουσι), bald λόγος (λέγεται), bald einen Gewährsmann hinzufügend, bald ohne einen Zeugen zu nennen. Für die Glaubwürdigkeit des Berichtes ist der gewählte Ausdruck durchaus nicht massgebend. Nachdem Diogenes die bekannte Erzählung, wie Pollis im Auftrage des älteren Dionysios den Philosophen in Aegina als Sklaven verkaufte, berichtet, führt er fort III, 20 τὸν μέντοι Πόλλιν λόγος ὑπό τε τοῦ Χαβρίου ἡττηθῆναι καὶ μετὰ ταῦτα ἐν Ἑλίκῃ καταποντωθῆναι τοῦ δαιμονίου μηνίσαντος αὐτῷ διὰ τὸν φιλόσοφον, indem er sich auf Favorinos beruft. Dass der spartanische Nauarch Pollis Ol. 101, 1 von Chabrias bei Naxos geschlagen wurde, ist kein λόγος, sondern eine historische Thatsache, vielleicht besser bezeugt, als andere ebenso glänzende Waffenthaten; dass Ol. 101, 4 bei dem Erdbeben, welches die Stadt Helike in Achaja vernichtete, auch zehn Trieren der Spartaner im Hafen dieser Stadt zu Grunde gingen, berichtet Aelian H. An. XI, 19; dass Pollis dabei umkam, ist sonst nicht bezeugt, aber glaubhaft; er wird diese Schiffe commandirt haben, zur Zeit führten die Athener und Spartaner in jenen Gewässern Krieg. Dass man in diesen Unfällen, die Pollis trafen, das Walten der Nemesis erblickte, ist erklärlich; für den Untergang der Stadt Helike weiss Aelian einen anderen Grund anzuführen. Wenn neuere Kritiker behaupten, Diogenes rede von einem Seesiege des Chabrias bei Helike, so darf diese Leichtfertigkeit wenigstens nicht ungerügt bleiben. So steht nichts im Wege, das, was über Platos Betheiligung am Processe des Chabrias erzählt wird, für thatsächlich zu halten. (Verschieden ist III, 2 φασίν, ὡς Ἀθήνησιν ἦν λόγος; hier gehört der Ausdruck der Quelle

dass Plato ganz gegen seine Gewohnheit die Rednerbühne betrat
und sich an einem gerichtlichen Handel betheiligte, so deutet doch
die Parekbase im Theaetet unverkennbar auf eine solche Abweichung von seinen Grundsätzen hin. Gleich im Eingange der
Episode sagt Plato, dass der Philosoph als Redner vor Gericht
sich lächerlich mache. Diesen Satz, der bei ihm von jeher feststand
und den eine Erfahrung der unmittelbaren Gegenwart bestätigte,

an, die dort angeführten Zeugen suchten das Märchen über Platos Abstammung durch
Berufung auf die Volkssage zu rechtfertigen). — Wenn Diogenes berichtet, da niemand gewagt habe Chabrias zu vertheidigen, habe sich Plato dazu entschlossen, so
ist dies ein ungeschickter Versuch, Platos Auftreten zu motiviren; an Rechtsbeistän-
den unter seinen politischen Freunden konnte es einem Manne wie Chabrias nicht
fehlen, und wir wissen aus Aristoteles, dass Lykoleon für ihn sprach. Wenn
Zeller II, 1, S. 366 meint, die Antwort, welche Plato dem Sykophanten ertheilt,
sei der Apologie S. 28 E nachgebildet, so ist die Ähnlichkeit doch nur eine ent-
fernte. Aber allerdings war Plato wohl zu stolz, um sich auf der Strasse in
einen Wortwechsel einzulassen; man mag die Worte Plato in den Mund gelegt
haben, um die Erzählung des Vorganges wirksam abzuschliessen. Aber dass gerade
Hegesippos [Krobylos] die Drohung gegen Chabrias ausstösst, scheint mir genügende
Bürgschaft für die Thatsächlichkeit des Berichtes: denn dieser Redner war dem
Kläger Leodamas nahe verbunden und gehörte wohl so gut wie Philostratos zu
den συνήγοροι, die das Volk bei einer Eisangelie dem Kläger beiordnete. Sehr
beachtenswerth ist auch, dass Plato, im Begriff, die Vertheidigung zu übernehmen
(ἄλλῳ συναγορεύσων ἥκεις), mit Chabrias sich auf die Akropolis begiebt: dies
deutet an, dass der Gerichtshof auf der Burg zusammentrat; vielleicht war dies
in dem Gesetze κατὰ τῶν προδόντων für alle Fälle dieser Kategorie vorgeschrieben, und ich erinnere mich, dass einmal (die Stelle kann ich augenblicklich nicht
nachweisen) verordnet wird, die Geschworenen sollten die Stimmsteine vom Altar
der Athene nehmen [Plut. Perikl. 32, 2]. Versammelten sich die Geschworenen unmittelbar neben dem Heiligthume der Athene Polias, so könnte Aristoph. Vesp. 1009[?]
πρὸς τοῖς τειχίοις sich darauf beziehen, d. h. neben dem Peribolos, der wenigstens das ältere Erechtheum umgab. Auch dieser Zug spricht für die Glaubwürdigkeit des Berichtes. Was Steinhart Leben Pl. S. 172 dagegen vorbringt,
ist eiteles Gerede: die Drohung mit dem Giftbecher des Sokrates sei in dieser
aufgeklärten Zeit, die keine Verfolgungen der Philosophen kannte, rein lächerlich. Aber in Athen konnte man jeder Zeit nach den bestehenden Gesetzen eine
solche Klage anhängig machen, und der Erfolg war nach den Umständen unter
der Herrschaft der harten Hände ebenso sicher wie unter der Oligarchie. Auch
ist hier zunächst nur von einer Drohung die Rede; Hexenprocesse sind längst
abgeschafft, aber verdächtige Frauen werden noch immer bedroht, oder das
Volk übt auch wohl selbst Justiz und wirft sie ins Wasser. Die Warnung,
welche Plato im Meno S. 94 E dem Anytos in den Mund legt, gilt nicht dem
Sokrates, sondern dem Plato, der nach Eröffnung seiner Schule, da er in die
Fusstapfen seines Lehrers zu treten schien, dergleichen Worte von derselben
Seite hören musste, die den Tod des Sokrates herbeigeführt hatte.

wiederholt er nochmals[1]) und schildert dann die peinliche Lage eines Mannes, der unfähig ist von den landläufigen wirksamen Mitteln der Redekunst Gebrauch zu machen, der weder den Gegner zu schmähen und herabzusetzen, noch seinen Clienten ruhmredig im besten Lichte darzustellen vermag. Dieser Schilderung kann nur Selbsterlebtes zu Grunde liegen, und wir müssten annehmen, dass Plato sich einmal in einer ähnlichen Lage befand, auch wenn kein anderweitiges Zeugnis uns vorläge: um so weniger dürfen wir dem Berichte des Diogenes Laertios Glauben versagen[2]).

Plato stand damals im höchsten Ansehen, nicht nur daheim, sondern ebenso, wo nicht mehr noch in der Fremde; die Unterstützung des Philosophen, der ausserhalb der politischen Parteien stand, war das untrüglichste Zeugnis der Ehrenhaftigkeit des Chabrias und konnte ihm hochwillkommen sein. Der Unwille über das schmachvolle Parteitreiben konnte wohl einen patriotisch gesinnten Mann bestimmen, aus seiner Verborgenheit hervorzutreten und seine Stimme zu Gunsten des Angeklagten zu erheben, allein dass Plato hier nicht aus völlig freier Entschliessung handelte, deutet er selbst an. Mit Chabrias mochte ihn schon früher ein gewisser Verkehr verbinden[3]); wahrscheinlich hatte Chabrias

---

1) Theat. 174 C: ὅταν ἐν δικαστηρίῳ ἢ που ἄλλοθι ἀναγκασθῇ περὶ τῶν παρὰ πόδας καὶ τῶν ἐν ὀφθαλμοῖς διαλέγεσθαι, γέλωτα παρέχει.

2) Gegen die Betheiligung des Plato an dem oropischen Rechtshandel darf man nicht die Darstellung des Hermippos (bei Gellius III, 13) geltend machen, wornach der junge Demosthenes, im Begriff, nach gewohnter Weise sich in die Akademie zu Plato zu begeben, durch den Zusammenlauf der Menschen zufällig erfährt, dass der Process des Kallistratos eben verhandelt werden solle. Freilich, wenn Demosthenes Platos Vorträge damals besuchte, dann wusste er auch, dass sein Lehrer an diesem Tage als Fürsprecher des Chabrias vor Gericht auftreten würde, und hätte wohl von selbst seine Schritte statt zur Akademie zum Gerichtshofe gelenkt. Allein jener Bericht soll unverkennbar nur veranschaulichen, wie Demosthenes, der bisher philosophischen Studien sich gewidmet hatte, hingerissen von der Macht der Beredsamkeit, die er hier zum ersten Male an einem glänzenden Beispiele kennen lernte, die Philosophie aufgab und sich einem neuen Berufe zuwandte. Die hier absichtlich hervorgehobene Unbekanntschaft mit den Vorgängen der Aussenwelt soll eben nur den eifrigen Philosophenschüler charakterisiren und hat keine weitere Bedeutung. Im Übrigen ist die allgemeine Ansicht des Alterthums, Demosthenes sei Zuhörer des Plato gewesen, obwohl sie von den Neueren meist verworfen wird, keineswegs unglaubwürdig.

3) Plutarch rechnet Chabrias zu Platos Schülern: allein, obschon Platos Lehrthätigkeit weit früher begann, als die Neueren gemeinhin annehmen, so ist ein solches Verhältnis doch kaum annehmbar, da Chabrias seit dem Beginn des

dem Plato einmal einen Dienst erwiesen, die Pflicht der Dankbarkeit schien ihm also zu gebieten, die Fürsprache vor Gericht zu übernehmen: welcher Aufopferung gegen Freunde Plato fähig war, zeigt sein Verhältnis zu Dio.

Platos Abwesenheit in Sicilien benutzte ein Sophist, um die Schüler des Philosophen zu verdrängen, wie Aristoxenos in seiner Biographie des Plato berichtete[1]), und der Versuch wäre vielleicht gelungen, wenn nicht zwei einflussreiche Männer, Chabrias und Iphikrates, sich des abwesenden Plato angenommen hätten[2]). Es kann sich nur um die Benutzung der Akademie handeln, denn diese Stätte hatte Plato von Anfang an für seine Lehrthätigkeit sich erwählt, wie Antisthenes im Gymnasium Kynosarges den Kreis seiner Schüler um sich versammelte. Da nicht füglich zwei Philosophen gleichzeitig ein Gymnasium für ihre Lehrvorträge benutzen konnten, musste ein Concurrent versuchen, mit Hülfe des Gymnasiarchen die ältere Schule zu verdrängen: denn diese Behörde konnte allein darüber eine Entscheidung treffen[3]).

---

korinthischen Krieges ununterbrochen durch seine öffentliche Thätigkeit in Anspruch genommen wurde, und auch schon früher kann er sich bewährt haben, da man sonst schwerlich an Iphikrates' Stelle gerade ihn mit dem Commando der Söldner betraut haben würde. Die Biographie des Aristoteles (herausg. von Robbe, ebenso der sog. Ammonios), welche den Chabrias und ausserdem noch den Timotheos zu Anverwandten Platos macht, ist eine unzuverlässige Quelle.

1) Aristoteles bei Euseb. Praep. Ev. XV, 2 ἐν γὰρ τῇ πλάνῃ καὶ τῇ ἀποδημίᾳ φησὶν αὐτοῦ ἐπανίστασθαι καὶ ἀντοικοδομεῖν αὐτοῦ τινας περίπατον ξένους ὄντας. Aristoxenos hatte keinen Namen genannt, Unwissende oder Böswillige bezogen dies auf Aristoteles, so unter anderen Aristides T. II, 324, der zwar keinen Namen nennt, aber doch Schüler des Plato als Anstifter der Intrigue bezeichnet, während die Biographie des Aristoteles gegen diese Verläumdung polemisirt (S. 3 ed. Robbe ὡς Ἀριστόξενος πρῶτος ἐσυκοφάντησε καὶ Ἀριστείδης ὕστερον ἐπηχολούθησε). Der Rival Platos ist wohl im Kreise der Eristiker zu suchen; man könnte an Eubulides und seinen Anhang denken; da nach glaubwürdigen Zeugnissen Demosthenes seinen Unterricht benutzte, muss er damals sich in Athen aufgehalten haben.

2) Aristides a. a. O. εἰ μὴ Χαβρίας καὶ Ἰφικράτης ... αἰσθόμενοι τὰ γιγνόμενα ἠγανάκτησαν καὶ τὸ ἐπιτείχισμα διέσπασαν καὶ τοῦ λοιποῦ προςέταξαν σωφρονεῖν αὐτοῖς. Diese Namen hat der Rhetor offenbar dem Aristoxenos entnommen, für die weitere Ausführung ist er selbst verantwortlich. Die Biographie des Aristoteles (S. 4 Robbe) nennt statt des Iphikrates den Timotheos, indem er bemerkt, Aristoteles habe nichts dergleichen wagen können. Πλάτωνος ... μέγα δυναμένου διὰ Χαβρίαν καὶ Τιμόθεον τοὺς Ἀθήνῃσι στρατηγήσαντας καὶ κατὰ γένος αὐτῷ προσήκοντας. Ebenso der sog. Ammonios.

3) Ein Philosoph, der mit allzu lauter Stimme docirte, zog sich eine Ver-

So mag auch jener Sophist, um die Räume der Akademie für seine Vorträge benutzen zu können, sich an den Gymnasiarchen gewandt haben, und er konnte seinen Anspruch damit rechtfertigen, dass Plato bereits längere Zeit von Athen abwesend sei [1]), wie ja in der That der Philosoph auf seiner zweiten Reise nach Sicilien ungefähr drei Jahre lang seine Lehrthätigkeit eingestellt hatte. Und eben in diese Zeit verlege ich den von Aristoxenos erwähnten Vorfall [2]).

Chabrias wurde freigesprochen, wenn er auch kein grosser Redner, wie Kallistratos war; seine Fürsprecher werden ihre Schuldigkeit gethan haben, Lykoleon verstand offenbar den rechten wirksamen Ton zu treffen; der Misserfolg Platos, den dieser offen eingesteht, gereichte dem Angeklagten nicht zum Schaden, wohl aber wird er dem Philosophen Hohn und Spott in Fülle eingetragen haben, wie dies in einer Stadt, wo der kritische Geist so mächtig war, nicht anders sein konnte.

Plato ignorirte damals dies Gerede, denn der Theaetet ist erst 7—8 Jahre nachher veröffentlicht. Inzwischen war Plato Ol. 104, 4 nochmals nach Syrakus gegangen: dass der Philosoph, unbeirrt durch frühere Erfahrungen, zum zweiten Male die Höhle des Löwen betrat, musste allgemeines Erstaunen hervorrufen, es ist zur Ge-

warnung des Gymnasiarchen zu, da die anderen Besucher des Gymnasiums sich beschwert hatten. Nach dem Dialog Eryxias S. 399 A wird Prodikos von dem Gymnasiarchen ausgewiesen, was jedenfalls zulässig war, mag auch die Erzählung sich nicht auf eine Thatsache gründen. Dass ein Gymnasiarch in Theben den Krates auspeitschen liess (Diog. L. VI, 90), wird eine Anekdote sein.

1) Aristides versteht den bildlichen Ausdruck des Aristoxenos (auf diese Quelle gehen alle späteren Berichte zurück) ἀντοικοδομεῖν περίπατον gröblich: οἱ δὲ διατριβάς τε ἀντικατασκευάζειν αὐτοῖς ἠξίουν πλησίον τῆς ἐκείνου καὶ ᾠκοδόμουν ἐπὶ τῇ Ἀκαδημίᾳ, als hätten die Rivalen beabsichtigt, neben Platos Schule ein neues Schulhaus, man weiss nicht ob in der Akademie oder in unmittelbarer Nähe, aufzuführen; dem Aristides folgt Aelian V. H. IV, 9. Die Biographen des Aristoteles mag man von diesem Missverständnisse freisprechen, wenn sie sagen: οὐκ ἄρα ἀντῳκοδόμησεν Ἀριστοτέλης σχολὴν τὸ Λύκειον, aber sie irren wieder, wenn sie meinen, Aristoteles habe nicht wagen dürfen, einem attischen Bürger gegenüber, wie Plato, der noch dazu mächtige Beschützer hatte, eine Schule zu eröffnen, was sich nicht verbieten liess.

2) Aristoxenos bezeichnet die Zeit nicht näher, Aristides substituirt die τρίτη ἀποδημία, weil nur unter dieser Bedingung sich die Beziehung auf Aristoteles einigermassen rechtfertigen liess. Auch anderwärts werden die verschiedenen Reisen Platos mehrfach verwechselt.

nüge bekannt, wie viel gehässige Nachrede an diese wiederholten Reisen nach Syrakus sich knüpfte: was Missgunst und Übelwollen der Zeitgenossen erfand, haben die Nachlebenden eifrig weiter verbreitet.

Darauf bezieht sich unverkennbar der letzte Theil der Parekbase; denn nachdem Plato den Beweis, dass der wahre Philosoph unfähig sei, mit Erfolg vor Gericht zu sprechen, zu Ende geführt hat, geht er S. 174 D mit passender Wendung zu den Lobreden auf Fürsten über und zeigt, dass der Philosoph sich nimmer zu der unwürdigen Rolle des höfischen Schmeichlers erniedrigen werde. Plato sucht also seine Misserfolge ebensowohl vor Gericht wie am Hofe zu rechtfertigen: der Philosoph, dessen Geist in einer höheren idealen Welt verweilt, die seine wahre Heimath ist, steht den Dingen des praktischen Lebens fremd und rathlos gegenüber.

Zu dieser Apologie ward Plato veranlasst durch den hämischen Angriff eines Zeitgenossen, dem am Schluss der Parekbase S. 175 C ff. eine vernichtende Abfertigung zu Theil wird. Diese Kritik, in welche die Parekbase ausläuft, erschliesst uns das volle Verständnis der Episode. Platos Widersacher ist das Gegenbild des wahren Philosophen: ein findiger Anwalt und geschmeidiger Höfling, aber Philosophie, wie überhaupt jede höhere Ein[sicht] ist ihm fremd. Dass Platos Polemik nicht gegen eine ihm feindliche Coterie, sondern gegen eine bestimmte Persönlichkeit gerichtet ist, zeigt die durchaus individuell gehaltene Charakteristik. Jener Angriff muss von einem namhaften Manne ausgegangen sein, dessen Ansehen dem missgünstigen Urtheile besondere Bedeutung verlieh, sonst würde Plato schwerlich auf eine so eingehende Widerlegung sich eingelassen haben. Dieser ungenannte Widersacher kann kein anderer sein als Isokrates. Neben Plato, dem gefeierten Gründer der Schule in der Akademie, traten die Vertreter anderer philosophischer Richtungen zu Athen völlig in den Hintergrund; aber der Name des Isokrates und seiner blühenden Rednerschule war nicht minder berühmt, daheim wie in der Fremde. Zwischen beiden Schulhäuptern bestand seit langer Zeit ein gespanntes Verhältnis; die gegenseitige Abneigung giebt sich mehrfach in abfälligen Urtheilen in den Schriften beider Männer kund; wird auch der Name regelmässig verschwiegen, so war die

Beziehung doch den Zeitgenossen vollkommen verständlich, und Kundigen kann sie auch heutigen Tages nicht entgehen [1]). Diese vernichtende Kritik ist, so viel wir wissen, das letzte Wort, was Plato mit Isokrates gewechselt hat, er nennt ihn einen kleinen Geist (σμικρὸς τὴν ψυχήν), der nichts weiter ist als ein findiger Advocat (δριμὶς καὶ δικανικός) [2]). Als Schriftverfasser hat Isokrates seine rednerische Laufbahn begonnen, und wenn er auch später mit sichtlicher Geringschätzung auf das δικανικὸν εἶδος herabschaut und die anderen tadelt, die sich theoretisch oder praktisch vor allem mit Rechtshändeln befassten, so will er damit nur sein eigenes Verdienst in das rechte Licht stellen und hervorheben, dass er für Redekunst eine höhere und würdigere Stellung in Anspruch nehme. In seinem Unterrichte hat er als praktischer Mann, der vor allem das Nützliche und Nothwendige ins Auge fasste, die Theorie der gerichtlichen Rede keineswegs vernachlässigt. Plato findet in allem, was Isokrates geschrieben, die Manier des δικανικός, der nur fähig ist über einen einfachen Fall (τί ἐγὼ σὲ ἀδικῶ ἢ σὺ ἐμέ) zu sprechen, dem aber alle höhere Einsicht abgeht, und wenn er den Versuch macht, sich zu allgemeinen Gedanken zu erheben (περὶ αὐτῆς δικαιοσύνης τε καὶ ἀδικίας, βασιλείας πέρι καὶ ἀνθρωπίνης ὅλως εὐδαιμονίας καὶ ἀθλιότητος), wie von Schwindel ergriffen, da er sich auf dem unbekannten Gebiete rathlos fühlt, stammelt [3]), sich zwar nicht bei dem ungebildeten Publikum, was

---

1) Wenn Plato hier gelegentlich sich auf den Agesilaos des Xenophon bezieht, so darf man doch nicht in diesem Schlusse der Episode eine Zurechtweisung des Xenophon suchen. Wohl entsprach auch Xenophon nicht recht den Anforderungen, welche Plato an den wahren Philosophen stellte, an der Cyropädie, die ja recht eigentlich eine Schrift περὶ βασιλείας war, an den Denkwürdigkeiten des Sokrates, am Agesilaos musste vieles dem Plato missfallen, auch über Xenophons Stil mochte Plato weit ungünstiger urtheilen, als die späteren Rhetoren, allein nimmermehr konnte Plato ihn als δικανικός bezeichnen, was in keiner Weise zutrifft. Ausserdem hatte Xenophon nichts gethan, was Platos Unmuth reizen konnte, eine Kritik der Platonischen Rede für Chabrias lag ihm ebenso fern, wie Spöttereien über die Reisen nach Sicilien; und dies ist ja der Anlass der litterarischen Fehde.

2) Vgl. oben S. 173 A, wo Plato die berufsmässigen Gerichtsredner charakterisirt, ihre Beschäftigung selbst bringt es mit sich, dass ἔντονοι καὶ δριμεῖς γίγνονται, ... σμικροὶ δὲ καὶ οὐκ ὀρθοὶ τὰς ψυχάς.

3) Dies liegt wohl in βαρβαρίζων, doch mag der mehrdeutige Ausdruck absichtlich gewählt sein. Ein so strenger und zugleich berufener Richter, wie Plato, mochte auch an der stilistischen Manier des Isokrates manches

kein Urtheil hat, wohl aber in den Augen aller wahrhaft Gebildeten lächerlich macht[1]); mit diesen schneidenden Worten wird eben die Gesinnung des Isokrates als eine banausische bezeichnet, alles beruht bei ihm auf blosser Routine. Hatte der Gegner dem Plato sein Missgeschick am Hofe zu Syrakus vorgeworfen, so erwidert Plato, der wahre Philosoph, der seiner Freiheit und Würde sich bewusst sei, vermöge nicht die Dienstbeflissenheit des gemeinen Höflings und Schmeichlers sich anzueignen[2]), während sein Gegner in allen diesen Künsten wohl bewandert sei, obwohl er nicht einmal seinen Mantel mit Anstand zu tragen verstehe[3]) οὐδέ γ' ἁρμονίαν λόγων λαβόντος ὀρθῶς ὑμνῆσαι θεῶν τε καὶ ἀνδρῶν εὐδαιμόνων βίον ἀληθῆ, d. h. er wisse nicht den rechten Ton zu treffen, wenn es gilt, das wahrhaft glückliche Leben zu schildern[4]). Das nahe Verhältnis des Isokrates zu dem fürstlichen Hause zu Salamis in Kypern bezeugen die Gedächtnisrede auf Euagoras, die Zuschrift an Nikokles (περὶ βασιλείας), sowie

---

auszusetzen haben, und wenn Aristoteles den Vers des Euripides auf sein Verhältnis zu Isokrates übertrug αἰσχρὸν σιωπᾶν, Ἰσοκράτη δ' ἐᾶν λέγειν, so musste jedem unwillkürlich das ursprüngliche βαρβάρους einfallen. Wir müssen uns bescheiden, über solche Fragen ein Urtheil abzugeben; wohl giebt es heutzutage Philologen, die vermeinen genau zu wissen, was attisch und nicht attisch sei, aber sie stehen vollständig auf dem Standpunkte der Atticisten in der römischen Kaiserzeit. Übrigens haben selbst neuere Kritiker, die sonst ganz in Übereinstimmung mit den meisten Alten die stilistische Kunst des Isokrates sehr hoch stellen, in der Zuschrift an Demonikos, weil sie von einem vorwitzigen Kritiker dem Apolloniaten beigelegt wird, eine abweichende Redeweise zu finden geglaubt; wie es sich auch damit verhalten mag, die Echtheit der Schrift ist nicht anzuzweifeln, da Kephisodoros, der Schüler des Isokrates, dieselbe gegen den Tadel des Aristoteles, der die hier entwickelte Moral betraf, in Schutz nahm.

1) τοῖς δ' ἐναντίως ἢ ὡς ἀνδραπόδοις τραφεῖσιν ἅπασιν. Vielleicht wird zugleich auf eine vernachlässigte Jugenderziehung des Redners angespielt, deren Mängel ihm auch später allezeit anhafteten.

2) οἷον στρωματόδεσμον μὴ ἐπισταμένου συσκευάσασθαι μηδὲ ὕψον ἡδῦναι ἢ θῶπας λόγους.

3) Der Vorwurf ἀναβάλλεσθαι δὲ οὐκ ἐπισταμένου ἐπιδέξια ἐλευθέρως (l. ἐλευθερίως) ist nicht gerade wörtlich zu fassen, in gleicher Weise kennzeichnete Theokrit von Chios den Mangel feiner Sitte an Anaximenes. Wenn Sappho von einer Frau sagte, sie verstehe nicht mit Anstand ihr Gewand aufzuheben, so mag die Dichterin die äusserliche wie die geistige Unfeinheit zugleich gerügt haben.

4) Wahrscheinlich flicht Plato hier eine Dichterstelle ein, vielleicht liegt eine Reminiscenz an einen Pindarischen Vers vor, etwa: (Μοῖσά μοι ἀρτιεπὴς Δῶκεν) ὑμνῆσαι θεῶν εὐδαιμόνων τ' ἀνδρῶν βίον.

die Ansprache an die Kyprier. Die genaue Kenntnis der dortigen Zustände, sowie die reichen Geschenke des Nikokles deuten darauf hin, dass der Rhetor sich eine Zeit lang an dem Hofe zu Salamis aufhielt[1]). Aber die kyprische Klientel genügte dem Ehrgeizigen nicht, nach den verschiedensten Seiten hin knüpfte er Verbindungen mit Fürsten, wie mit Archidamos, dem Nachfolger des Agesilaos in Sparta[2]); auch mit dem jüngeren Dionysios von Syrakus stand er vielleicht schon damals in brieflichem Verkehr. Dem Philosophen waren nicht nur diese Stilübungen des Rhetors genügend bekannt, sondern er mag auch manches Nähere über die Beziehungen des Isokrates zu fürstlichen Höfen gewusst haben, was jenes herbe Urtheil rechtfertigte.

Auf diese persönliche Invektive folgen zum Schluss der Episode tiefernste Worte über das Übel in der Welt und die Sehnsucht nach einem besseren Dasein! Tugend, Weisheit, Glückseligkeit beruht allein auf dem Streben, der Gottheit, der Quelle alles Guten, ähnlich zu werden; alles andere, was sonst die Menschen hoch halten, ist eitel[3]).

Dass kein anderer als Isokrates gemeint ist, bezeugt Plato selbst, wenn er jene Zurechtweisung mit den Worten beginnt: ὅταν δέ γέ τινα αὐτός, ὦ φίλε, ἑλκύσῃ ἄνω καὶ ἐθελήσῃ τις αἰτῷ ἐκβῆναι ἐκ τοῦ τί ἐγὼ σὲ ἀδικῶ κτλ. Also Plato hat sich

---

1) Die Biographie bestätigt dies, nur wird irrthümlich Nikokreon statt Nikokles genannt.

2) Die Rede, welche Isokrates den Archidamos halten lässt, beziehen die Neueren richtig auf die Verhandlungen über die Anerkennung des athenischen Staates von Seiten der Spartaner Ol. 103, 3, aber dass die Rede, wie man gewöhnlich annimmt, gleichzeitig abgefasst sei, ist in der Art, wie der sorgfältig feilende Isokrates arbeitete, wenig wahrscheinlich; doch mag sie noch vor der Schlacht bei Mantinea Ol. 104, 2 oder doch gleich nachher veröffentlicht sein. Wenn Vahlen Alkidamas S. 16 die Rede auf die Verhandlungen eben nach dieser Schlacht bezieht, so streitet dies mit den klaren Worten des Redners § [7?]

3) Auch in diesem Abschnitte, der zu dem Erhabensten gehört, was wir von Plato besitzen, weist Einzelnes unverkennbar auf das Grundthema zurück, wie αἱ δ' ἄλλαι δεινότητές τε δοκοῦσαι καὶ σοφίαι ἐν μὲν πολιτικαῖς δυναστείαις γιγνόμεναι φορτικαί, ἐν δὲ τέχναις βάναυσοι und vor allen die bedeutsamen Schlussworte: ἐν μέντοι τι αὐτοῖς συμβέβηκεν, ὅτι ἂν ἰδίᾳ δέῃ λόγον δοῦναί τε καὶ δέξασθαι περὶ ὧν ψέγουσι, καὶ ἐθελήσωσιν ἀνδρικῶς πολὺν χρόνον ὑπομεῖναι καὶ μὴ ἀνάνδρως φεύγειν, τότε ἀτόπως τελευτῶντες οὐκ ἀρέσκουσιν αὐτοὶ αὐτοῖς περὶ ὧν λέγουσι, καὶ ἡ ῥητορικὴ ἐκείνη πως ἀπομαραίνεται, ὥστε παίδων μηδὲν δοκεῖν διαφέρειν.

bemüht jenen emporzuheben, hat ihn angespornt zu höherer wissenschaftlicher Erkenntnis, auch war derselbe bereit, dem handwerksmässigen Treiben zu entsagen, aber alles vergeblich. Ich brauche wohl kaum zu erinnern, wie dies vollständig mit dem Schlusse des Phaedros stimmt, auf den der Theaetet gleichsam verweist¹). Man sieht, es war durchaus ernsthaft gemeint, nicht ironisch, wenn Plato im Phaedros dem Sokrates jene Verheissung über Isokrates in den Mund legt. Die Anfänge des damals ihm befreundeten Rhetors schienen zu den besten Hoffnungen zu berechtigen²), Plato nimmt ihn in Schutz gegen Anfeindungen, sucht ihn aufzumuntern und auf den rechten Weg hinzulenken: eben der Phaedros will ja zeigen, dass die Redekunst, wenn sie nicht unter der Zucht philosophischer Einsicht steht, [in] ein unwissenschaftliches und verderbliches Treiben ausarte: der Redner, wenn er seinen Beruf erfüllen will, muss sich Rechenschaft geben können über das Wesen des δίκαιον, καλόν, ἀγαθόν. Und dass Isokrates völlig unfähig war, dieser Forderung zu genügen, hebt eben die im Theaetet an ihm geübte Kritik hervor. Diese Kritik ist recht eigentlich eine Palinodie des im Phaedros gespendeten Lobes.

Isokrates konnte dieser vernichtenden Kritik gegenüber nicht schweigen, und er hat die erste Gelegenheit, die sich schicklich darbot, zu einer Erwiderung benutzt; der Redner war damals trotz seines hohen Alters äusserst thätig, in diese Zeit fallen die Rede vom Frieden und der Areopagitikos, allein mit richtigem Takte vermeidet er hier den unerquicklichen Handel zu berühren. Eine desto geeignetere Stelle bot die Rede über den Vermögenstausch (begonnen Ol. 106, 3, als Isokrates das 82. Jahr erreicht hatte, aber wohl erst Ol. 106, 4 vollendet) für solche persönliche Erörterungen dar. Man muss anerkennen, dass Isokrates ver-

---

1) Man hat ähnliche Verweisungen bei Plato mehrfach zu finden geglaubt, und man könnte versucht sein, dies Kriterium zur Feststellung der Zeitfolge der Dialoge zu benutzen, allein soviel ich sehe, bezieht sich Plato in der Regel auf mündliche Verhandlungen mit den Schülern (συνουσίαι). Man darf nicht vergessen, dass Platos Dialoge zunächst für den Kreis der Schüler bestimmt waren.

2) Die Lesart ἔτι τε darf man nicht, wie Spengel verlangt, mit εἴ τε vertauschen: dieser Ausdruck entspricht weder der Intention des Plato, der zur Zeit philosophischen Geist bei seinem Freunde wahrzunehmen glaubte, noch lässt sich derselbe sprachlich rechtfertigen, wie schon die mühselige Übersetzung Ciceros zeigt.

meidet in gereiztem Tone zu erwidern: da inzwischen mehrere Jahre verflossen waren, darf man ‚dies wohl dem Einflusse der Zeit zuschreiben. Isokrates beginnt § 258 mit der Bemerkung, dass einige von den Eristikern (ἔνιοί τινες τῶν περὶ τὰς ἔριδας) gerade so wie die schlechtesten Menschen seine Leistungen (λόγοι) herabsetzten, um dadurch die eigenen zu empfehlen. Er könne zwar diesen hämischen Neidern viele bitterere Dinge sagen, als sie ihm vorgeworfen hätten, aber er verzichtet darauf[1]) und erkennt an, dass seines Gegners Unterricht für die Schüler nicht nachtheilig sei, aber er vermöge doch nicht ihnen so förderlich zu sein, wie andere, d. h. Isokrates. Dann betont der Redner mit Nachdruck, dass sein Gegner immer Schlimmes von ihm rede (ἀεί τι περὶ ἡμῶν φλαῦρον λέγουσιν), während er, dem sein Gegner eine gehässige Gesinnung vorwerfe[2]), immer nur von ihm die Wahrheit sage. Der Redner treibt sogar die Grossmuth soweit, dass er seinen Gegner gegen die Vorurtheile des gemeinen Haufens in Schutz nimmt; denn er ist überzeugt, dass der Grossmeister des eristischen Dialoges und die Vertreter der Astronomie, Geometrie und anderer mathematischer Disciplinen die Ausbildung ihrer Schüler wenn auch nicht in dem Grade, wie sie selbst verhiessen, aber doch mehr förderten, als man gewöhnlich glaube[3]), was dann der Redner in seiner Weise weiter ausführt. Auf den Namen der Philosophie könne jedoch diese Richtung keinen Anspruch machen, da sie keinen praktischen Nutzen gewähre (μήτε πρὸς τὸ λέγειν μήτε πρὸς τὸ πράττειν ὠφελοῦσα), aber als Gymnastik

---

1) Diese Wendung ist sehr geschickt, Platos Invektive zu überbieten war nicht leicht, daher zieht es Isokrates vor, edelmüthig den Gegner zu schonen.

2) In dem Satze ὅτι περὶ τοὺς πολιτικοὺς λόγους ἡμεῖς ὄντες, οὕς ἐκεῖνοί φασιν εἶναι φιλαπεχθήμονας, πολὺ πρᾳότεροι τυγχάνομεν αὐτῶν ὄντες wird offenbar ein von Plato gebrauchter Ausdruck wiederholt, der sich im Theaetet nicht findet; Isokrates spielt auf einen Ausfall in der Republik VI, 500 an, der ihm galt; ich komme nachher darauf zurück.

3) Οἱ ἐν τοῖς ἐριστικοῖς λόγοις δυναστεύοντες καὶ οἱ περὶ τὴν ἀστρολογίαν καὶ τὴν γεωμετρίαν καὶ τὰ τοιαῦτα τῶν μαθημάτων ιατρίβοντες. Plato, den Isokrates als den ersten Philosophen seiner Zeit (oder, da er jenen Namen für sich allein in Anspruch nahm, der Eristiker oder Sophisten) anerkennt, vertiefte sich damals mehr und mehr in mathematische und astronomische Studien; wie er selbst darin den reinsten Genuss und die höchste Erhebung des Geistes fand, vergl. Theaetet 173 E, so hielt er seine Schüler zu diesen Studien an, und ein Kreis befreundeter Vertreter dieser Wissenschaften stand ihm zur Seite.

des Geistes, als Vorbereitung zum Studium der Philosophie könne
man sie gelten lassen. Das Bestreben, Platos Wirksamkeit herabzusetzen, tritt überall hervor: stellt er doch die Leistungen seiner
Schule mit dem Elementarunterricht fast auf gleiche Stufe. Kurz,
die banausische Geringschätzung aller Philosophie spricht sich
hier überall ganz unverhohlen aus. Doch es lohnt sich nicht, bei
den Auslassungen des eiteln Rhetors länger zu verweilen, der, von
eitler Grossmannssucht beherrscht, niemanden als ebenbürtig an-
zuerkennen, noch viel weniger zu fremder Grösse emporzuschauen
vermag.

Dass die Parekbase im Platonischen Theaetet gegen Isokrates gerichtet ist, hoffe ich erwiesen zu haben. Wenn nun in
den Schriften des Rhetors sich nichts findet, was diese Abfertigung von Seiten des Philosophen hervorrufen konnte, so
muss man annehmen, dass mündliche Äusserungen des Isokrates
zu dieser Polemik Anlass gaben[1]). In einer Stadt, wie Athen,
drang alles, was ein angesehenes Schulhaupt, sei es in seinen
Vorträgen, sei es bei anderer Gelegenheit über andere gesagt
hatte, in die Öffentlichkeit, der Isokrates seine Kritik sicherlich
nicht zu entziehen beabsichtigt hatte. Ganz ähnlich ist im Euthydemos Platos Ausfall gegen mündliche Äusserungen des Isokrates
gerichtet; ebenso polemisirt Isokrates im Panathenaikos gegen
drei oder vier „gemeine" Sophisten, die alles zu wissen meinten

---

1) Man könnte vermuthen, ein Schüler des Isokrates habe in jener ge-
hässigen Weise den Philosophen angegriffen; dieser konnte mit Fug den Isokrates, dessen Gedanken der Schüler nur Ausdruck verlieh, dafür verantwortlich
machen. Unter den nicht erhaltenen Schriften des Isokrates findet sich auch
eine περὶ Πλάτωνος (wohl mit dem nächsten Titel zu verbinden und περὶ
Πλάτωνος ἔριδος zu überschreiben), die für untergeschoben galt und gänzlich
verschollen ist. Es konnte dies die Schrift eines Schülers sein, die anonym
überliefert war und später dem Lehrer beigelegt wurde; aber es kann auch ein
Machwerk aus späterer Zeit sein, dieser reichhaltige Stoff war für eine solche
Fälschung sehr einladend. Wir wissen nur von Theopomps Schrift κατὰ Πλάτωνος διατριβῆς, aber diese kann erst nach dieser Zeit verfasst sein; dasselbe
gilt von der Schrift des Kephisodoros gegen Aristoteles, in der auch gegen
Plato polemisirt ward; völlig grundlos ist der Vorwurf der Ignoranz, den Blass
Gr. Beredr. II, 421 dem Isokrateer macht; er schrieb gegen den jungen Aristo-
teles, der zur Zeit noch gar nicht mit selbständigen philosophischen Ansichten
hervorgetreten sein mochte und daher füglich den Platonikern zugezählt wurde.
Eine eigenthümliche Stellung nimmt Philiskos ein, der offenbar später von Isokrates sich zu Platos Schule wandte und diesen Übertritt in einer eigenen
Schrift Ἰσοκράτους ἀπόφασις d. i. Verläugnung, Absagebrief motivirte.

und im Lykeion Vorträge über Homer und andere Dichter hielten, ohne irgend etwas Neues vorzubringen; am meisten aber hat den Isokrates verdrossen, dass der keckste und vorlauteste, der ein zwar nicht schmeichelhaftes, aber wahrheitsgemässes Bild des berühmten Rhetors entworfen hatte, [ihn zu verleumden versuchte?]: man sieht daraus, wie treu die jüngeren Freunde (ἐπιτήδειοι) dem Schulmonarchen jenen Vorgang berichtet hatten [1]).

Dass Plato selbst zu jenem Angriffe, der ihn tief kränkte, Anlass gegeben hatte, ist nicht zweifelhaft. Unwillkürlich denkt man an den Epilog des Platonischen Euthydemos, der bereits ein sehr gespanntes Verhältnis zwischen beiden Männern bekundet. Wir erfahren dort, dass Isokrates aus Anlass des Auftretens des Euthydemos und Dionysodoros in Athen sich in seiner bekannten hochmüthigen Manier sehr geringschätzig über die Philosophie geäussert hatte, die ihm als ein ganz werthloses Studium (οὐδενὸς ἄξιον) erschien, und indem er jenen beiden Eristikern das relative Lob spendete, sie wären die geschicktesten auf diesem Gebiete (σοφώτατοι περὶ τοὺς ἐριστικοὺς λόγους), so stellt er sie damit über Plato, der ihm ja ebenfalls kein Philosoph, sondern nur ein Eristiker ist. Die Anerkennung der beiden Sophisten

---

1) Panath. 17 ff. Es ist dies derselbe Sophist, der gewagt hatte, neben dem alten Meister Vorträge über Rhetorik zu halten, indem er seinen Schülern nichts anderes als die bewährten Grundsätze der Isokratischen Theorie zu wiederholen wusste (§ 16 ist πλὴν vor τῶν εἰρημένων ὑπ' ἐμοῦ ausgefallen) und seine Beispiele aus den Reden des Isokrates entnahm, während er zugleich diese Reden schonungslos kritisirte und immer etwas auszusetzen hatte (ἀεί τι φλαῦρον περὶ ἐμοῦ λέγουσι, mit denselben Worten kennzeichnet anderwärts Isokrates die Polemik des Plato; der Plural ist wie öfter bei Isokrates und anderen in solchen litterarischen Fehden von einer bestimmten Persönlichkeit gebraucht). Isokrates war ganz genau durch seine Vertrauten (οἱ ἀπαγγελλόμενοι) davon unterrichtet, er würde geschwiegen haben, wenn ihn nicht zuletzt der Angriff in einem öffentlichen Vortrage im Lykeion zur Abwehr genöthigt hätte. Dieser Sophist ist kein anderer als Aristoteles, der nicht mehrere Jahre (Ol. 108, 4 bis Ol. 109, 2) in Mitylene verweilte, wie man, durch ungenaue Berichte getäuscht, annimmt, sondern alsbald nach Athen zurückkehrte und dort Vorträge hielt: die Berufung nach Macedonien mag bereits gegen Ende Ol. 109, 2 an ihn ergangen sein, daher Apollodor dieses Jahr verzeichnete, aber er folgte diesem Rufe erst im nächsten Jahre, denn im Anfange Ol. 109, 3 war er, wie Isokrates bezeugt, noch in Athen. [Vgl. S. 54, A. 1.] Die Beziehung auf Aristoteles im Panathenaikos ist unanfechtbar, Zellers Bedenken II, 2 S. 15 Anm. (2 A.) nicht gerechtfertigt. Ebensowenig hat man erkannt, dass der im letzten Theile jener Rede eingeführte Schüler des Isokrates Dioskorides ist.

war nichts anderes als ein versteckter Angriff auf Plato [1]), worauf derselbe in jenem Dialoge die gebührende Antwort giebt. Indem Plato, einen Ausdruck des Prodikos auf Isokrates anwendend, den eiteln Rhetor für ein Mittelding zwischen Philosophen und Politiker erklärt, der in seiner selbstgenügsamen Befangenheit die Mängel solcher Halbheit gar nicht empfinde, der sich für den weisesten halte und alle Philosophen für nichtsnutzig erklärt, weil sie ihm und seiner ungemeinen Eitelkeit im Wege stehen, denn Isokrates dünkt sich der Erste zu sein, während ihm doch in der That nur die dritte Stelle gebührt, wird dabei besonders der vollständige Mangel an dialektischer Methode hervorgehoben [2]). Schliesslich meint Plato, man müsse solche Leute nehmen, wie sie einmal sind, und dürfe ihm nicht zürnen: πάντα γὰρ ἄνδρα χρὴ ἀγαπᾶν, ὅστις καὶ ὁτιοῦν λέγει ἐχόμενον φρονήσεως πρᾶγμα καὶ ἀνδρείως ἐπεξιὼν διαπονεῖται. Platos Urtheil ist vollkommen zutreffend, er deckt die Schwächen des eitelen und beschränkten Mannes rückhaltlos auf und weist ihm seine Stelle an, indem er das Gute seiner Leistungen würdigt. Allein diese bedingte Anerkennung konnte dem Isokrates nicht genügen, vielmehr musste ihn der Ton von oben herab, der hier durchklingt, ebenso verletzen wie der offene Tadel; dass er die Antwort darauf nicht schuldig blieb, lässt sich erwarten.

Die Neueren setzen freilich die Abfassung des Euthydemos in eine ziemlich frühe Zeit, manche sogar vor den Phaedros, und müssen daher auch jede Beziehung auf Isokrates im Epilog des Euthydemos in Abrede stellen, da Plato nach dieser herben Kritik den Rhetor nicht mit so warmen Worten empfehlen konnte, wie er dies im Phaedros thut. Allein auch hier wie anderwärts erweist sich jene Methode, welche die Zeitfolge der Dialoge mit der vorausgesetzten Entwickelung Platos und seiner Philosophie in Verbindung setzt, als trügerisch. Da die beiden Sophisten Euthydemos und Dionysodoros der jüngeren Generation ange-

---

1) Dass ein thatsächlicher Vorgang zu Grunde liegt, erhellt schon daraus, dass Plato, wie er ausdrücklich bemerkt, das Urtheil des Isokrates über jene Sophisten mit den eigenen Worten des Rhetors anführt.

2) Euthyd. 305 D: ἐν δὲ τοῖς ἰδίοις λόγοις ὅταν ἀπολληφθῶσιν, ὑπὸ τῶν ἀμφὶ Εὐθύδημον κολούεσθαι gesteht Isokrates selbst zu, dass dies seine schwache Seite sei, im Theaetet 177 B wird derselbe Vorwurf in allgemeinerer Fassung, aber mit unverkennbarer Beziehung auf Isokrates wiederholt, ἂν ἰδίᾳ δέῃ λόγον δοῦναί τε καὶ δέξασθαι κτλ. (s. oben S. 21, 3).

hören, welche mit den ersten Vertretern dieser Richtung und ihren unmittelbaren Schülern in keinem näheren Verhältnisse stehen, wohl aber mit den Megarikern sich nahe berühren, so muss der Dialog schon deshalb einer späteren Epoche angehören. Dies wird bestätigt durch ein unscheinbares und wenn man will zufälliges, aber gerade deshalb, weil es dem Verfasser unwillkürlich in die Feder kam, bedeutsames Anzeichen. Wenn Sokrates gleich im Eingange des Dialoges auf die Frage nach der Heimath der Sophisten antwortet οὗτοι τὸ μὲν γένος, ὡς ἐγῷμαι, ἐντεῦθέν ποθέν εἰσιν ἐκ Χίου, so wird damit die Insel Chios als Glied des Bundesstaates bezeichnet, an dessen Spitze Athen stand. So konnte sich Plato vor der Stiftung des neuen Seebundes Ol. 100, 3, der besonders durch Mitwirkung der Chier zu Stande kam[1]), nicht ausdrücken. Diesem Verhältnisse machte der Bundesgenossenkrieg, der Ol. 105, 4 durch den Abfall von Chios und anderen Inseln herbeigeführt wurde, ein Ende. Dadurch ist für die Feststellung der Chronologie dieses Dialoges eine feste Begrenzung gegeben.

Da Plato in jüngeren Jahren die hervorragendsten Vertreter der Sophistik, Protagoras, Gorgias, Hippias, bekämpft hatte, kann es nicht auffallen, wenn er später den Kampf gegen die Epigonen dieser Richtung wieder aufnahm. Mochten doch selbst in dem Kreise der Platonischen Schule manche sich durch die Scheinweisheit täuschen lassen und ihrem bewährten Führer untreu werden[2]); die wiederholte längere Abwesenheit Platos von Athen

---

1) Die Chier und Thebaner schlossen sich zuerst an Athen an, ihre Namen stehen daher auch auf der noch erhaltenen Stiftungsurkunde des Bundes in dem Verzeichnis der Mitglieder obenan.

2) Der Dichter der mittleren Komödie Ephippos (s. Athen. XI, 509 C) führt einen jungen Sophisten mit den Worten ein τῶν ἐξ Ἀκαδημείας τις ὑπὸ Πλάτωνα καὶ Βρυσωνοθρασυμαχειολειψικερμάτων, πληγεὶς ἀνάγκῃ, ληψολιγομίσθῳ τέχνῃ συνών τις. Bryson aus Heraklea, Sohn des Mythographen und Naturforschers Herodoros, von Aristoteles öfter genannt, wird der Megarischen Schule angehören (er wird bald als Genosse, bald als Schüler des Eukleides bezeichnet, andere machten ihn zum Schüler des Sokrates, s. Suidas); nach Theopomp hätte Plato sich einzelne Gedanken von ihm angeeignet; dies wird sich so verhalten wie mit dem von Polyxenos (nach den Platonischen Briefen war dieser Sophist ein Schüler des Bryson) gegen die Ideenlehre vorgebrachten Einwurfe (τρίτος ἄνθρωπος), welchen Plato im Parmenides berücksichtigt; im Euthydemos 297 spielt Plato auf Herodoros an, der gemäss seiner rationalistischen Deutung der alten Sage den Herakles zu einem Philosophen machte. Plato

war solchem Abfall günstig; umsomehr hatte der Philosoph Grund, den Bestrebungen dieser Eristiker entgegenzutreten. Aber auffallen muss, dass er nicht einen der namhafteren Vertreter dieser Richtung herausgreift, sondern sich gerade dieses Bruderpaar zum Opfer seines Hohnes erwählte. Denn diese beiden Sophisten waren wissenschaftlich offenbar ohne alle Bedeutung[1]); nur durch ihre dialektischen Fechterkunstgriffe und Trugschlüsse mochten sie eine Zeit lang den Athenern imponiren, aber die Hohlheit dieses frivolen Treibens konnte Einsichtige nimmer täuschen. Unwillkürlich drängt sich der Gedanke auf, ein besonderer Anlass, der Plato selbst berührte, habe den Ausschlag für diese Wahl gegeben. Und der ungewöhnlich derbe, oft geradezu unfeine Ton der Invektive, der an die Ausgelassenheit der älteren Komödie erinnert, hängt wohl damit zusammen: wo persönliche Abneigung sich mit der sachlichen Polemik vereinigt, wird leicht das rechte Mass überschritten[2]).

Wenn Aristoxenos berichtet, während Platos Abwesenheit hätten Fremde (ξένοι) den Versuch gemacht, sich in der Akademie festzusetzen und seiner Schule Concurrenz zu machen, so kann sich dies nur auf Eristiker (Dialektiker) beziehen, da Aristippos Athen sichtlich eher meidet, als aufsucht. So steht nichts im Wege, in diesen ξένοι eben den Euthydemos und

---

führt dies weiter aus, Herakles im Kampf mit der Lernäischen Hydra und dem Seekrebse ist ihm das Vorbild des Kampfes der Philosophie mit der Sophistik. (S. 297 C ist zu lesen καὶ καρκίνῳ ἐκ θαλάττης ἀφιγμένῳ, ἑτέρῳ τινὶ σοφιστῇ, νεωστί μοι δοκεῖν καταπεπλευκότι.) Thrasymachos ist schwerlich der bekannte Sophist aus Chalkedon, sondern der Megariker (Diog. L. II, 113). Ich habe ... λιψικερματων geschrieben (der Komiker verspottet die Habsucht dieser Sophisten), denn ληψι — ist schon wegen des folgenden ληψολιγομίσθῳ (ich folge Hemsterhuis' Verbesserung) unzulässig. Wegen der gesteigerten Concurrenz der Sophisten unter sich und mit den Philosophen und Rhetoren mochte damals dieser Beruf nicht mehr so lohnend sein, wie ehemals. Der abtrünnige Platoniker, der sich aus Noth (πληγεὶς ἀνάγκῃ) den Eristikern von Profession zugewandt hat, war wohl keine vereinzelte Erscheinung, sondern Repräsentant einer ganzen Klasse.

1) Ausser Plato erwähnt nur Aristoteles den Euthydemos, Xenophon den Dionysodoros. Dem Sextus Empiricus sind diese Sophisten nur durch Platos Dialog bekannt.

2) Das berufene Beispiel vom Ochsen S. 301 mögen die Sophisten selbst, und zwar wie Zeller vermuthet, nach dem Vorgange des Antisthenes angewandt haben, aber es bleibt immer bezeichnend, dass Plato diesen Zug zur Charakteristik der Gegner zu verwenden nicht verschmähte.

Dionysodoros zu finden, und da ich jene Notiz (s. S. 16 f.) auf die zweite Reise Platos zurückgeführt habe, würde der Dialog Ol. 103, 4 oder doch in der nächsten Zeit verfasst sein, was mit der Zeitbegrenzung, die ich für diesen Dialog (S. 27) nachgewiesen habe, vollständig stimmt [1]).

Jetzt wird auch die Einführung des Isokrates im Epiloge des Euthydemos erst verständlich; sie steht nicht mit der Episode im Theaetet auf gleicher Stufe, welche mit der Handlung jenes Dialoges in keiner näheren Verbindung steht, während der Epilog des Euthydemos ein organisches Glied jenes Gespräches bildet. Isokrates muss öffentlich seine Ansicht über die Leistungen jener Eristiker ausgesprochen haben [2]). Isokrates spricht zwar verächtlich von der Philosophie und Dialektik überhaupt, erklärt aber dabei jene Sophisten für die geschicktesten ihres Faches: οἳ νῦν σοφώτατοί εἰσι τῶν περὶ τοὺς τοιούτους λόγους und wiederholt dies nochmals mit Nachdruck οὗτοι ὅπερ ἄρτι ἔλεγον ἐν τοῖς κρατίστοις εἰσὶ τῶν νῦν, abgesehen von dem Angriffe auf die Philosophie und dem indirekten Tadel Platos lag in dieser Anerkennung jener Sophisten, wenn sie gegen Plato feindselig aufgetreten waren, eine unverkennbare Parteinahme, und dies eben veranlasste Plato zu jener Abfertigung des Rhetors.

Dass das anfangs freundschaftliche Verhältnis zwischen Plato und Isokrates, welches der Dialog Phaedros unzweideutig bekundet, auf die Dauer nicht bestehen konnte, ist bei der Verschiedenheit beider Naturen und dem Gegensatz ihrer Richtungen erklärlich. Entfremdung mag sehr bald eingetreten sein, aber es wird längere Zeit verstrichen sein, ehe die gegenseitige Abneigung sich unverhohlen kundgab.

Spengel, indem er die Schilderung der Dialektiker oder Eristiker im Eingange der Isokratischen Schrift κατὰ τῶν σο-

---

1) Wenn Plato das Gespräch in das Lykeion verlegt, so wird dies den Thatsachen entsprechen: dieses Gymnasium war damals vorzugsweise der Tummelplatz der Sophisten; dort wird auch jenes Brüderpaar aufgetreten sein, da ihnen die Akademie verschlossen war.

2) Dies beweist die wörtliche Anführung der Kundgebung des Rhetors S. 304 E: ληρούντων καὶ περὶ οὐδενὸς ἀξίων ἀναξίαν σπουδὴν ποιουμένων· οὑτωσὶ γάρ πως καὶ εἶπε τοῖς ὀνόμασι. Die Redefigur in der Manier des Gorgias ist ganz der Weise des Isokrates gemäss. Isokrates mag sich vor seinen Schülern in diesem Sinne geäussert haben, während Plato der Scenerie seines Dialoges gemäss das Lykeion festhält.

φιστῶν auf die Megariker bezieht, behauptet, diese abfällige Beurtheilung der befreundeten Schule habe nothwendig Plato verstimmen müssen. Diese Ansicht beruht auf der Voraussetzung, Plato habe unmöglich sich so hoffnungsvoll über Isokrates äussern können in einer Zeit, wo der Charakter jenes Mannes im Wesentlichen schon so bestimmt ausgeprägt war, wie er uns später entgegentritt. Spengel verlegt daher wie es scheint die Abfassung des Phaedros noch vor Ol. 93, 3, wo Isokrates das dreissigste Jahr erreichte: allein da Isokrates damals noch gar keine Probe seines Talentes abgelegt hatte, wäre jene Anerkennung Platos vollkommen unbegreiflich; aber auch die nächste Zeit ist ebensowenig dafür geeignet, denn Isokrates' Leistungen als Schriftverfasser konnten doch unmöglich solche Erwartungen wach rufen, wie sie Plato ausspricht. Erst nachdem Isokrates dem Berufe des Logographen entsagt und in Athen Vorträge über Rhetorik zu halten begonnen hatte, welche Tüchtigeres zu leisten verhiessen, als seine zahlreichen Vorgänger, konnte Plato in dieser Weise sich äussern. Die Abfassung des Platonischen Phaedros fällt genau in die Anfänge der Isokratischen Schule, nicht früher, aber auch nicht später.

Isokrates trat zuerst als Lehrer der Redekunst in Chios auf; vor der Schlacht bei Knidos Ol. 96, 3 war dies unmöglich, auch bekunden die Gerichtsreden des Isokrates, dass er bis zu diesem Zeitpunkt in Athen als Logograph thätig war. Er mag Athen Ol. 96, 4 verlassen haben, kehrte aber nach kurzer Zeit, Ol. 97, 1 oder spätestens Ol. 97, 2, nach Athen zurück und errichtete alsbald seine Schule. Derselben Zeit gehört aber auch die Abhandlung κατὰ τῶν σοφιστῶν an, welche, wie er selbst in der Rede über die Antidosis bezeugt, verfasst wurde ὅτε ἠρχόμην περὶ ταύτην εἶναι τὴν πραγματείαν, Isokrates war damals ἀκμάζων (§ 195). Dieser Ausdruck ist nicht auf die ἀκμή im technischen Sinne, d. h. das vierzigste Jahr zu beschränken, welches Isokrates Ol. 96, 1 bereits erreicht hatte[1]). Indem Isokrates hier seine Ansichten über Rhetorik darlegt und die seiner Concurrenten bekämpft, rechtfertigt er dem Publikum gegenüber seinen Standpunkt und empfiehlt die neue Lehranstalt;

---

1) Isokrates schrieb dies im 82. Jahre, als πρεσβύτερος, die Rede gegen die Sophisten ἀκμάζων und νεώτερος, d. h. in den besten Jahren.

man hat daher nicht unrichtig die Schrift als Antrittsprogramm des Rhetors bezeichnet. Dies veranlasste Plato alsbald von seinem philosophischen Standpunkte aus das Wesen der wahren Redekunst darzustellen; dieser Dialog setzt das Bestehen der Platonischen Schule voraus [1]), und dass Plato Ol. 97, 2 und 3 bereits seine Lehrthätigkeit begonnen hatte, dafür liegen anderweitige sehr bestimmte Anzeichen vor. Das Verhältnis zu Isokrates war damals ein freundschaftliches, Plato glaubte in ihm einen Bundesgenossen im Kampfe gegen die Sophistik zu finden, und da er, wie der Theaetet in voller Übereinstimmung mit dem Phaedros bezeugt, sich der Hoffnung hingab, den Rhetor, der ihm der Entwickelung fähig schien, für Höheres zu gewinnen, hielt er sich an die Übereinstimmung der Ansichten, die ihm mehrfach entgegentrat, ohne die tiefgreifende Differenz, die ihm schwerlich ganz entging, zu betonen [2]).

Als Plato den Phaedros abfasste, kannte er Isokrates' Schrift gegen die Sophisten und bezieht sich darauf. Wenn Isokrates ausführt, nur der könne ein tüchtiger Redner werden, bei dem sich glückliche Naturanlage mit der Unterweisung eines einsichtigen Lehrers und beständiger Übung verbinde, so ist diese Ansicht zwar nicht neu, Protagoras hatte sich ganz in gleichem Sinne ausgesprochen [3]), aber Isokrates mag diesen allgemeinen Satz

---

1) Der Phaedros ist wie die meisten Platonischen Gespräche zumeist für den Kreis der Schule bestimmt, aber man darf denselben nicht als Antrittsprogramm betrachten.

2) Da die Neueren irrthümlich den Anfang der Lehrthätigkeit Platos in Ol. 98, 1 verlegen, sind sie genöthigt, eben dieser Zeit den Phaedros zuzuweisen; allein damals würde Plato dem Rhetor jene Anerkennung gezollt haben. War auch in der Zwischenzeit Isokrates mit keiner litterarischen Leistung [am Rande steht: Busiris] hervorgetreten, so hatte doch Plato hinreichend Gelegenheit gehabt, das handwerksmässige Treiben des Rhetors aus der Nähe zu beobachten, und würde sich gehütet haben, jene Prophezeiung dem Sokrates in den Mund zu legen, die, wie er schon damals erkennen musste, niemals in Erfüllung gehen konnte.

3) Der Streit, ob die sittliche und intellektuelle Bildung mehr durch Naturanlage oder durch Unterweisung und Studium gefördert werde, reicht hoch hinauf; die Ansichten waren getheilt, doch fehlte es auch nicht an vermittelnden Versuchen. Schon Theognis beschäftigt sich mit dieser Frage, vielleicht auch der ältere Euenos (wenn man nicht vorzieht, fr. 9 dem Sophisten zuzuweisen), später Philosophen und philosophirende Dichter, wie Epicharm: $\dot{\alpha}$ δὲ μελέτα φύσιος ἀγαθᾶς πλεῦρα δύναται, Φύλε oder Φύλος (so ist zu lesen, der Vers

zuerst auf den Unterricht in der Rhetorik angewandt haben und
hat ihn sein ganzes Leben hindurch festgehalten. Wenn nun
Plato im Phaedros 269 D sagt εἰ μέν σοι ὑπάρχει φύσει ῥητο-
ρικῷ εἶναι, ἔσει ῥήτωρ ἐλλόγιμος, προσλαβὼν ἐπιστήμην τε καὶ
μελέτην· ὅτου δ' ἂν ἐλλίπῃς τούτων, ταύτῃ ἀτελὴς ἔσει, so ist die
Beziehung auf Isokrates unverkennbar: Plato hat nur das, was
der Rhetor ausführlich abhandelt, kurz zusammengefasst; besonders [der] Schlusssatz, der den Worten des Isokrates § 18
entspricht: τούτων μὲν ἁπάντων συμπεσόντων τελείως ἕξουσιν οἱ
φιλοσοφοῦντες· καθ' ὃ δ' ἂν ἐλλειφθῇ τι τῶν εἰρημένων, ἀνάγκη
ταύτῃ χεῖρον διακεῖσθαι τοὺς πλησιάζοντας, veranschaulicht
dieses Verhältnis [1]). — Ebenso erinnert die Art, wie bei Plato
235 B Phaedros dem Lysias das Lob spendet: τῶν γὰρ ἐνόντων
ἀξίως ῥηθῆναι ἐν τῷ πράγματι οὐδὲν παραλέλοιπεν, ὥστε κτλ. an
die Stelle, wo Isokrates § 9 die Verheissungen der Lehrer der
Redekunst schildert: ὑπισχνοῦνται τοιούτους ῥήτορας τοὺς συνόντας
ποιήσειν, ὥστε μηδὲν τῶν ἐνόντων ἐν τοῖς πράγμασι παραλι-
πεῖν. Wohl mögen jene Sophisten bei der Ankündigung ihrer
Vorträge sich in gleichem Sinne geäussert haben, aber die wörtliche Übereinstimmung deutet darauf hin, dass Plato auch hier
auf Isokrates' Schrift Bezug nimmt [2]). Was Isokrates § 16 ff.
über die ἰδέαι λόγων und καιροί bemerkt, finden wir in ganz
ähnlicher Weise bei Plato S. 271 D — 272 B wiederholt. Isokrates
nimmt die methodische Anwendung jener Sätze für sich in Anspruch (φημὶ γὰρ ἐγώ), Plato setzt sie als bekannt voraus, sucht
aber zugleich sie tiefer aufzufassen und wissenschaftlich zu be-

gehört in den Ἡρακλῆς παρ Φόλῳ, wie der Titel der Komödie nach Apoll.
Dysk. lautete), dann vor allem die Sophisten, Protagoras stellte im Μέγας
λόγος den Satz auf φύσεως καὶ ἀσκήσεως διδασκαλία δεῖται, καὶ ἀπὸ νεότητος
δεῖ ἀρξαμένους ἀεί τι μανθάνειν (so ist δὲ ἀρξ. δεῖν μανθ. zu verbessern)
wie derselbe auch auf die enge Verbindung der τέχνη mit der μελέτη Gewicht
legte. Der Sophistenschüler Kritias sagt ἐκ μελέτης πλείους ἢ φύσεως ἀγαθοί.

1) Spengel, von der Voraussetzung ausgehend, Platos Dialog sei mindestens
zehn Jahre früher abgefasst, nimmt an, beide hätten unabhängig von einander
diesen Satz auf die Rhetorik angewandt, aber wenn er dann, von richtigem Gefühl
geleitet, bemerkt, Isokrates gebe sich alle Mühe, die Wahrheit dieses Satzes zu
erweisen, während Plato keinen besonderen Werth darauf lege, so hat Spengel
damit unfreiwillig das wahre Sachverhältnis bezeichnet.

2) Der Zusatz ἀξίως ῥηθῆναι bei Plato erklärt sich daraus, dass er den
allgemeinen Satz auf einen concreten Fall anwendet und das vermeintliche
Verdienst des Lysias in recht helles Licht setzen will.

gründen. Man sieht deutlich, in welchem Verhältnis beide Schriften zu einander stehen. Plato hat seinen unmittelbaren Vorgänger, dessen Verdienst er bereitwillig anerkennt, benutzt, nicht wie ein Abschreiber, sondern die Gedanken des anderen selbständig reproducirend.

Spengels Vermuthung endlich, Isokrates' Schrift enthalte eine gehässige Kritik der mit Plato befreundeten Megariker, welche den Philosophen unangenehm berühren musste, ist entschieden abzuweisen. Die Philosophen (οἱ περὶ τὰς ἔριδας διατρίβοντες), welche Isokrates im Eingange schildert, sind Sophisten von Profession, welche für Geld ihre dialektischen Künste anbieten: den Eukleides und seine Anhänger konnte zur Zeit (Ol. 97) dieser Vorwurf niemals treffen, wenn auch später Eristiker, die aus dieser Schule hervorgegangen waren, diesen Beruf gewerbsmässig trieben. Diese Schilderung des Isokrates enthält so detaillirte Züge, die sich zu einem einheitlichen Bilde zusammenfügen, dass man deutlich erkennt, nicht eine ganze Klasse, sondern ein Individuum ist der Gegenstand des Angriffes. Isokrates wird einen Sophisten, der eben in Athen aufgetreten war und vielen Zulauf hatte (vergl. § 19), sich zum Opfer erwählt haben: dieser Sophist hält zwar seine Weisheit höher im Preise als Prodikos, denn er verlangt drei oder vier Minen, während der Parier Euenos, der damals wohl bereits todt war, fünf Minen Honorar forderte; das Honorar liess er sich nicht, wie es wohl meist üblich war, vorausbezahlen, aber weil er seinen Schülern misstraute, mussten sie Bürgen stellen; dabei redet er geringschätzig vom Gelde, an dem ihm nichts liege. Seinen Schülern verheisst er nicht nur den Weg zur Tugend und Glückseligkeit zu weisen, sondern auch die verhüllte Zukunft zu erschliessen. In Athen musste zur Zeit jedermann das Urbild in dieser Zeichnung wiederfinden; wir vermögen den Namen nicht zu errathen [1]). Denn die Vermuthung

---

1) Ein charakteristischer Zug dieses Sophisten war, wie es scheint, die Vorliebe für Verkleinerungsworte wie ἀργυρίδιον, χρυσίδιον (§ 4), daher auch Isokrates nochmals auf diesen Sophisten zurückkommend § 20 eben von ihm den Ausdruck τοιαῦτα λογίδια διεξιέναι gebraucht. Die Sophisten werden bei ihrem rhetorischen Unterrichte für den Ausdruck der Geringschätzung und des Tadels den Gebrauch der ὑποκοριστικά empfohlen haben; darauf zielt der Spott des Aristophanes in den Babyloniern Fr. 30 [64 Dind.], der wohl einen eifrigen Schüler des Gorgias trifft. Selbstverständlich bedienen sich auch Plato und andere Sokratiker, die nicht unter dem Einflusse sophistischer Rhetorik stehen, solcher Worte

Überwegs (Plat. Schriften S. 257 ff., Philol. 27, 175 ff.), Antisthenes sei gemeint, ist völlig unhaltbar. In der Helena des Isokrates findet Spengel, dem Bonitz (Platon. Stud. S. 130) beistimmt, einen versteckten Angriff auf Plato. Der Rhetor eröffnet diese Lobrede mit einer Polemik gegen die Paradoxien der damaligen Philosophen: καὶ καταγεγράκασιν οἱ μὲν οὐ φάσκοντες οἷόν τ᾽ εἶναι ψευδῆ λέγειν οὐδ᾽ ἀντιλέγειν οὐδὲ δύο λόγω περὶ τῶν αὐτῶν πραγμάτων ἀντειπεῖν· οἱ δὲ διεξιόντες ὡς ἀνδρεία καὶ σοφία καὶ δικαιοσύνη ταὐτόν ἐστι, καὶ φύσει μὲν οὐδὲν αὐτῶν ἔχομεν, μία δ᾽ ἐπιστήμη καθ᾽ ἁπάντων ἐστίν. Dann folgen in dritter Reihe die Eristiker: ἄλλοι δὲ περὶ τὰς ἔριδας διατρίβουσι κτλ. Diese letzte Abfertigung gilt der ganzen Klasse, während vorher zwei bestimmte Persönlichkeiten kritisirt werden, wie schon der individualisirende Zug καταγεγράκασι erweist. Dass der erste Angriff dem Antisthenes gilt, ist unzweifelhaft [1]) und wird auch von Spengel angenommen, der sich jedoch in einen offenbaren Widerspruch verwickelt: denn er nimmt an, wie auch die Meisten, zuletzt noch Blass, die Helena gehöre zu den früheren Arbeiten des Rhetors: damit ist jedoch die Bezeichnung des Antisthenes als eines Greises unvereinbar; denn Antisthenes war ungefähr Altersgenosse des Isokrates, [der] Ol. 101, 1 sein 60. Jahr erreicht hat: also muss die Abfassung der Helena frühestens eben dieser Zeit angehören [2]). Wäre nun an zweiter Stelle der „greise" Plato angegriffen, dann müsste man bis Ol. 103, 1 oder noch weiter herabgehen [3]). Abgesehen von anderen Gründen, welche gegen so späte Abfassung der Helena sprechen, halte ich die Beziehung auf Plato für unzu-

---

(z. B. Eukleides im Zopyros λογάρια), aber mit Mass, später besonders einzelne stoische Philosophen; wie aber die pseudepigraphe Physiognomik des Aristoteles zu ὀμμάτιον kommt, ist schwer zu sagen.

1) Isokrates hatte Grund, seiner Verstimmung gegen Antisthenes Ausdruck zu geben; denn dieser Philosoph [hatte], durch die Anerkennung des Isokrates im Platonischen Phaedros zum Widerspruche gereizt, eine Rede des Isokrates (den ἀμάρτυρος λόγος) kritisirt und so Anlass gegeben zu der sich weiter fortspinnenden Controverse, ob Lysias oder Isokrates der bessere Redner sei; dieser litterarische Streit war begreiflicherweise dem Isokrates äusserst unangenehm.

2) Das Todesjahr des Gorgias lässt sich nicht sicher ermitteln, die Rede kann recht wohl noch bei Lebzeiten des Gorgias geschrieben sein.

3) Antisthenes ist Ol. 103, 3 noch am Leben, muss aber, da er nur 70 Jahr alt ward, bald ‹ nachher gestorben sein, denn aus Plato Soph. 251 B folgt nicht, dass der Kyniker noch lebte, als Plato diesen Dialog niederschrieb.

lässig[1]): denn Isokrates rechnet den Plato überall zu den Eristikern, ja er ist ihm der Hauptvertreter dieser Richtung: hier wird vielmehr ein Philosoph angeführt, der an der Sokratischen Lehre treulich festhielt, dies kann kaum ein anderer sein, als Aeschines, der ziemlich gleichen Alters wie Antisthenes gewesen zu sein scheint, aber ihn überlebt hat. Auf Lehrthätigkeit liess sich Aeschines nicht ein[2]), er war auch als Schriftsteller nicht so fruchtbar, wie andere seiner Zeitgenossen, nahm aber unter den Sokratikern allezeit eine geachtete Stellung ein[3]).

Weit eher konnte man in der dritten Kategorie der περὶ τὰς ἔριδας διατρίβοντες eine Hindeutung auf Plato finden, denn zu den Eristikern im eigentlichen Sinne des Wortes rechnet der Rhetor sonst überall den Plato, und wenn er hier hauptsächlich das Unpraktische und Nutzlose solcher Speculation betont, so macht Isokrates gerade dies anderwärts dem Plato zum Vorwurf. Wenn den Rhetor am meisten der Beifall kränkt, den die Eristik (ἡ περὶ τὰς ἔριδας φιλοσοφία § 6) bei der unerfahrenen Jugend findet, so stimmt auch dies mit den Vorwürfen, die Isokrates dem Plato macht, der unter allen Concurrenten für ihn weitaus der gefährlichste war. Allein diesen Eristikern liegt nichts als der Gelderwerb am Herzen (§ 6 πλὴν τοῦ χρηματίζεσθαι παρὰ τῶν νεωτέρων). Dieser Vorwurf traf weder den Plato, noch einen anderen der echten Sokratiker. Aber es ist recht gut denkbar, dass Isokrates bei dieser Schilderung des Treibens der [Eristiker] nicht nur die Sophisten, sondern auch Plato im Auge hatte, den er sich noch hütete offen anzugreifen; die Schilderung der Eristiker ist eben ganz allgemein gehalten, und nicht jedes Merkmal braucht bei dem Einzelnen zuzutreffen[4]).

1) Auch Überweg erklärt sich im Philol. a. a. O. dagegen, aber aus einem anderen Grunde, weil jene Charakteristik nur auf die frühere Periode Platos, wie sie der Dialog Protagoras kennzeichnet, nicht auf die Zeit der späteren selbständigen Entwickelung passe: dieser Einwand liesse sich jedoch durch die Hinweisung auf die polemische Tendenz des Isokrates entkräften: in solchem Handeln wird das Urtheil durch leidenschaftliche Befangenheit oder wirkliche Unkenntnis öfter getrübt.

2) Isokrates hat bei seiner Kritik ebensowohl die schriftstellerische als die Lehr-Thätigkeit dieser Männer im Auge, er konnte also recht wohl hier auch des Aeschines gedenken.

3) Auch Sauppe dachte an Aeschines.

4) Der Abschnitt § 2—6 geht auf alle § 1 bezeichneten Persönlichkeiten, denn im weiten Sinne sind dem Isokrates alle, die sich mit philosophischer

Wenn Isokrates die Helena vor Ol. 101, 1 (s. oben S. 34) schrieb, also ungefähr fünfzehn Jahre, nachdem er seine Schule zu Athen eröffnet hatte, so sollte man glauben, er würde, mit dem bisherigen Erfolge zufrieden, ruhig seine Bahn weiter verfolgen, allein dieses Urbild eines modernen Schulhauptes war mit der Ehre, in seinem Fache für den Ersten zu gelten, nicht zufrieden, er wollte unbedingt herrschen. Daher war ihm die Lehrthätigkeit der Sophisten und Philosophen höchst unbequem, die ihm Concurrenz machten und die Interessen der wahren Philosophie, die er allein zu vertreten sich rühmte, schädigten. Daher unterlässt er nicht, in ziemlich unpassender Weise die Lobrede auf Helena mit jener Polemik einzuleiten. Plato wenn auch nur indirect anzugreifen, mochte ihn eine ungünstige Kritik seiner rednerischen Leistungen von Speusippos bestimmen [1]: denn dass Isokrates für das, was Platos Neffe und vertrauter Schüler gegen ihn schrieb, den Meister selbst verantwortlich machte, ist begreiflich.

Im Busiris, der jedenfalls früher als die Helena und wohl auch als der Panegyrikos verfasst ist, hat man gleichfalls eine versteckte Beziehung auf Plato gefunden [2]. Isokrates wirft § 5 dem Sophisten Polykrates vor, er habe den Alkibiades willkürlich zum Schüler des Sokrates gemacht, was völlig unbezeugt sei, ὃν ὑπ' ἐκείνου μὲν οὐδεὶς ᾔσθετο παιδευόμενον. Dieses Ver-

Speculation befassen, Eristiker, also auch Antisthenes und Aeschines, obwohl diesen ebensowenig Gewinnsucht zum Vorwurf gemacht werden konnte. Daher Aristot. Rhet. III, 14, wo er das Proömium als ungeeignet tadelt, bemerkt οὐδὲν οἰκεῖον ὑπάρχει τοῖς ἐριστικοῖς καὶ Ἑλένῃ.

[1] Diogenes zählt unter den Schriften des Speusippos πρὸς τὸν ἀμάρτυρον auf, denn die Gleichheit des Titels mit des Antisthenes πρὸς τὸν Ἰσοκράτους ἀμάρτυρον bekundet hinlänglich die Tendenz der Schrift. Vielleicht veranlasste der Tod des Lysias, dass der alte Handel wieder auflebte. Dass derselbe zur Zeit nicht völlig ruhte, bezeugt der Rhetor selbst Paneg. 188, wo er seinem Gegner räth πρὸς μὲν τὴν παρακαταθήκην καὶ περὶ τῶν ἄλλων, ὧν νῦν φλυαροῦσι, παύεσθαι γράφοντας. Wie Antisthenes in derselben Sache auch noch eine andere Streitschrift verfasste Ἰσογραφὴ ἢ Λυσίας καὶ Ἰσοκράτης, wo wohl δικογράφοι zu lesen ist, so mag auch Speusippos zur Ehrenrettung den Λυσίας verfasst haben, denn ein dritter Dialog Κλειτομάχος ἢ Λυσίας scheint, wie der Haupttitel andeutet, dialektische Erörterungen enthalten zu haben. Die Freunde und Anhänger des Isokrates werden diesem litterarischen Streite nicht müssig zugeschaut haben, und eben ihre Einwendungen veranlassten jene beiden Philosophen, dieses leidige Thema von neuem zu behandeln.

[2] Überweg im Phil. 27, 177.

hältnis ist nicht nur von Plato, sondern auch von anderen häufig berührt, z. B. sind diese Schriften der Sokratiker später als der Busiris verfasst, aber andere, wie z. B. der Platonische Gorgias, waren dem Rhetor nicht unbekannt; allein da er wohl wusste, wie frei die Sokratischen Dialoge sich in Fictionen ergehen, lässt er sie nicht als historische Quelle gelten[1]). Xenophons Denkwürdigkeiten kannte er entweder noch nicht, oder stellte sie, freilich mit Unrecht, auf gleiche Linie. Bei älteren Zeitgenossen darüber verlässige Kunde einzuholen, war nicht Isokrates' Art. Jedenfalls ist diese Bemerkung ziemlich harmloser Art.

In der Platonischen Republik finden sich zwei Stellen, welche unverkennbar auf Isokrates zielen[2]); die Zeit der Abfassung dieses Werkes zu ermitteln ist äusserst schwierig, sicher ist jedoch, dass die Veröffentlichung früher erfolgte, als die Abfassung des Euthydemos und des Theaetetos, in denen die schon längst bestehende Entfremdung sich zu offener Feindschaft steigert. Aber bereits die Republik bekundet unverhohlen den Gegensatz zwischen dem grossen Philosophen und dem Meister der rhetorischen Kunst.

Im sechsten Buche der Republik weist Plato nach, wie die Ungunst der Zeitverhältnisse vorzugsweise daran schuld sei, dass es so wenig echte Philosophen und wahre philosophische Bildung gebe; indem so das Feld frei ist und der Name der Philosophie guten Klang hat, drängen sich Unberufene hinzu: S. 495 C καθορῶντες γὰρ ἄλλοι ἀνθρωπίσκοι κενὴν τὴν χώραν γεγενημένην, καλῶν δὲ ὀνομάτων καὶ προσχημάτων μεστήν, ὥσπερ οἱ ἐκ τῶν εἰργμῶν εἰς τὰ ἱερὰ ἀποδιδράσκοντες, ἄσμενοι καὶ οὗτοι ἐκ τῶν τεχνῶν ἐκπηδῶσιν (lies εἰςπηδῶσιν) εἰς τὴν φιλοσοφίαν, οἳ ἂν κομψότατοι ὄντες τυγχάνωσι περὶ τὸ αὑτῶν τέχνιον· ὅμως γὰρ δὴ πρός γε τὰς ἄλλας τέχνας καίπερ οὕτω πραττούσης φιλοσοφίας τὸ ὄνομα [Hermann: ἀξίωμα] μεγαλοπρεπέστερον λείπεται. Mit diesen scharfen Worten wird unzweideutig die Anmassung und das banausische

---

1) Die Folgerungen, welche Überweg geneigt ist für die Feststellung der Chronologie der Platonischen Dialoge zu ziehen, sind unzulässig.

2) Die Beziehung der ersten Stelle auf Isokrates hat, wie ich erst jetzt sehe, bereits Spengel in einem Nachtrage zu seiner Abhandlung im Philologus 19, 596 ff. nachgewiesen, die der anderen ist bisher nicht erkannt.

Treiben des Isokrates gekennzeichnet, der sich gross dünkt, weil er in seinem untergeordneten Fache mehr leistet als andere und nun für sein Gewerbe den Namen der Philosophie in Anspruch nimmt [1]). Die Invective Platos ist allgemein gehalten, aber aus der ganzen Klasse wird einer herausgehoben und durch individuelle Züge kenntlich gemacht, weil er der hervorragendste Vertreter dieser Gattung ist; was weiter folgt, gilt der Gesammtheit jener Eindringlinge; denn dazu gehören ja auch die Sophisten, ebenso die Schüler des Isokrates [2]).

Auf Isokrates kommt Plato nochmals zurück in demselben Buche S. 500 B, wo er ausführt, jene Eindringlinge, jene falschen Philosophen brächten hauptsächlich die Philosophie bei der Menge in Misscredit: οὐκοῦν καὶ αὐτὸ τοῦτο ξυνοίει, τοῦ χαλεπῶς πρὸς φιλοσοφίαν τοὺς πολλοὺς διακεῖσθαι ἐκείνους αἰτίους εἶναι τοὺς ἔξωθεν οὐ προςῆκον ἐπεισκεκωμακότας, λοιδορουμένους τε αὐτοῖς καὶ φιλαπεχθημόνως ἔχοντας καὶ ἀεὶ περὶ ἀνθρώπων τοὺς λόγους ποιουμένους, ἥκιστα φιλοσοφίᾳ πρέποντα ποιουμένους. Denn eben Isokrates ist der Schlimmste unter diesen Leuten, er schmäht die wahren Philosophen und hasst sie, weil sie ihm im Wege stehen, und da ihm alles Höhere unverständlich ist, bewegen sich seine Reden alle Zeit in den niederen Regionen des gemeinen Lebens [3]): kurz seine ganze Thätigkeit zeigt, wie wenig Anspruch er auf den Namen eines Philosophen hat. Isokrates selbst bezeugt, dass ihm diese Abfertigung galt: denn in der Rede über die Antidosis, wo er auf Platos Invective im Theaetetos antwortet [§ 260], schreibt er: περὶ τοὺς πολιτικοὺς λόγους ἡμεῖς ὄντες, οἷς ἐκεῖνοί φασιν εἶναι φιλαπεχθήμονας, πολὺ πραότεροι τυγχάνομεν αὐτῶν ὄντες. Diesem wörtlichen Citate gegenüber wird jeder Zweifel an der Berechtigung, jene Platonische

---

1) In ἀνθρωπίσκοι und τέχνιον giebt sich besonders die Geringschätzung kund; κομψὸς gebraucht Isokrates selbst von seinen Leistungen.

2) Der unbekannte Verfasser der dem Alkidamas beigelegten Rede περὶ σοφιστῶν rechnet sich gleichfalls zu den διατρίβοντες περὶ φιλοσοφίαν.

3) περὶ ἀνθρώπων. Isokrates pflegte eben hochmüthig seine praktische Richtung der unpraktischen des Plato gegenüberzustellen. Zur Abwehr führt daher Plato weiter aus, der wahre Philosoph habe keine Zeit κάτω βλέπειν εἰς ἀνθρώπων πραγματείας. Je mehr Isokrates und seine Gesinnungsgenossen dabei auf allgemeine Zustimmung rechnen durften, desto unerlässlicher erschien dem Plato die Abwehr, die er mit den Worten schliesst διαβολὴ δ' ἐν πᾶσι πολλή [500 D].

Stelle auf Isokrates zu deuten, verschwinden[1]), und da diese Stelle des sechsten Buches der Republik wieder deutlich auf die voranstehende zurückweist, ist auch die Beziehung jener sicher gestellt. Es war dies wohl das erste Mal, dass Plato öffentlich auf die Feindseligkeiten des eingebildeten Rhetors antwortete: die Erinnerung an diese Abfertigung, die ihn tief kränken musste, haftete in seinem Gedächtnis, und so kommt er, nachdem längere Zeit verflossen war und er inzwischen noch viel verletzendere Worte von dem Philosophen hatte hören müssen, auf jenen Vorwurf zurück.

Isokrates hat seinen Widersacher, dessen Geistesgrösse und Seelenadel er niemals zu würdigen verstand, noch über das Grab hinaus verfolgt; im Philippos § 12 stellt er die von den Sophisten, d. h. Plato geschriebenen νόμοι und πολιτεῖαι mit den panegyrischen Reden zusammen, insofern beide gleich wirkungslos sind. In seiner letzten Schrift, dem Panathenaikos, verwirft er § 118 den Grundsatz Platos, es sei besser Unrecht zu leiden als zu thun, indem er den Gegner, wie Spengel richtig erinnert, mit den Worten ὀλίγοι τινὲς τῶν προσποιουμένων εἶναι σοφῶν bezeichnet. In derselben Rede § 26 lässt er zwar die Bildungsmittel der Platonischen Schule, Geometrie, Astronomie, Dialektik, gelten, meint aber, sie eigneten sich nur für die unreife Jugend; wer das männliche Alter erreicht habe, müsse in seiner Schule die Redekunst erlernen: an den eristischen Dialogen möchten immerhin die Jüngeren Freude finden, für ältere Leute sei diese Lectüre unerträglich. Daran knüpft sich ein Ausfall gegen einige (ἔνιοι) Schüler Platos, die bereits selbst als Lehrer wirkten, aber nicht verstanden von ihrem Wissen den rechten Gebrauch zu machen, sondern sich im praktischen Leben durchaus ungeschickt zeigten. Hier wird der Vorwurf, den der Rhetor früher dem Plato gemacht hatte, auch auf seine Schüler ausgedehnt; gemeint ist offenbar Speusippos, Platos Nachfolger, und ausserdem wohl auch Xenokrates[2]).

---

1) Wenn die Erklärer Platos uneins sind, ob αὑτοῖς oder αὐτοῖς zu schreiben sei, so wird jetzt jeder Zweifel gehoben. Plato hatte nicht gesagt, dass diese Eindringlinge unter einander hadern, sondern sie schmähen und hassen die Vertreter der wahren Philosophie.
2) Ἀφρονεστέρους ὄντας τῶν μαθητῶν· ὀκνῶ γὰρ εἰπεῖν τῶν οἰκετῶν. Mit dieser Redefigur giebt der Redekünstler den Vorwurf, der ihm von Plato im Theaetet gemacht war, zurück.

Aber auch an anderen Stellen der Antidosis begegnen wir hämischen Ausfällen auf Plato, in dem Isokrates nicht nur seinen unversöhnlichen Widersacher, sondern zugleich den gefährlichsten Concurrenten seiner Wirksamkeit erblickt. So führt er § 84 aus, seine Unterweisung sei weit förderlicher, als die anderer, welche vorgeben ($\pi\varrho o \varsigma \pi o \iota o \upsilon \mu \acute{\epsilon} \nu \omega \nu$), die Jugend zur Sittlichkeit und Gerechtigkeit anzuleiten: denn er halte fest an den allgemein anerkannten sittlichen Grundsätzen; was jene über Tugend und Einsicht lehrten, sei aller Welt unbekannt und sie selbst darüber unter einander uneins. Jene wären befriedigt, wenn es ihnen gelinge, durch schön klingende Worte einige Schüler an sich zu ziehen, er habe sich nie bemüht, Einzelne an sich zu locken, sondern sein Streben sei alle Zeit darauf gerichtet gewesen, den gesammten Athenern heilsame Rathschläge zu ertheilen, die, wenn sie Beachtung fänden, dem Staate alles irdische Glück ($\epsilon \dot{\upsilon} \delta \alpha \iota \mu o \nu \acute{\iota} \alpha$) und zugleich der gesammten hellenischen Nation Erlösung von allem Übel verhiessen. Diese Polemik ist allerdings gegen die Philosophie insgesammt gerichtet[1]), aber gemeint ist vor allen Plato: seine Schule stand damals im höchsten Ansehen[2]); die Sophisten, welche zur Zeit neben Plato in Athen als Jugendlehrer und Dialektiker auftraten, waren für Isokrates nicht gefährlich, und auch Spengel ist die Beziehung auf Plato nicht entgangen.

Besonders kränkt es ihn, dass alle Welt den Plato und seine Schüler für Philosophen hielt, während der Rhetor diesen Namen für sich und die Seinen ausschliesslich in Anspruch nahm. Isokrates erblickt darin nur einen weiteren Beleg der allgemein herrschenden Begriffsverwirrung, die er § 283 ff. schildert. Dass die Klage § 285 τοὺς δὲ τῶν μὲν ἀναγκαίων ἀμελοῦντας, τὰς δὲ τῶν παλαιῶν σοφιστῶν τερατολογίας ἀγαπῶντας φιλοσοφεῖν φασιν zumeist dem Plato gilt, zeigt schon die Art, wie er dieser unpraktischen Philosophie seine eigene durchaus auf das Praktische gerichtete Lebensweisheit gegenüberstellt.

---

1) Dies beweist die Anspielung auf den Widerstreit der Ansichten über sittliche Principien. Allerdings konnte ein Gegner dem Plato wohl vorwerfen, er bleibe sich nicht gleich, lehre Widersprechendes über denselben Gegenstand; gerade ein oberflächlicher Beurtheiler konnte diesen Vorwurf machen. Allein Isokrates zieht absichtlich die allgemeine Fassung vor, um den persönlichen Ausfall zu verstecken.

2) Isokrates selbst, Antid. § 261, bezeichnet Plato als den allgemein anerkannten und einflussreichen Herrscher auf diesem Gebiete (δυναστεύων).

PLATOS GESETZE.

II.

Platos Gesetze.

Die *Νόμοι*, Platos letztes Werk, sind bekanntlich erst aus seinem Nachlasse herausgegeben worden durch Philippos von Opus, auf den eine glaubwürdige Überlieferung die Eintheilung in zwölf Bücher zurückführt [1]), wie er auch den Anhang, die Epinomis (*νυκτερινὸς σύλλογος*), hinzufügte [2]). Über den Zustand, in welchem sich das hinterlassene Werk befand, liegen zwei abweichende Angaben vor. Wenn Diogenes Laertios III, 37 berichtet:

---

1) In dieser Zeit nahm man bereits ziemlich allgemein bei der Herausgabe umfangreicher Schriften auf angemessene Vertheilung des Stoffes in einzelne Bücher Bedacht, wie dies namentlich von den Historikern aus der Schule des Isokrates feststeht. Dass es neben der überlieferten Eintheilung der Platonischen *Νόμοι* noch eine andere gab, lässt sich aus einzelnen Citaten der Grammatiker nicht erweisen, die abweichenden Angaben beruhen auf Irrthum. Wenn bei Photius unter *ὀργεῶνες* eine Stelle aus B. X 910 C angeführt wird *Νόμων δ'*, so ist dies verschrieben für *ιά*, und das XI. Buch ist irrthümlich statt des X. genannt, weil die Stelle ganz am Ende des Buches sich findet. In Handschriften der späteren Zeit, welche in einem Bande mehrere Bücher einer Schrift enthielten, kommen solche irrige Angaben öfter vor.

2) Wenn manche, wie z. B. Theon de astron. p. 272 Martin (*Πλάτων ἐν Ἐπινομίῳ*) diese Schrift dem Plato beilegen, so rührt dies daher, weil Aristophanes von Byzanz und Thrasyllos zur Durchführung der Eintheilung in Trilogien und Tetralogien den Platonischen Ursprung festhalten mussten, wie schon in den Proleg. philosophiae Plat. c. 25 richtig erinnert wird. Dieses rein äusserliche Verfahren führt auch anderwärts zu Missgriffen, so trennt Thrasyllos den *μέγας ἐνιαυτός* des Demokrit von den astronomischen Schriften, welche er zu einer Tetralogie vereinigte, während doch jene Schrift mit dem *μικρὸς διάκοσμος* in der allerengsten Verbindung stand, denn in dieser Schrift hatte Demokrit seinen Sonnenkreis begründet, und der *μέγας ἐνιαυτός* scheint nur die dazu gehörigen Tafeln, sowie den immerwährenden Kalender (daher auch *ἀστρονομίης παράπηγμα* betitelt) enthalten zu haben.

ἔνιοί φασιν, ὅτι Φίλιππος ὁ Ὀπούντιος τοὺς Νόμους αὐτοῦ μετέγραψεν ὄντας ἐν κηρῷ, so besagen diese Worte, dass Plato das Werk so gut wie vollendet hinterliess [1]). Dagegen nach einer anderen Quelle (Proleg. philos. Platon. c. 24) hatte der Tod Plato verhindert die letzte Hand anzulegen, die Papiere waren ungeordnet und der Revision bedürftig; wenn jetzt die Schrift wohlgeordnet erscheint, so sei dies dem Herausgeber zu danken [2]). Dieser Bericht, der wahrscheinlich auf eine gleichzeitige Biographie des Philosophen oder doch auf eine alte Tradition in der Schule zurückgeht, lautet durchaus glaubwürdig; denn die Verfassung, in welcher das Werk vorliegt, gestattet einen Schluss auf den Zustand, in welchem sich nach Platos Tode seine Aufzeichnungen vorfanden; die jetzige Anordnung wird lediglich dem Herausgeber verdankt, aber über sein Verdienst werden wir minder günstig urtheilen [3]). Die Anordnung des Stoffes erregt zumal in den

---

1) Man hat allgemein die Stelle so verstanden, als hätten sich die zwölf Bücher der Gesetze auf Wachstafeln vorgefunden, und hat eben darin einen Beweis für den unfertigen Zustand erblickt; diese Erklärung ist durchaus unzulässig, dies müsste μετέγραψεν ἐκ δέλτων oder γραψείων heissen, auch bedient man sich der Schreibtafel nur beim ersten Entwurf wegen der Bequemlichkeit der Correcturen, dann lässt man das Geschriebene sofort copiren. Ein so umfangreiches Werk (es füllt in unseren Ausgaben 4—500 Seiten) würde mehrere Hunderte von Wachstafeln erfordert haben. Der bildliche Ausdruck ist von der Thätigkeit des plastischen Künstlers entlehnt; hat der Künstler sein Modell für eine Bronzestatue vollendet, so überzieht er es mit einer Schicht Wachs, welche genau die Umrisse der Figur wiedergiebt; darüber ward dann eine Form von Lehm gestrichen, und nun konnte der Guss vorgenommen werden; mit dieser untergeordneten Thätigkeit, die auch ein Gehülfe des Meisters übernehmen konnte, wird der Antheil des Philippos verglichen, die Bücher wurden mit dem feuerfesten, mit Wachs überzogenen Modell verglichen; μεταγράψειν, obwohl mehrdeutig, ist nichts anderes als copiren. Den gewählten Ausdruck entnahm Diogenes offenbar einer älteren Quelle. Auf dieses Verfahren bezieht sich auch Diog. L. V, 1, 33, wo das Aristotelische κατὰ δύναμιν durch das Beispiel ἐν τῷ κηρῷ ὁ Ἑρμῆς ἐπιτηδειότητα ἔχοντι ἐπιδέξασθαι τοὺς χαρακτῆρας [erklärt wird], doch ist hier das noch formlose Wachs zu verstehen, was schon, bevor es zum Bossiren des Modells verwendet wird, die Figur κατὰ δύναμιν enthält; ebenso ist das weitere Beispiel καὶ ἐν τῷ χαλκῷ ὁ ἀνδριάς (so ist zu lesen) zu verstehen.

2) Τοὺς Νόμους ἀδιορθώτους καὶ συγκεχυμένους κατέλιπε μὴ εὐπορήσας χρόνου διὰ τὴν τελευτὴν πρὸς τὸ συνθεῖναι αὐτούς· εἰ δὲ καὶ νῦν δοκοῦσι συντετάχθαι κατὰ τὸ δέον, οὐκ αὐτοῦ τοῦ Πλάτωνος συνθέντος, ἀλλά τινος Φιλίππου Ὀπουντίου κτλ.

3) Es ist möglich, dass schon im Alterthume schärfer blickende Kritiker an der Arbeit des Philippos manches auszusetzen fanden, aber andere mochten ihn

ersten Büchern begründeten Anstoss; aber auch anderwärts ist der Zusammenhang der Theile sehr lose oder wird gänzlich vermisst; nicht selten stösst man auf längere oder kürzere Wiederholungen derselben Gedankenreihe, und zugleich tritt uns hier mehrfach ein ganz anderer Standpunkt entgegen. Diese offen zu Tage liegenden Mängel konnten dem Scharfblick neuerer Kritiker nicht entgehen, und da ausserdem nicht nur der Stil und was sonst zum Formellen der Darstellung gehört, sondern auch die Methode und Lehre vielfach von Platos Weise abweicht, ist es begreiflich, dass die Echtheit des Werkes selbst in Zweifel gezogen wurde; diese Zweifel sind jetzt so ziemlich verstummt, nachdem Zeller, der im Jahre 1839 in seinen Platonischen Studien die Schrift dem Plato abgesprochen hatte[1], in der Geschichte der griechischen Philosophie diese Athetese zurücknahm. Allein jene unläugbaren Mängel, welche der Redaction der Schrift anhaften, bestehen nach wie vor und fordern zu erneuter Prüfung auf; es genügt nicht dieselben im Allgemeinen mit dem Zustande des Materiales, welches dem Herausgeber vorlag, zu entschuldigen oder zu rechtfertigen, sondern es gilt das Verfahren desselben eingehender zu prüfen, und dazu bietet das Werk ausreichenden Anhalt dar.

Die beiden ersten Bücher haben bei mir, so oft ich von neuem zu der Lectüre der Schrift zurückkehrte, immer mehr die gewichtigsten Bedenken wach gerufen; denn hier tritt uns nicht nur das Fragmentarische, Ungeordnete, Widerspruchsvolle am Augenfälligsten entgegen, sondern diese Bücher stehen auch zu den folgenden durchaus in keinem näheren Verhältnisse. Denn mit dem III. Buche tritt Plato, indem er die Frage nach dem Ursprunge staatlicher Ordnung aufwirft, an seine eigentliche Aufgabe heran, eine Gesetzgebung für eine neu zu gründende Colonie in Kreta zu entwerfen, womit sich Buch IV—XII beschäftigen, wozu Buch III schicklich die Einleitung bildet. Die Erklärer helfen sich aus der Verlegenheit, indem sie Buch I—III als Ein-

---

in Schutz nehmen, und diese apologetische Tendenz hat in jener Quelle Ausdruck gefunden.

[1] Zellers gründliche und erschöpfende Abhandlung, die sich von aller Übertreibung und Voreingenommenheit freihält, ist auch heute noch unbedingt das Beste, was über diese Frage geschrieben ist.

leitung des ganzen Werkes betrachten ¹). Allein Buch I wird mit dem Satze eröffnet, dass die Gesetze der Spartaner und Kreter auf göttlicher Offenbarung beruhen, dann folgt eine Kritik einzelner Institutionen dieser Staaten, sowie allgemeine Erörterungen über den eigentlichen Zweck der Gesetzgebung u. s. w., aber die Besprechung principieller Fragen wird alsbald verlassen, um ganz specielle Vorschriften über die Organisation der Erziehung zu geben, womit Buch II abschliesst. Diese Vorschriften gehören nicht in eine Einleitung, sie unterbrechen in ganz ungehöriger Weise die principiellen Untersuchungen, ebensowenig ist der Versuch gemacht, das im Eingange Buch I Erörterte mit der Einleitung Buch III irgendwie in Verbindung zu bringen. Ausserdem erwartet man, dass Plato, wenn er überhaupt beabsichtigte seine Aufgabe von verschiedenen Punkten aus in Angriff zu nehmen, Buch III vorangestellt haben würde; daran konnte füglich sich die Frage nach dem Ursprunge der spartanischen und kretischen Gesetze, sowie die kritische Betrachtung dieser Institutionen anschliessen.

Eine eben erschienene Abhandlung von Ivo Bruns (Platos Gesetze vor und nach ihrer Herausgabe durch Philippos von Opus, Weimar 1880) giebt mir Anlass, die Untersuchung von neuem aufzunehmen. Es ist dies eine achtungswerthe Leistung, nicht sowohl wegen der Methode, auf welche der Verfasser selbst sichtlich besonderen Werth legt, sondern trotz der Methode, mit der man ja alles, was man will, erweisen kann, und ist man auf einen Irrweg gerathen, tröstet man sich mit der landläufigen Redensart, es sei rühmlicher mit Methode zu irren, als ohne Methode das Rechte zu finden. Bruns analysirt sorgfältig das I. und II. Buch der Gesetze und sucht die verschiedenartigen Bruchstücke, welche der Herausgeber hier verbunden hat, zu sondern, ausserdem weist er auch in den folgenden Büchern, namentlich im V. und XII. heterogene Partien nach. Bruns findet darin theils verschiedene Entwürfe von Platos eigener Hand, doppelte Recensionen derselben Stelle, theils selbständige Zuthaten oder freie Interpellationen des Herausgebers. Philippos hat allerdings öfter auf eigene Hand Zusätze eingeschaltet, aber soviel ich bis jetzt sehe, immer nur zum Zwecke der Redaction,

---

1) Manche ziehen es vor, einen allgemeinen Theil von B. I—V, 734 E und einen besonderen zu unterscheiden.

um die mangelnde Verbindung herzustellen, um seine Anordnung der ihm vorliegenden Bruchstücke zu rechtfertigen u. dergl.; dagegen der Beweis, dass er sich erlaubt habe auch seine eigenen Gedanken dem Plato unterzuschieben, ist von Bruns nicht erbracht [1]). Plato selbst hat Einzelnes nachträglich abgeändert oder verbessert, so findet sich z. B. VI, 756 A ein Zusatz, betreffend die Wahl der Hipparchen, unzweifelhaft von Platos Hand; er war wohl am Rande beigeschrieben und wurde von dem Herausgeber ohne Weiteres aufgenommen. Auf keinen Fall sind diese Zusätze oder Correcturen bedeutend, da offenbar Plato zu einer umfassenden Revision seiner Arbeit niemals gelangt ist. Auch Bruns erkennt in den meisten Stücken, welche er ausscheidet, vorläufige Skizzen, welche nicht für die Öffentlichkeit bestimmt waren, Reste eines früheren Entwurfes zu einer Schrift über die Gesetze, welche niemals vollständig ausgeführt wurde (S. 221), aber wenn Bruns annimmt, Plato habe nur einzelne Theile, die unter sich in keinem näheren Zusammenhange stehen, niedergeschrieben, so entschliesst man sich sehr schwer, eine so desultorische Art zu arbeiten, zumal bei einem solchen Thema, dem Philosophen zuzutrauen. Dass diese Bruchstücke nicht für den Verfassungsentwurf der kretischen Colonie bestimmt waren, dass auch der Standpunkt ein anderer ist, indem Plato hier den idealen Anforderungen soviel als thunlich gerecht zu werden sucht, hat Bruns richtig erkannt. Die Hypothese, Plato habe diesen ersten Entwurf unvollendet fallen lassen (wohl weil er besorgte, dass derselbe nicht mehr Erfolg haben würde, als der Idealstaat,) und

---

[1]) Über die viel besprochene doppelte Weltseele bemerkt Zeller, Phil. d. Gr. II, 1, 826³, „wenn hier nicht Fremdes in den ursprünglichen Text unseres Werkes hereingekommen ist", und [wenn er] S. 833, 4 die Vermuthung ausspricht, dass der ganze Abschnitt X, 896 E — 898 D erst von Philippos eingeschaltet sei, in dessen Epinomis wir derselben Vorstellung begegnen, so verdient dieser Ausweg, um die mit Platos sonstigen Ansichten entschieden streitende Lehre zu beseitigen, unbedingt den Vorzug vor anderen künstlichen Erklärungsversuchen: allein dergleichen Embleme verrathen sich meist gleich durch die Art, wie sie eingeschaltet sind; ein solches Merkmal vermag ich hier nicht wahrzunehmen, ebensowenig erinnert die Ausdrucksweise dieses Abschnittes, obwohl im Einzelnen (besonders 897 A) ungewöhnlich, an die lebendige Manier des Philippos. Man wird also einräumen müssen, dass Plato selbst bis zu dieser äussersten Consequenz des Dualismus fortgeschritten war; Philippos ist ihm hierin, wie in anderen Punkten, treulich gefolgt; auch den Äther als fünftes Element hatte bereits Plato anerkannt, wie Xenokrates bezeugt.

habe sofort ein neues Werk über die kretische Colonialverfassung ausgearbeitet, um den realen Bedürfnissen mehr Rechnung zu tragen, liegt zwar nahe, aber damit scheint V, 739 unvereinbar, wo eben diese Schrift sich als Darstellung der relativ besten Verfassung (δευτέρα πολιτεία), welche dem Idealstaate am allernächsten stehe, ankündigt, und ausserdem auch noch eine Schilderung der τρίτη πολιτεία in Aussicht gestellt wird. Bruns hat diese Stelle gar nicht berücksichtigt, und doch zeigt gerade sie den richtigen Weg zur Lösung des Problemes.

Indem Plato in den Gesetzen dasselbe Thema wieder aufnimmt, was er früher in den Büchern vom Staate behandelt hatte, durfte man erwarten, dass er über das Verhältnis beider Schriften zu einander sich äussern werde. Aber weder in Buch I noch Buch III, wo wohl die geeignetste Stelle für eine solche Erörterung gewesen wäre, finden wir eine darauf bezügliche Äusserung; da der Anfang beider Bücher nicht erhalten ist, könnte man vermuthen, eben hier habe der Philosoph sich darüber ausgesprochen. Glücklicherweise findet sich an einer anderen Stelle (B. V, 739 A — E) in ganz fremdartiger Umgebung das, was wir vermissten. Plato bemerkt hier, der ungewöhnliche Gang, den von jetzt an die Untersuchung nehme, dürfe die Zuhörer in Verwunderung setzen[1]), aber bei genauerer Betrachtung würde die Verfassung des Staates als die relativ beste erscheinen (φανεῖται δευτέρως ἂν πόλις οἰκεῖσθαι πρὸς τὸ βέλτιστον). Vielleicht werde diese Verfassung, weil sie von dem Herkömmlichen abweiche, nicht annehmbar erscheinen, daher sei es für den Gesetzgeber, der nicht im Besitz der höchsten Gewalt sei, das Gerathenste, den absolut besten Staat, so wie die Verfassung zweiter und dritter Ordnung zu schildern (εἰπεῖν τὴν ἀρίστην πολιτείαν καὶ δευτέραν καὶ τρίτην) und dann dem Herrn des Staates die Wahl anheim-

---

1) Gleich die ersten Worte dieses Abschnittes scheinen nicht unversehrt überliefert zu sein, ἡ δὴ τὸ μετὰ τοῦτο φορᾷ κτλ., wofür ich ἤδη ἡ μετὰ τοῦτο φορά, καθάπερ πεττῶν ἀφ' ἱεροῦ κτλ., wo wohl πεττοῦ ἀφ' ἱερᾶς zu lesen ist, denn jeder Spielende hat nur einen Stein auf der ἱερὰ γραμμή, ἀφ' ἱεροῦ ist ohne Beispiel. Der Fehler wird durch eine an falsche Stelle gerathene Correctur entstanden sein ἀφ' ἱερᾶς statt πεττῶν. Das Gespräch muss an einem wichtigen Punkte angelangt sein, wo es gilt, wie im Brettspiel, einen entscheidenden Zug zu thun: ἤδη passt in diesen Zusammenhang, so sagt Sophron κινησῶ δ' ἤδη τὸν ἀφ' ἱερᾶς.

[zu]stellen [1]). Darnach wolle er jetzt verfahren [2]) und diese drei Verfassungsformen schildern (εἰπόντες ἀρετῇ πρώτην πολιτείαν καὶ δευτέραν καὶ τρίτην); dem Kleinias, und ebenso wenn einmal ein anderer in gleicher Lage sei, bleibe es überlassen, die Wahl nach eigenem Ermessen zu treffen. Der absolut beste Staat sei der, wo das längst Gesagte (τὸ πάλαι λεγόμενον) vollständig verwirklicht sei, d. i. der Platonische Ideenstaat [3]), dessen Grundzüge in knappen Umrissen (739 C D) geschildert werden: ob dieser Staat unter den gegebenen Verhältnissen ausführbar sei oder nicht, lässt Plato unentschieden, aber auf das Allerentschiedenste erklärt er, dass er an den Principien, die er in der Politeia aufgestellt habe, fest halte und dass jeder Gesetzgeber dies Urbild stets vor Augen haben müsse. Dann fährt Plato fort: „Der zweitbeste Staat, den wir jetzt darzustellen begonnen haben, wird, wenn er ins Leben tritt, dem Götterstaate am nächsten kommen; den dritten aber werden wir, so Gott will, nachher schildern" (ἣν δὲ νῦν ἡμεῖς ἐπικεχειρήκαμεν, εἴη τε ἂν γενομένη πως ἀθανασίας ἐγγύτατα καὶ ἡ μία δευτέρως· τρίτην δὲ μετὰ ταῦτα, ἐὰν θεὸς ἐθέλῃ, διαπερανούμεθα.

Die Νόμοι sind also die unmittelbare Fortsetzung und Ergänzung der Πολιτεία, bestimmt die Formen des relativ besten Staates darzustellen; je nachdem der Gesetzgeber mehr die idealen Forderungen oder die wirklichen Verhältnisse berücksichtigt, legt er den Grund zur πολιτεία δευτέρα oder τρίτη. Demgemäss sollte das Werk nach der Absicht des Verfassers aus zwei Abtheilungen bestehen, wir können sie füglich Νόμοι πρότεροι und Νόμοι δεύτεροι nennen. Als Plato diese Zeilen niederschrieb, war er damit beschäftigt, das Bild des Staates zweiter Ordnung zu zeichnen, dieser Abschnitt war also für die erste Abtheilung bestimmt; wenn nun derselbe im V. Buche sich findet,

---

1) Die offenbar verderbten Worte διὰ τὸ μὴ σύνηθες νομοθέτῃ μὴ τυραννοῦντι· τὸ δ᾽ ἔστιν ὀρθότατα εἰπεῖν sind wohl so zu verbessern, dass man nach σύνηθες interpungirt und dann schreibt διὸ νομοθέτῃ μὴ τυραννοῦντι τοῦδ᾽ ἔστιν ὀρθότατον; ebenso ist gleich darauf zu schreiben δοῦναι δ᾽ εἰπόντα αἵρεσιν ἑκάστης (statt ἑκάστῳ) τῷ τῆς συνοικήσεως (vielleicht verschrieben für συνοικίσεως) κυρίῳ.

2) Ποιῶμεν δὴ κατὰ τοῦτον τὸν λόγον, hier dürfte wohl προΐωμεν angemessener sein.

3) Τὸ πάλαι λεγόμενον verweist auf die früher verfasste Politeia, aber der Ausdruck ist doppelsinnig, er passt auch auf den unmittelbar darauf angeführten Spruch κοινὰ τῶν φίλων. Diese Amphibolie ist absichtlich angewandt.

welches zu dem Verfassungsentwurfe der neu zu gründenden
kretischen Colonie gehört, so scheint die Folgerung unabweislich, dass Plato mit jenen Worten eben diese Verfassung als
πολιτεία δευτέρα bezeichnet, und bei dieser Auffassung hat man
sich ganz allgemein beruhigt. Unter τρίτη πολιτεία, deren Begriff Plato nicht näher bestimmt, versteht man eine Verfassung,
welche den wirklichen Verhältnissen noch um ein gut Stück
näher steht, als der Staat zweiter Ordnung; so Böckh, dem mit
Recht die meisten gefolgt sind [1]). Susemihl dagegen behauptet,
dass es dem Philosophen weder Ernst sei, wenn er die Wahl
zwischen dem absolut besten Staate und den Verfassungen zweiter
und dritter Ordnung frei lasse, noch habe er beabsichtigt die
Schilderung einer dritten Staatsform hinzuzufügen, es sei dies nur
eine Verheissung, die der Schriftsteller von vornherein gar nicht
zu erfüllen beabsichtigt habe [2]). Dies ist entschieden abzuweisen:
die Ankündigung der τρίτη πολιτεία ist keine blosse Formel,
mit der Plato sich abfindet, um die weitere Ausführung der
Untersuchung von der Hand zu weisen, sondern es ist ihm
mit der Verheissung vollkommen Ernst, falls ihm Leben
und Kraft vergönnt ist. Ebenso wenig darf man in der Aufforderung, nach eigenem Ermessen sich für eine dieser Verfassungsformen zu entscheiden, eine leere Redensart erblicken;
diese Worte sind ja nicht bloss an die Theilnehmer des fingirten Gesprächs gerichtet, sondern Plato wendet sich direkt
an seine Leser, an alle, welche ein warmes Interesse für

---

1) Man meint, der Tod habe den greisen Philosophen abgerufen, ehe er
sein hier gegebenes Versprechen erfüllen konnte.

2) Über den ersten Punkt hatte sich schon früher Zeller in gleichem Sinne
geäussert, in Betreff des zweiten stimmt Susemihl im Wesentlichen mit C. Fr.
Hermann. Die τρίτη πολιτεία ist nach Hermann u. a. der Versuch, die δευτέρα
πολιτεία in einem schon bestehenden Gemeinwesen einzuführen; dagegen Susemihl meint, wie sie von Plato nicht näher bestimmt werde, so sei dieselbe überhaupt nicht definirbar, da hier die verschiedensten Formen nach Massgabe der
speciellen Verhältnisse denkbar seien. Sogar in dem Ausdrucke διαπεραιούμεθα findet Susemihl eine beabsichtigte Zweideutigkeit, da das Wort ebenso gut
ausführen durch die That wie durch die Rede bezeichne; diese Auffassung ist
sprachwidrig, denn von der That wird διαπεραίνω nicht gebraucht, sondern wie
man ὁδὸν διαπεραίνεσθαι sagt, so wird dieser Ausdruck auf die Darstellung durch Worte übertragen und ist mit διεξέρχεσθαι gleichbedeutend; ausserdem aber stellt ein Theoretiker wie Plato nur einen Verfassungsentwurf auf,
der Versuch einer praktischen Ausführung liegt ganz ausserhalb seiner Sphäre.

politische Fragen von so eminenter Bedeutung haben und berufen sind, mit Rath und That in die Geschicke ihrer Heimath einzugreifen.
Jener Abschnitt des V. Buches, wo Plato über den Plan seines Werkes sich ausspricht, gestattet allerdings nach seiner Stellung und dem Wortlaute keine andere Auffassung als die traditionelle [1]; denn im III. Buche beginnt die Erörterung des Verfassungsentwurfes für die neue Colonie und wird bis zu Ende des Werkes fortgeführt; im V. Buche 734 E beginnt die eigentliche Gesetzgebung, die Worte ἧν δὲ νῦν ἐπικεχειρήκαμεν sind also vollkommen zutreffend. Aber wenn Plato hinzufügt, eben dieser relativ beste Staat stehe dem Gottesstaate am allernächsten (ἀθανασίας ἐγγίτατα καὶ ἡ μία δευτέρως), so entspricht der nachfolgende Entwurf dieser Ankündigung in keiner Weise: die Verfassung der Colonie steht fast durchaus auf dem Boden der realen Verhältnisse; es genügt auf die bekannte Abhandlung Hermanns zu verweisen, dessen Ausführungen sich noch mehrfach vervollständigen lassen [2]. Von dem Urbilde (παράδειγμα) ist dieser neu zu gründende Staat durch eine weite Kluft getrennt; je näher er der Wirklichkeit steht, desto weniger kann er idealen Anforderungen genügen; es ist nicht nöthig, dies im Einzelnen zu beweisen; die musterhafte und erschöpfende Darstellung von Zeller (Philosophie d. Gr. II, 1, S. 809) überhebt mich dieser Mühe. Manche Züge erinnern natürlich an die Politeia; auch das neue Gemeinwesen steht unter Gottes Schutze und Herrschaft, die Gleichberechtigung der Frauen mit den Männern wird genau geregelt, in den Kreis der Unterrichtsgegenstände werden Arithmetik, Mathematik und Astronomie aufgenommen [3]. Aristoteles freilich

---

1) Diese Stelle hat offenbar der Schol. z. d. Anf. der Gesetze im Auge ἐν τῷ (wohl ἐν τῷ ε') Νόμων λέγει, ὅτι ἤδη δύο αὐτῷ πολιτεῖαι προηνύσθησαν, hat sie aber missverstanden, er dachte wahrscheinlich ausser der Πολιτεία an den Πολιτικός.

2) Auch hat Plato keineswegs mit einseitiger Vorliebe alte Satzungen und Bräuche Spartas, Kretas, Athens adoptirt, sondern ist vorurtheilsfrei genug, um auch jüngere Institutionen, wenn sie ihm zweckmässig oder vom Zeitgeiste unbedingt gefordert erschienen, gut zu heissen; ich erinnere nur an die eigenthümliche Weise, wie Plato die Wahl der Beamten mit der Loosung combinirt. Ja selbst einzelne Vorschläge der Theoretiker, wie des Phaleas von Chalkedon, haben Platos Billigung gefunden.

3) Diese Disciplinen waren für die Genossen des Platonischen Kreises

Pol. II, 6, 2 meint, der Staat der Gesetze, obwohl er möglichst den bestehenden Verfassungen sich nähere, lenke doch allgemach wieder in das Gleis der Politie ein; allein die Begründung ist nicht recht zutreffend[1]). Ist dies der Musterstaat zweiter Ordnung, so erscheint es vollkommen unverständlich, wie Plato daran denken konnte, nachher noch eine Gesetzgebung für die τρίτη πολιτεία zu entwerfen. Der Philosoph ist bereits in dem vorliegenden Entwurfe an der Grenze der Concessionen angelangt, die er den realen Verhältnissen zu machen gesonnen war; gestattet er doch sogar in einzelnen Fällen die getroffenen Bestimmungen zu modificiren. Das Mass der Anforderungen noch weiter herab zu mindern war für Plato unmöglich, ihm wäre nichts übrig geblieben als eine der bestehenden Verfassungen, welche ihm die relativ beste dünkte, abzuschreiben.

Die Verfassung der kretischen Colonie stellt nicht die δευτέρα, sondern die τρίτη πολιτεία dar; Plato hat also sein Versprechen eingelöst und diesen Entwurf in allen wesentlichen Theilen vollendet. Da Plato diese Arbeit erst nach der Darstellung der δευτέρα πολιτεία begonnen haben wird, hat er auch dieses Werk wenigstens im Ganzen und Grossen zum Abschluss gebracht, aber wir besitzen nur einzelne Bruchstücke, welche der Herausgeber in das andere Werk hineingearbeitet hat, dazu gehört auch der eben besprochene Abschnitt des V. Buches. Dies ist die einfache Lösung des Problemes: jetzt hat nicht nur die Verfassung der kretischen Colonie die ihr im Systeme der Platonischen Staatslehre zukommende Stelle gefunden, sondern wir gewinnen auch einen Einblick in die überlieferte Gestalt der Schrift von den Gesetzen. Da diese Schrift willkürlich aus dis-

---

unerlässlich, fanden aber schon bei Platos Lebzeiten auch ausserhalb der Schule Eingang, und bald suchte jeder Gebildete sich diese Kenntnisse anzueignen: dieser Fortschritt wird lediglich dem Einflusse Platos und seiner Schule verdankt; selbst sein alter Widersacher Isokrates muss, wenn schon widerwillig, dies Verdienst anerkennen.

1) Aristoteles berief sich auf die gleiche Erziehung aller, auf das Freisein von jeder Arbeit, auf die Einrichtung gemeinsamer Mahlzeiten; aber alle diese Einrichtungen finden sich ja auch in Sparta; eigenthümlich den Platonischen Νόμοι sind nur die συσσίτια der Frauen. Dass Aristoteles in dem Staat der Gesetze gerade so wie die Neueren die δευτέρα πολιτεία findet, werde ich nachher zeigen.

paraten Elementen zusammengesetzt ist und diese Missstände keinem, der das Werk eingehend und unbefangen prüfte, entgehen konnten, machte man Plato dafür verantwortlich, und scharfsinnige Kritiker, welche das ganze Werk dem Philosophen absprechen, konnten füglich auf diese unläugbaren Mängel und Widersprüche sich berufen. Jetzt werden diese Anklagen zum grossen Theil verstummen, denn nicht der Verfasser, sondern der Herausgeber trägt die Schuld.

Nicht auf irgend einen Zufall, auf nachlässige Überlieferung der späteren Zeit darf man diese Verwirrung zurückführen, sondern ganz unverkennbar tritt uns die bewusste Thätigkeit des Herausgebers entgegen, der dieser schwierigen Aufgabe nicht gewachsen war[1]). Das gesammte Alterthum kennt daher die Gesetze nur in der Gestalt, in welcher sie uns vorliegen. Gleich für den Abschnitt, von dem meine Untersuchung ausging, bezeugt dies Aristoteles Pol. II, 6, 9, wo er den Staat der Gesetze als eine Mischung demokratischer und aristokratischer Elemente bezeichnet[2]), und fährt dann fort: εἰ μὲν οὖν ὡς κοινοτάτην ταύτην

---

1) Philippos muss sehr rasch seiner Aufgabe sich entledigt haben; Plato starb Ol. 108, 1, und schon gegen Ende des folgenden Jahres macht Isokrates in seiner Rede an König Philipp eine hämische Bemerkung über die Νόμοι, die also bereits der Öffentlichkeit übergeben waren. Plato soll an seinem Geburtstage, d. h. dem 7. Thargelion (Mai) gestorben sein, dann muss die Veröffentlichung binnen Jahresfrist erfolgen. Dass Plato in der zweiten Hälfte des Jahres starb, wird durch die Angabe, er sei im 13. Jahre der Regierung Philipps gestorben, bestätigt. Das Zusammentreffen des Todes- und Geburtstages ist möglich, aber sehr problematisch; dagegen beziehe ich unbedenklich das Datum des 7. Thargelion auf den Todestag, diesen Tag musste die Schule alle Zeit fest im Gedächtnis halten, während des Geburtstages sich bald keiner mehr erinnern mochte, wenn er überhaupt bekannt war, man vergl. Alcib. I, 121 D ἡμῶν δὲ γενομένων τὸ τοῦ κωμῳδιοποιοῦ οὐδ' οἱ γείτονες σφόδρα τι αἰσθάνονται. Dass man später den Geburtstag mit dem Todestag identificirte, lag um so näher, da damals der Sprachgebrach zwischen τὰ γενέθλια und τὰ γενέσια nicht mehr recht zu unterscheiden wusste. Daher erscheint mir die Ansicht der Neueren, die insgesammt das überlieferte Datum des Geburtstages als authentisch anschen, sehr unsicher.

2) Daher stellt sie Aristoteles mit der sog. πολιτεία (gemässigten Demokratie) auf gleiche Stufe. Damit steht nicht im Widerspruche II, 6, 11, nach den Platonischen Gesetzen müsse die ἀρίστη πολιτεία aus monarchischen und demokratischen Elementen bestehen, denn die ἀρίστη πολιτεία ist ja nicht identisch mit dem Verfassungsentwurf der Gesetze; Aristoteles bezieht sich wohl auf Leg. VI, 756 E, wo bemerkt wird, die Wahl des Rathes müsse die Mitte halten

κατασκευάζει ταῖς πόλεσι τῶν ἄλλων πολιτείαν, καλῶς εἴρηκεν
ἴσως· εἰ δ᾽ ὡς ἀρίστην μετὰ τὴν πρώτην πολιτείαν, οὐ
καλῶς. Schon II, 6, 2 hatte Aristoteles gesagt, Plato habe in den
Gesetzen die Verfassung des Staates möglichst den bestehenden
Verhältnissen, den Bedürfnissen der Gegenwart anzupassen gesucht (πολιτείαν βουλόμενος κοινοτέραν ποιεῖν ταῖς πόλεσιν), hier
wiederholt er, dass der Verfassungsentwurf für die kretische
Colonie dieser Absicht entspreche, aber dann durfte Plato dieselbe
nicht als die zweitbeste Verfassung bezeichnen; denn (führt
Aristoteles fort) wohl mancher würde eher der spartanischen
oder einer anderen mehr aristokratischen den Vorzug geben [1]).
Nur wenn Aristoteles jene Erörterung über die Reihenfolge der
besten Verfassungen im Buche V. mitten in den Verhandlungen
über die neu zu gründende Colonie vorfand, konnte er behaupten,
Plato betrachte sie als die ἀρίστη πολιτεία μετὰ τὴν πρώτην.
Dem Aristoteles lag also das Werk in derselben Gestalt, wie es
uns überliefert ist, d. h. in der Redaction des Philippos vor, und
indem er diesem Gewährsmanne volles Vertrauen schenkte, ist er
dadurch gerade so irre geführt wie die Neueren, daher zeiht er
seinen Lehrer eines Widerspruches; dieser Vorwurf trifft eben nur
die Redaction des Lokrers, nicht den Verfasser, der in dem Entwurfe für die kretische Colonie die τρίτη πολιτεία darzustellen
beabsichtigte. Aber sehr richtig hat Aristoteles gefühlt, dass
dieser Entwurf den Bedürfnissen der Gegenwart am meisten entspreche; die gemässigte Demokratie war ja für die hellenischen
Staaten dieser Epoche die einzig mögliche Form eines geordneten
Gemeinwesens; Aristoteles bewährt auch hier die Unbefangenheit

---

zwischen μοναρχικῆς καὶ δημοκρατικῆς πολιτείας, ἧς ἀεὶ δεῖ μεσεύειν τὴν
πολιτείαν.

1) Aristoteles wiederholt vielleicht hier nur ein Urtheil, was gleich nach dem
Bekanntwerden der Platonischen Gesetze laut werden mochte. Viele mochten sich
in ihren Erwartungen getäuscht sehen; wenn man auch [nicht] voraussetzte, dass
Plato seine früheren Ansichten modificiren werde, so mochte man doch erwarten,
dass der Philosoph bei seiner Vorliebe für altdorische Lebensordnungen seinen
neuen Staat auf mehr oder weniger aristokratischer Grundlage aufbauen werde:
darin sah man sich getäuscht. Aristoteles war, als das Werk erschien, bei
Hermias, aber durch seine Freunde in Athen mochte er erfahren, welche Aufnahme Platos Werk dort fand, und um Ol. 109. 1 ist Aristoteles wieder in Athen,
wo er bis zu seiner Berufung nach Macedonien verweilt hat, wie ich ein anderes
Mal zeigen werde. [Vgl. S. 25, A. 1.]

seines Urtheiles und bestätigt so die Richtigkeit meiner Auffassung [1]).

Als Plato, nicht entmuthigt durch die wenig günstige Aufnahme, welche die Πολιτεία gefunden hatte, sich entschloss, seine Ansichten über den besten Staat von neuem in einer grösseren Schrift über Gesetzgebung darzulegen, wird er auch sofort für die Zweitheilung sich entschieden haben; es galt eben im Anschluss an das ältere Werk die ganze Reihe der Verfassungen vorzuführen. Wie die Trichotomie bei Plato eine bevorzugte Form der Gliederung ist, so tritt uns diese Stufenfolge auch in der Lehre vom Staat entgegen; Aristoteles schliesst sich seinem Vorgänger an, wenn er neben der absolut besten Verfassung (ἀρίστη oder κρατίστη ἁπλῶς) zwei mehr oder weniger vollkommene Formen (ἀρίστη ἐκ τῶν ὑποκειμένων und ἀρίστη ἐξ ὑποθέσεως) unterscheidet. Diese Formulirung stimmt wesentlich mit der Platonischen Theorie: der zweite und dritte Staat entsprechen, so weit es die gegebenen Verhältnisse und Umstände gestatten, den Principien des absolut besten Staates [2]). Für welche Stelle der πρότεροι Νόμοι [Plato] diese Auseinandersetzung bestimmt hatte, lässt sich nicht mit Sicherheit ermitteln, vielleicht wurden damit die Vorschläge zur Reform der alten nicht mehr recht genügenden Gesetze eingeleitet; hier mochte Plato auf die Schwierigkeiten der Aufgabe für einen Gesetzgeber hinweisen, der nicht mit unumschränkter Gewalt ausgerüstet war.

Dass der betreffende Abschnitt willkürlich von dem Heraus-

---

1) Wie Aristoteles einen Auszug aus der Πολιτεία des Plato gemacht hatte, so finden wir in seinem Schriftverzeichnis ἐκ τῶν Πλάτωνος Νόμων (3 Bücher), wahrscheinlich gleich nach der Veröffentlichung der Νόμοι gemacht; es waren dies wohl nicht blosse Excerpte, sondern Aristoteles wird dieselben mit seinen eigenen Urtheilen begleitet haben; diese Vorarbeit hat er dann in der Politik benutzt.

2) Aristot. Pol. IV, 1, 2. Die Ansicht, dass Aristoteles daneben noch eine vierte Form aufstellte (IV, 1, 3 τὴν μάλιστα πάσαις ταῖς πόλεσιν ἁρμόττουσαν), scheint mir nicht begründet, Aristoteles verlangt nur, dass man vor allem die Einrichtungen, welche vorzugsweise für alle Staaten sich eignen, im Auge behalte, und wirft eben seinen Vorgängern vor, dass sie das Gemeinsame zu wenig berücksichtigt hätten, ein Tadel, der auch Plato trifft. Was Zeller II, 2, 705[a] über das Verhältnis der Aristotelischen Theorie zur Platonischen bemerkt, wird durch meine Darlegung des ursprünglichen Planes der Platonischen Gesetze modificirt.

geber an dieser Stelle eingefügt ist, ergiebt sich auch aus der Betrachtung der unmittelbaren Umgebung. Vorher werden specielle Bestimmungen hinsichtlich der Anweisung von Land und Bauplätzen an die Colonisten getroffen; diese Erörterung reicht bis 738 A und wird dann 739 E mit den Worten·*νειμάσθων μὲν δὴ πρῶτον γῆν τε καὶ οἰκίας* wieder aufgenommen. Dieser Zusammenhang wird unterbrochen durch zwei ganz verschiedenartige Stücke, welche weder zu einander irgendwie in Beziehung stehen, noch in diesen Zusammenhang passen.

Das erste Stück 738 B — E schreibt dem Gesetzgeber vor, an den bestehenden religiösen Culten unter keinen Umständen zu rütteln; bei der Constituirung des Gemeinwesens müsse er dafür sorgen, dass jede Abtheilung der Bürgerschaft ihren besonderen Cultus habe, ebenso bei der Vertheilung des Landes jedem Cultus Grundstücke und was sich sonst gebühre überweisen, damit die Genossen jedes Cultus die nöthigen Mittel hätten, ihre regelmässigen Festversammlungen abzuhalten; denn diese Versammlungen dienten dazu, die Genossen einander näher zu bringen und das gute Einvernehmen zu fördern. Darauf folgt ganz unvermittelt das zweite Stück 739 A — E, wo Plato sich über das Verhältnis der *Νόμοι* zur *Πολιτεία* und über den Plan des ersteren Werkes ausspricht. Gesetzt auch, das Bruchstück gehörte zu dem Verfassungsentwurfe für die kretische Colonie, so war doch dies die denkbar ungeeignetste Stelle für eine solche Auseinandersetzung; ein solches Ungeschick wird niemand dem Plato zutrauen. Was Philippos veranlasste, das lose Blatt gerade hier einzufügen, lässt sich erkennen. Indem Plato 739 E fortführt die Landvertheilung zu regeln: *νειμάσθων μὲν δὴ πρῶτον γῆν τε καὶ οἰκίας, καὶ μὴ κοινῇ γεωργούντων, ἐπειδὴ τὸ τοιοῦτον μεῖζον ἢ κατὰ τὴν νῦν γένεσιν καὶ τροφὴν καὶ παίδευσιν εἴρηται*, erklärt er, die für den Idealstaat getroffene Bestimmung des *κοινῇ γεωργεῖν* sei unter den gegenwärtigen Verhältnissen unausführbar und solle nicht für die neue Colonie gelten. Indem [sich] hier Plato mit unzweideutigen Worten auf sein früheres Werk bezieht, glaubte der Herausgeber, es sei dies der geeignetste Ort, um jenen Abschnitt voran zu schicken, in welchem der Philosoph sich über das Verhältnis der *Νόμοι* zur *Πολιτεία* äussert. Auch sucht der Herausgeber hier durch den eingeschobenen Satz: *νῦν δ' οὖν ταύτην τίνα λέγομεν καὶ πῶς γενομένην ἂν τοιαύτην*; eine Verbindung beider Theile, wenn schon ganz oberflächlich, herzustellen[1]). Dagegen verzichtet er auf jeden Versuch, das erste Stück mit dem zweiten zu verbinden. Auch das erste Stück ist abgesehen von den Worten 738 D ἐν δὲ τῇ τῆς γῆς διανομῇ πρώτοις (θεοῖς) ἐξαίρετα τεμένη τε καὶ πάντα τὰ προσήκοντα ἀποδοτέον ungehörig; eben dieser Satz hat ganz unzweifelhaft den Herausgeber bewogen, das Blatt hier einzuschalten; denn bei der Gründung jeder Ansiedelung war das Erste, dass man für die Zwecke des religiösen Cultus einen Theil der Feldflur ausschied[2]), dann erst wurden die Landloose vertheilt. Dieser alte Brauch (vergl. Homer Od. VI, 10 καὶ νηοὺς ποίησε θεῶν καὶ ἐδάσσατ' ἀρούρας) blieb auch später in Übung, wie Thucyd. III, 50 bezeugt: κλήρους ποιήσαντες τῆς γῆς τρισχιλίους, τριακοσίους μὲν τοῖς θεοῖς ἱεροὺς ἐξεῖλον, ebenso das ältere der Perikleischen Zeit angehörende Psephisma über die Absendung von Kleruchen nach Brea, wo bestimmt wird Opfer für die künftige Niederlassung (ὑπὲρ τῆς ἀποικίας) darzubringen und zehn γεωνόμοι zur Austheilung des Landes zu erwählen; dann werden die τεμένη ἐξῃρημένα erwähnt, alles dies geschieht unter der Mitwirkung des οἰκιστής, der mit ausserordentlichen Vollmachten versehen war (αὐτοκράτωρ)[3]). Indem Philippos eine ähnliche Bestimmung auch hier vermisste, hielt er sich für berechtigt, das lose Blatt, welches neben anderen auch diesen Fall vorsah, hier einzufügen, und es ist nicht unwahrscheinlich, dass hier der Text lückenhaft ist und Plato bei der Anweisung der Landloose der Ausscheidung der heiligen Bezirke gedacht hatte, indem er diese Vorschrift mehr oder weniger ausführlich motivirte[4]). Allein das Füllstück, welches

---

1) Sonst hat Philippos wie es scheint nichts geändert; nur 739 B wird er statt τὴν δὲ αἵρεσιν Κλεινίᾳ τε ἀποδιδῶμεν vielmehr ὑμῖν τε vorgefunden haben, d. h. dem Megillos und Kleinias, denn in den πρότεροι Νόμοι sind beide Unternehmer gleich betheiligt, ja der Spartaner behauptet sogar einen gewissen Vorrang. Der Herausgeber setzt dafür der Situation der Νόμοι δεύτεροι entsprechend Κλεινίᾳ τε, weil dieser der οἰκιστής der neuen Ansiedelung war. Ausserdem ist wohl der Indicativ ἀποδίδομεν herzustellen.

2) Τεμένη ἐξαίρετα, wie man auch bei der Kriegsbeute zuerst den Zehnten für die Götter (gleichfalls ἐξαίρετα genannt) vorwegnahm.

3) Die Inschrift ist leider lückenhaft und die Ergänzung nicht überall sicher; ich habe dieselbe zum Theil abweichend restituirt, habe aber meine Notizen nicht zur Hand. Sauppe versteht unter den τεμένη ἐξῃρημένα die vor Alters von den Thrakern den Göttern geweihten Bezirke, welche die Athener in Brea vorfanden und respectirten. [Vgl. CJA. I, 31.]

4) Doch konnte Plato auch an einer anderen Stelle, die nicht mehr erhalten ist, dies nachgeholt haben.

der Herausgeber einfügt, berührt den Punkt, auf welchen es hier ankommt, nur ganz beiläufig, während er andere fern liegende Fragen ausführlich erörtert. Dass der Gesetzgeber die einzelnen Abtheilungen der Bürgerschaft unter den Schutz bestimmter Gottheiten stellen müsse, wird später an schicklicher Stelle VI, 771 D E ausgesprochen und in ähnlicher Weise wie hier motivirt; ausserdem kommt Plato nochmals im Anfange des VIII. Buches 828 B darauf zurück; man kann also nur Bruns beipflichten, wenn er S. 106 ff. hier einen dem Verfassungsentwurfe der kretischen Colonie fremden Zusatz erblickt, aber es liegt keine selbständige Interpolation des Herausgebers vor, wie Bruns meint, sondern ein ganz unverdächtiges Bruchstück der πρότεροι Νόμοι, welches das Verhalten des Gesetzgebers in Betreff der religiösen Culte regelte[1]). Selbst

---

1) Den einleitenden Satz nennt Bruns monströs; allerdings fehlt jede Verbindung mit dem Voranstehenden, dadurch verräth sich eben das Emblem. Anstössig ist mir gleich im Eingange die Copula καί, sie ist entweder zu tilgen, dann ist λαβεῖν, wie öfter, absolut gebraucht, oder es ist dafür τῷ (γνώμῃ, ἐν γνώμῃ) zu setzen, wodurch die Rede an Deutlichkeit gewinnt. Ὁ κατοικίζων πόλιν ist jeder, der ein Gemeinwesen ordnet und constituirt, gleichviel ob es sich um eine Neugründung oder um Reform eines bestehenden Staates handelt, wie das Folgende zeigt; der Ausdruck ist also für die πρότεροι Νόμοι ganz angemessen. Dagegen sind als Interpretation die Worte περὶ θεῶν γε καὶ ἱερῶν, ἅττα τε ἐν τῇ πόλει ἑκάστοις ἱδρῦσθαι δεῖ, καὶ ὧντινων ἐπονομάζεσθαι θεῶν ἢ δαιμόνων auszuscheiden; sie sind von Philippos eingefügt, um dem Verständnis des Lesers zu Hülfe zu kommen und die mangelhafte Verbindung einigermassen herzustellen. Der Zusatz ist höchst ungeschickt und verräth deutlich seinen Ursprung, aber man muss andererseits die achtungsvolle Scheu des Herausgebers anerkennen, der möglichst bedacht ist, an Platos Worten nichts zu ändern. Scheidet man jenen Zusatz aus, so liegt uns völlig unversehrt die ursprüngliche Fassung vor: οὔτ᾽ ἄν καινὴν ἐξ ἀρχῆς τις ποιῇ οὔτ᾽ ἄν παλαιὰν διεφθαρμένην ἐπισκευάζηται, οὐδεὶς ἐπιχειρήσει κινεῖν νοῦν ἔχων κτλ. Ausserdem ist in den Worten εἴτ᾽ αὐτόθεν ἐπιχωρίοις wahrscheinlich αὐτόθεν von Philippos hinzugefügt, um auf die kretische Ansiedelung hinzudeuten (vergl. III, 702 C νόμοι τῶν αὐτόθι); für die πρότεροι Νόμοι, welche nicht für einen bestimmten Staat berechnet waren, passt das allgemeine ἐπιχωρίοις. Allerdings kann die verworrene Satzbildung dieser ganzen Partie den Verdacht wach rufen, als habe der Herausgeber, seiner abergläubischen Befangenheit nachgebend, sich hier noch andere Zusätze erlaubt; allein nur das Ausfallen der Partikel ἢ hat die Unklarheit veranlasst, welche die Schreiber durch ungeschickte Supplemente noch vermehrt haben; es ist zu lesen: (ἢ) ὑπηδή τινας [πείσαντες] ψασμάτων γενομένων ἢ ἐπιπνοίας [λεχθείσης] θεῶν [πείσαντες δὲ] θυσίας τελεταῖς συμμίκτους κατεστήσαντο, und zwar ist τινὰς mit θεῶν θυσίας zu verbinden. Auch das Folgende ist fehlerhaft überliefert: λόγοις ψήμας τε καὶ ἀγάλματα statt λόγοις τε καὶ ψήμαις ἀγάλματα. Die Erwähnung tyrrhenischen Geheim-

in Kriegszeiten respectirte man im feindlichen Gebiete die Heiligthümer soviel als möglich; es war dies eine alte völkerrechtliche Satzung; vergl. Thucyd. IV, 98: τὸν δὲ νόμον τοῖς Ἕλλησιν εἶναι, ὧν ἂν ᾖ τὸ κράτος τῆς γῆς ἑκάστης, ἥν τε πλέονος ἥν τε βραχυτέρας, τούτων καὶ τὰ ἱερὰ ἀεὶ γίγνεσθαι, τρόποις θεραπευόμενα οἷς ἂν πρὸς τοῖς εἰωθόσι καὶ δύνωνται. Dass ein hellenischer Gesetzgeber die Culte, welche er vorfindet, [respectirt], ist selbstverständlich, und einem Manne von Platos Geistesart wird man am wenigsten eine Abweichung von dieser Satzung zutrauen. Damit ist recht wohl vereinbar, dass Plato für den neu zu gründenden Staat bestimmte Gottesdienste festsetzt, dass er das Übermass der Superstition beschränkt, weder Heiligthümer in Privathäusern, noch fremde, zumal orgiastische Culte duldet; hier ist dem Gesetzgeber gestattet, nach eigenem Ermessen zu bestimmen, was zulässig ist oder nicht; und Platos Vorschriften harmoniren im Wesentlichen mit der alten Volkssitte; das Eindringen fremder Culte, das Umsichgreifen des Aberglaubens ist ein Symptom des Verfalles der nationalen Religion; schon Hesiod hatte vor Neuerungen gewarnt und empfohlen den Göttern zu opfern ὥς κε πόλις ῥέζῃσι· νόμος δ' ἀρχαῖος ἄριστος: Bruns geht entschieden fehl, wenn er zwischen den Grundsätzen, welche in dem Abschnitte Buch V, 738 C D) ausgesprochen werden, und den sonstigen Bestimmungen in den Platonischen Gesetzen einen Widerspruch findet und daher eben diesen ganzen Abschnitt für eine Fälschung des Philippos erklärt. Wenn in der Epinomis 985 C ἱερά erwähnt werden, die auf Anlass eines Traumes oder eines Orakelspruches u. s. w. errichtet sind, die der Gesetzgeber nicht antasten dürfe, so stimmt dies allerdings mit jener Platonischen Vorschrift, aber nichts berechtigt uns jenen Grad des Glaubens an das Walten dämonischer Macht, der bei Philippos entschieden hervortritt [1]), auch bei dem Verfasser jenes Ab-

---

dienstes ist nicht befremdend; pelasgische (d. h. alte) Tyrrhener finden wir in Lakonien am Vorgebirge Taenaron, von dort aus sollen sie später nach Kreta versetzt worden sein; die eigenthümlichen Culte am Taenaron gehen vielleicht auf jene Tyrrhener zurück. Bei dem kyprischen Dienste könnte man an den Ἀφροδίτος denken, da wir verwandten Culten auch in Griechenland begegnen.

1) Dass auch andere Schüler Platos aus dieser Epoche jenen Glauben theilten, vor allen Xenokrates, ist bekannt; es hängt dies mit der Pythagoreisirenden Richtung zusammen, welche Plato in den letzten Lebensjahren entschieden einschlug. Gerade Philippos mag schon in früher Jugend diese Vor-

schnittes voraussetzen, wo nicht die geringste Spur davon wahrzunehmen ist. Philippos' Warnung καὶ μὴν οὐδ' ὧν ὁ πάτριος νόμος εἴρηκε περὶ θυσιῶν ἀποκωλύσει wiederholt nur einen allgemein anerkannten Satz des heiligen Rechtes; bemerkenswerth ist nur, dass er die Besorgnis ausspricht, ein Gesetzgeber möchte aus Neuerungssucht den alten Cult abschaffen und eine andere Gottesverehrung einführen, welche auf unsicherem Grunde ruhe: οὔποτε μὴ τολμήσῃ καινοτομῶν ἐπὶ θεοσέβειαν, ἥτις μὴ σαφὲς ἔχει τι, τρέψαι τὴν πόλιν αὑτοῦ, was nachher in anderer Wendung wiederholt wird.

Philippos der Lokrer, ein Genosse des Platonischen Kreises, der als gründlicher Kenner der Mathematik und Astronomie dem Meister werth war[1]) und wohl in den letzten Jahren ihm als Gehülfe in der Leitung der Studien, soweit sie seine Fächer betrafen, treulich zur Seite gestanden hatte, wurde mit dem schwierigen Geschäfte betraut, das nachgelassene Werk herauszugeben. Platos Neffe und Nachfolger fühlte sich offenbar dieser Aufgabe nicht gewachsen. Aber auch Philippos hat dem in ihn gesetzten Ver-

---

stellungen aufgenommen haben, denn nach dem glaubhaften Zeugniss des Stephanos von Byzanz war er zu Medma in Unteritalien geboren; dass die Pythagoreische Lehre damals bei den Lokrern zahlreiche Anhänger zählte, ist bekannt. Zeitgenosse und Landsmann des Philippos war der Historiker Polykritos, der eine Geschichte des jüngeren Dionysios und ausserdem in Versen über die Naturmerkwürdigkeiten Siciliens schrieb; er wird freilich Μενδαῖος genannt, aber seine litterarische Thätigkeit spricht gegen die thrakische Stadt; das geläufigere Μενδαῖος hat wohl auch in diesem Falle das minder bekannte Μεδμαῖος verdrängt; eine ähnliche Verderbnis findet sich bei Thucydides V, 5 ὁ πρὸς Ἰτωνέας καὶ Μελαίους πόλεμος, ὁμόρους τε ὄντας καὶ ἀποίκους, wo Ἱππωνιέας καὶ Μεδμαίους zu verbessern ist; beide Orte waren lokrische Colonien, vergl. Skymnos 30, 7 ἃς δ' οἱ πλησίον Ἱππώνιον καὶ Μέδμαν ᾤκισαν Λοκροί.

1) Wenn Suidas' Notiz, Philippos habe noch den Sokrates gehört, Glauben verdient, dann wäre er so ziemlich ein Altersgenosse Platos gewesen; doch ist dies nicht eben wahrscheinlich, es wird dies wohl ein Zusatz von fremder Hand sein zu dem Artikel, der sonst aus guten Quellen geschöpft ist. Philippos, aus Medma in Unteritalien gebürtig, wird in jungen Jahren sich dem Studium der Mathematik, Astronomie und Pythagoreischen Philosophie zugewandt haben, später vertauscht er seine Heimath mit dem opuntischen Lokrergau; hier wie in Phokis und im Peloponnes hat er nach Ptolemaeos seine astronomischen Beobachtungen angestellt; er kann also erst in reiferen Jahren nach Athen gekommen und dem Plato näher getreten sein.

trauen nicht entsprochen. Bruns entwirft von seinem Verfahren ein äusserst ungünstiges Bild, er schildert eben den Herausgeber, wie er „sich ihn construirt". Ich werde mich bemühen, ihn möglichst billig und unbefangen zu beurtheilen. Alle seine Missgriffe entspringen aus einem Irrthume, der allerdings folgenschwer ward. Philippos hat eben nicht erkannt, dass er zwei wesentlich verschiedene Entwürfe vor sich hatte, welche nach des Verfassers Plane ein grosses zweitheiliges Werk über Gesetzgebung bilden sollten. Der Versuch, aus diesen disparaten Elementen ein einheitliches Werk herzustellen, musste nothwendig misslingen. Bei einem Manne, der, obwohl Platos Schüler, doch nicht Philosoph im vollen Sinne des Wortes war[1]), wird man diesen Missgriff milder beurtheilen: haben doch die Schüler des Aristoteles, welche nach des Lehrers Tode die Herausgabe der unfertigen Werke übernahmen, manchen argen Missgriff begangen; das Bestreben, die vorliegenden Entwürfe möglichst vollständig zu verwenden, trägt hier wie dort hauptsächlich die Schuld an dem Misslingen der Arbeit, und wir müssen diesen Männern für ihre Gewissenhaftigkeit eigentlich dankbar sein.

---

1) Wie die Titel seiner Schriften andeuten, behandelt er hauptsächlich ethische Probleme, über den Zorn, die Lust, die Liebe, die Freundschaft, die Wiedervergeltung (denn dies wird ἀντιπόδοσις bedeuten) u. s. w., dann schrieb er περὶ θεῶν und περὶ μύθων; seine religiösen Anschauungen kennen wir aus der Epinomis; zu den philosopischen Abhandlungen gehört auch, wie die Stelle im Katalog andeutet, περὶ χρόνου, auffallend ist der Titel περὶ τοῦ γράφειν; man könnte vermuthen πολυγραφεῖν, eine Vertheidigung gegen den Vorwurf des Vielschreibens, denn Philippos gehört nächst Demokrit zu den vielseitigsten Schriftstellern vor Aristoteles, allein auch von Xenokrates wird eine Schrift περὶ τοῦ γράφειν aufgeführt. Philippos' Verdienst liegt hauptsächlich auf einem anderen Gebiete, welchem bis dahin bei den Griechen litterarische Pflege nur in beschränktem Masse zu Theil geworden war. Die Titel der Schriften beweisen, dass Philippos sich fast in allen Zweigen der exakten Disciplinen versuchte, und wenn Probleme wie über die Entfernung der Sonne vom Monde oder über die Grösse der Sonne, des Mondes und der Erde schon von den Früheren erörtert waren, so deutet doch die monographische Form darauf hin, dass Philippos diese Fragen eingehender als seine Vorgänger behandelte. Bei dem raschen Fortschritt dieser Wissenschaften wurden die Leistungen der Lokrer bald überholt, nur sein astronomischer Kalender, der auf eigenen Beobachtungen beruhte, erhielt sich fortwährend im Gebrauch: die daraus überlieferten Angaben stimmen vorzugsweise mit Euktemon; wahrscheinlich hat Philippos diesen Kalender früher als Eudoxos den seinigen veröffentlicht.

Plato hatte beide Abtheilungen der Νόμοι in allen wesentlichen Partien ausgearbeitet; Einzelnes wird noch nicht niedergeschrieben gewesen sein, zu einer abschliessenden Revision war der Meister nicht gekommen; aber seine nachgelassenen Papiere waren nicht nur ungeordnet, sondern durch irgend einen unglücklichen Zufall waren die πρότεροι Νόμοι grossentheils vernichtet [1]), so dass nur vereinzelte Bruchstücke vorlagen. Wären beide Entwürfe unversehrt in Philippos' Hände gelangt, dann musste ihm trotz der Unordnung der Aufzeichnungen das Verhältnis beider Theile zu einander, der Plan, den Plato bei der Abfassung seiner Arbeit vor Augen hatte, klar werden [2]). Philippos fand weder das Prooemium des ersten noch des zweiten Theiles [3]), die ihm wohl am ersten den rechten Weg gewiesen haben würden: da in beiden Gesprächen dieselben Unterredner auftreten, der äussere Rahmen des Dialoges ganz der gleiche ist, so lag es sehr nahe, in diesen Überresten ein einheitliches Werk zu suchen; in den Bruchstücken des ersten Theiles, wenn sie ganz die gleichen Fragen behandelten, welche im zweiten Theile erörtert wurden, glaubte Philippos nur verschiedene Redactionen zu finden und combinirte

---

1) Man darf nicht etwa glauben, Plato habe den Entwurf der ersten Abtheilung gar nicht zu Ende geführt, sondern fallen gelassen und dann nach einem neuen Plane wieder aufgenommen, weil er erkannte, dass sein Bestreben, die idealen Anforderungen möglichst festzuhalten, wenig Beifall finden würde, und dass eben erst diese Rücksicht zur Unterscheidung des besten Staates zweiter und dritter Ordnung geführt habe. Denn die δεύτεροι Νόμοι, wo Plato den wirklichen Verhältnissen jede Concession, die ihm zulässig schien, machte, bezeugt, dass Plato sich keinen Illusionen über die Aufnahme, welche eben dieser zweite Theil finden würde, hingab, er meint, mancher werde seine Gedanken für eitele Träumerei halten, diesen Staat und seine Bürger Wachsfiguren schelten, V, 746 A. Dass Plato den ersten Theil vollendet hat, beweisen die noch erhaltenen Bruchstücke, unter denen sich auch der Schluss des Entwurfes befindet: ebenso ist der zweite Theil mit steter Bezugnahme auf den ersten geschrieben und verweist ausdrücklich an vielen Stellen auf den ersten. Für die Annahme endlich, Plato habe nach Vollendung der Arbeit beabsichtigt, nur den zweiten Theil der Öffentlichkeit zu übergeben, und daher den ersten Theil bis auf einzelne zufällig erhaltene Stücke selbst vernichtet, spricht nicht das Mindeste.

2) In der Schrift περὶ Πλάτωνος hatte Philippos vielleicht sich über den Zustand, in welchem sich der Nachlass befand, geäussert und Rechenschaft über sein Verfahren bei der Herausgabe abgelegt.

3) Dieses Prooemium hat Plato wohl gar nicht abgefasst, sondern beabsichtigt, es später nachzutragen.

wohl oder übel diese heterogenen Bestandtheile, nur darauf bedacht, alles, was von Platos Papieren ihm übergeben war, der Nachwelt zu überliefern. Eine tiefer in den Gegenstand eindringende Betrachtung, ein schärferes Auge würde freilich den principiellen Unterschied beider Entwürfe unschwer erkannt haben. Philippos täuschte sich darüber, wie andere; denn Platos Schüler nahmen in gutem Glauben die Redaction als eine im Sinne des Meisters ausgeführte Restauration des ursprünglichen Entwurfes, wie ja später Ähnliches auch den Schülern des Aristoteles begegnet ist.

Man wird einwenden, Platos Schüler, die täglich mit ihm verkehrten, zumal die, welche ihm persönlich nahe standen, wie Speusippos, Xenokrates, Aristoteles, mussten die Ansichten, welche Plato in den letzten Jahren seines Lebens über die Reform der öffentlichen Zustände hegte, genauer kennen und etwaige Missverständnisse des Philippos, dem politische Theoreme mehr fern lagen, sofort aufdecken und berichtigen; es sei undenkbar, dass Aristoteles, der von Anfang an das lebendige Interesse seines Lehrers an allen politischen Fragen theilt, sich durch die Redaction des Philippos habe irre führen lassen. Allein Plato weihte offenbar niemanden, auch nicht die vertrautesten Genossen, in seine litterarischen Pläne ein, wohl wissend, dass dieses Aussprechen meist eher störend als fördernd ist. Daher wird Plato in jener Epoche auch nur selten mit seinen Schülern Gespräche über politische Themen geführt haben. Plato legte eben damals in seiner Schule das Hauptgewicht auf Mathematik, Geometrie und Astronomie und überliess wahrscheinlich die Unterweisung seinen Gehülfen, die in diesen Disciplinen vollkommen zu Hause waren, wie eben dem Lokrer Philippos. Die Dialektik trat gegen früher entschieden zurück, und diese Übungen wurden bewährten älteren Schülern übertragen, wie dem Speusippos und Menedemos, obwohl Plato denselben meist beiwohnen und nach Umständen selbst in die Discussion eingreifen mochte [1]).

---

1) Einen Einblick in das innere Getriebe der Platonischen Schule während dieser letzten Epoche gewährt die anschauliche Schilderung des Komikers Epikrates (Athenaeos II, 59 C ff.), die zugleich beweist, wie sehr damals die Schule das allgemeine Interesse in Anspruch nahm, da sonst ein Dichter nicht gewagt hätte, eine derartige Schilderung auf die Bühne zu bringen. Ein Fremder, der während des Panathenaeenfestes in Athen gewesen war, wird nach seiner Heimkehr ausgefragt, was er Neues von Platos Schule zu melden wisse, und da er

Waren Platos unmittelbare Schüler über das wahre Sachverhältnis nicht genügend unterrichtet, so darf man sich nicht wundern, dass bis auf den heutigen Tag die Neueren den ursprünglichen Plan und Anlage der Platonischen Gesetze verkannt haben.

Auch ein anderes Stück, Buch V, 734 E — 735 A, will Bruns S. 189 ff. ausscheiden. Dieser kurze Abschnitt bietet allerdings Anstössiges in Fülle dar. Das Stück beginnt mit der Bemerkung, die Einleitung der Gesetze sei abgeschlossen, nun solle eigentlich die Gesetzgebung beginnen oder vielmehr der κόσμος πολιτείας (denn so ist wohl zu verbessern) dargestellt werden [1]); dies bezieht sich auf die Einrichtung und Gründung der Colonie, d. h. auf die Bestimmungen über Vertheilung des Eigenthums, die Zahl der Bürger u. s. w., worüber auch von 737 B an das Erforderliche festgestellt wird; erst später kann die Verfassung (πολιτεία) und die Gesetzgebung (νόμοι) geregelt werden, und so wird Buch VI von den Ämtern, später von den Gesetzen gehandelt. Dass Plato, indem er hier angekündigt hatte, den κόσμος πολιτείας schildern zu wollen, zunächst noch einen anderen Punkt bespricht, darf nicht befremden, es geschieht gerade in dieser Schrift öfter, und wenn auf jene Ankündigung gleich 735 B folgte, wo es heisst,

---

in der Akademie einer Lehrstunde beigewohnt hatte, berichtet er ausführlich, was er gesehen und gehört hat. Die einleitende Frage τί Πλάτων καὶ Σπεύσιππος καὶ Μενέδημος πρὸς τίσι νυνὶ διατρίβουσιν, ποία φροντίς, ποῖος δὲ λόγος διερευνᾶται παρὰ τοῖσιν; deutet darauf, dass Speusippos und Menedemos nicht als Schüler, sondern als Gehülfen Platos zu betrachten sind; die Schüler werden in Definitionen aus dem Gebiet der Naturkunde geübt, διεχώριζον ζῴων τε βίον, δένδρων τε φύσιν, λαχάνων τε γένη. Gerade Speusippos hat sich damit speciell beschäftigt, wie die Citate aus seinen ὅμοια bei Athenaeos lehren; im Schriftenverzeichnis werden aufgeführt διάλογοι τῶν περὶ τὴν πραγματείαν ὁμοίων ι' διαιρέσεις καὶ πρὸς τὰ ὅμοια ὑποθέσεις (die Fassung der Titel ist incorrect überliefert). Die missglückten Versuche, eine Definition der κολοκύντη zu geben, riefen den Hohn eines gerade anwesenden Arztes Σικελᾶς ἀπὸ γᾶς hervor, aber Plato, der anwesend war, liess sich durch diese Unterbrechung nicht stören und forderte die Schüler zu einem erneuten Versuche auf (ὁ Πλάτων δὲ παρών, καὶ μάλα πρᾴως, οὐδὲν ὀρινθεὶς ἐπέταξ' αὐτοῖς πάλιν ἐξ ἀρχῆς ἀφορίζεσθαι, τίνος ἐστὶ γένους· οἱ δὲ διῄρουν).

1) Hier ist wohl zu verbessern μετὰ δὲ τὸ προοίμιον ἀναγκαῖόν που νόμοις (statt νόμοι) ἔπεσθαι, μᾶλλον δὲ τό γε ἀληθὲς κόσμον (statt νόμοις) πολιτείας ὑπογράφειν, vergl. 736 E κόσμον πολιτικόν: Νόμοι ist hier in weiterem Sinne gebraucht, wo es auch die Gesetze, welche die Verfassung reguliren, bezeichnet, daher wird κόσμος πολιτείας hinzugefügt.

man müsse zuvor eine Art καθαρμός vornehmen und alle schlechten Elemente von der neuen Ansiedelung fern halten, so würde niemand daran Anstoss nehmen[1]). Allein es folgt vielmehr eine unklare Bestimmung über die Behörden (ἀρχαί), eingeleitet durch ein Gleichnis von dem Verhältnis zwischen Einschlag und Zettel beim Gewebe; hier wird also ohne allen ersichtlichen Grund der Erörterung, welche erst später folgt (Buch VI), vorgegriffen; nicht minder ungehörig ist in dieser Verbindung der Zusatz, es gebe zwei εἴδη der πολιτεία, die ἀρχαί und die νόμοι, mit deren Handhabung die Behörden betraut sind; schliesslich folgt die Vorschrift über den καθαρμός, wo wir uns wieder auf festem Boden befinden.

Ich glaube, es genügt, das Gleichnis mit der nachfolgenden Bestimmung über die Behörden (καθάπερ οὖν δὴ ... κατὰ λόγον) auszuscheiden. Nach ὑπογράφειν ist Einiges (vielleicht nur ein Paar Worte) ausgefallen; Plato wird kurz auseinandergesetzt haben, was er unter dem κόσμος πολιτείας verstehe, nämlich die Einrichtungen, welche sich auf die Gründung des neuen Gemeinwesens (den κατοικισμός) und die Verfassung beziehen, und fuhr dann fort ἐστὶν γὰρ δὴ δύο πολιτείας εἴδη. Philippos füllte willkürlich die Lücke durch jenen fremdartigen und störenden Zusatz aus; es ist dies nicht eigenes Machwerk, sondern er benutzte wieder ein Blatt aus Platos Nachlass, wohl ebenfalls zu den πρότεροι Νόμοι gehörig. Leider haben die Abschreiber den letzten Satz dieser Partie bis zur Sinnlosigkeit entstellt; glücklicherweise erfahren wir durch Aristoteles, dass unter dem Einschlage die ἄρχοντες, unter dem Zettel die ἀρχόμενοι zu verstehen sind[2]); ausserdem lehrt der überlieferte Text, dass die

---

1) In den einleitenden Worten ist πρὸ δὲ τούτων ἁπάντων statt τὸ δὲ πρὸ τούτων ἁπ. zu schreiben.

2) Aristot. Pol. II, 6, 8: ἐλλέλειπται δὲ τοῖς Νόμοις τούτοις καὶ τὰ περὶ τοὺς ἄρχοντας, ὅπως ἔσονται διαφέροντες τῶν ἀρχομένων · φησὶ γὰρ δεῖν, ὥσπερ ἐξ ἑτέρου τὸ στημόνιον ἐρίου γίνεται τῆς κρόκης, οὕτω καὶ τοὺς ἄρχοντας ἔχειν δεῖν πρὸς τοὺς ἀρχομένους. Hier lässt sich das wiederholte δεῖν entschuldigen, aber man erwartet, dass Aristoteles irgendwie die Mangelhaftigkeit der Platonischen Darstellung andeuten werde; es ist wohl zu schreiben φησὶ γὰρ (οὐ)δὲν (ἄλλο ἢ), d. h. Plato findet sich mit einer blossen Vergleichung ab; freilich war die παιδεία erwähnt, allein dies konnte dem Aristoteles nicht genügen, der speciellere Bestimmungen verlangte, die er bei Plato nicht vorfand.

παιδεία zu der höheren Stellung im Staate berechtigt; in dem Musterstaate zweiter Ordnung ward offenbar von den oberen Beamten (μεγάλαι ἀρχαί hat der Text) philosophische Bildung verlangt [1]). Auch dieser Fall zeigt deutlich, dass Aristoteles hier nichts weiter vorfand als die Parallele zwischen dem Gemeinwesen und einem Gewebe und daher nicht ohne Grund die Theorie der Platonischen Gesetze in diesem Punkte mangelhaft findet.

Aristoteles bezeichnet diese Einrichtung ausdrücklich als eine dem Plato eigenthümliche [2]). Das Unpraktische des Vorschlages springt in die Augen, auch musste das natürliche Gefühl der Hellenen, welches es geradezu unschicklich fand, wenn ein Nüchterner unter Trunkenen verweilt [3]), daran Anstoss nehmen. Es ist kaum denkbar, dass Plato, dessen Bestreben, der Ausartung der Volkssitte zu steuern, durchaus berechtigt war, ohne jeden positiven Anhalt diese Reform empfohlen haben sollte; wir dürfen vielmehr voraussetzen, dass ein von günstigem Erfolg begleiteter praktischer Versuch ihn ermuthigte, seine Idee ausführlich darzulegen [4]). Platos jüngere Schüler werden, wenn sie zu einem Trinkgelage sich vereinigten, die Leitung einem älteren Genossen des Kreises übertragen haben, der, wie er selbst das rechte Mass hielt, auch die anderen in Schranken zu halten befähigt war:

1) Vielleicht war diese Bildung μακαρία (der Text σμικρά) παιδεία genannt, dieses Beiwort gebraucht Plato in den Gesetzen mit Vorliebe. Bruns vermeint bei Plato mit der geringen Änderung σμικρᾶς statt σμικρᾷ auszukommen, aber der Satz bleibt auch so incorrect und unverständlich. Ausserdem war die Vergleichung der oberen und niederen Beamten mit Einschlag und Zettel wenig passend; die richtige Auffassung ist ja durch Aristoteles sicher gestellt.

2) Polit. II, 12, 8 werden die hauptsächlichsten Eigenthümlichkeiten der Platonischen Theorie aufgezählt, zuerst die Reformvorschläge der Politie, Πλάτωνος δ' (ἴδια) ἥ τε τῶν γυναικῶν καὶ παίδων καὶ τῆς οὐσίας κοινότης, dann der Gesetze καὶ τὰ συσσίτια τῶν γυναικῶν, ἔτι δ' ὁ περὶ τὴν μέθην νόμος, τὸ τοὺς νήφοντας συμποσιαρχεῖν, καὶ τὴν ἐν τοῖς πολεμικοῖς ἄσκησιν, ὅπως ἀμφιδέξιοι γίνωνται κτλ.

3) Theognis [627. 628] Αἰσχρὸν μὲν μεθύοντα παρ' ἀνδράσι νήφοσι μεῖναι, αἰσχρὸν δ' εἰ νήφων παρ μεθύουσι μένοι.

4) Platos eigene Worte I, 639 E, wo er sagt, er habe vergeblich aller Orten wohlgeordnete Trinkgesellschaften gesucht σχεδὸν ὅλην μὲν οὐδεμίαν ὀρθῶς γιγνομένην ἑώρακα οὐδὲ ἀκήκοα, μόρια δ' εἴ που σμικρὰ καὶ ὀλίγα, τὰ πολλὰ δὲ ξύμπανθ' ὡς εἰπεῖν διημαρτημένα streiten nicht damit. Was Diog. L. III, 39 berichtet πίνειν δ' εἰς μέθην οὐδαμοῦ πρέπον ἔλεγε πλὴν ἐν ταῖς ἑορταῖς τοῦ καὶ τὸν οἶνον δόντος θεοῦ, ist aus den Νόμοι erschlossen.

eine Trinkordnung (νόμος συμποτικός) wird diesem geselligen Verkehr eine feste Form verliehen haben. Es ist sicher nicht zufällig, dass die drei namhaftesten Schüler Platos aus dieser Epoche, Speusippos, Xenokrates und Aristoteles, solche Trinkordnungen verfasst haben [1]); Speusippos übernahm nach Platos Tode die Leitung der Schule, ihm folgte später Xenokrates, während Aristoteles eine eigene Schule gründete. Diese Institution hat also in der Akademischen und Peripatetischen Schule fortbestanden, Theophrast schenkte der Genossenschaft im Lykeion ein Capital [2]), und auch von den jüngeren Schulen ward dieser

1) Athen. I, 3 F und V, 186 B. Den Ausdruck βασιλικοὶ νόμοι der ersten Stelle hat man ohne Grund mit συμποτικὸς νόμος (so die zweite Stelle) vertauscht; der συμποσίαρχος heisst bekanntlich auch βασιλεύς. Im Schriftenverzeichnis des Aristoteles findet sich dafür die Bezeichnung νόμος συσσιτικός. Dass diese νόμοι συμποτικοί der Philosophen sich nicht begnügten, einfach die Normen des geselligen Verkehrs festzustellen, sondern überhaupt einen paraenetischen Charakter hatten, lässt sich erwarten, und neben dem Ernste wird auch der Scherz nicht gefehlt haben. Aristoteles hatte nach dem Zeugnis des Proklos in jener Schrift die Πολιτεία des Plato erwähnt; dieser Schrift wird auch angehören, was Athen. V, 178 F aus Aristoteles anführt: ἀπρεπὲς γὰρ ἦν ἥκειν εἰς τὸ συμπόσιον σὺν ἱδρῶτι πολλῷ καὶ κονιορτῷ, und vielleicht gehört dem Philosophen auch das Folgende: δεῖ γὰρ τὸν χαρίεντα μήτε ῥυπᾶν, μήτε αὐχμεῖν μήτε βορβόρῳ χαίρειν καθ᾽ Ἡράκλειτον. In Erinnerung an die Sitte der Homerischen Zeit empfiehlt Aristoteles vorher ein Bad zu nehmen. Der νόμος συσσιτικός der Buhlerin Gnathaena war wie Athen. XIII, 585 B bemerkt κατὰ ζῆλον τῶν τὰ τοιαῦτα συνταξαμένων φιλοσόφων abgefasst; ob von ihr selbst oder einem losen Spötter, steht dahin. Auf diese Symposien der Platonischen Schule bezieht sich Antigonos Karystios bei Athen. XII, 547 F, wo er die hier herrschende Mässigkeit der später bei den Peripatetikern herrschenden Schwelgerei gegenüberstellt: οὐ γὰρ ἵνα συρρυέντες ἐπὶ τὸ αὐτὸ τῆς ἕως τοῦ ὀρθρίου γενομένης τραπέζης ἀπολαύσωσιν ἢ χάριν ἐξοινίας ἐποιήσαντο τὰς συνόδους ταύτας οἱ περὶ Πλάτωνα καὶ Σπεύσιππον, ἀλλ᾽ ἵνα φαίνωνται καὶ τὸ θεῖον τιμῶντες καὶ φυσικῶς ἀλλήλοις συμπεριφερόμενοι, καὶ τὸ πλεῖστον ἕνεκα ἀνέσεως καὶ φιλολογίας, wo statt φυσικῶς wohl μουσικῶς zu schreiben ist. Plato mag auch zuweilen einen fremden Gast mitgebracht haben (wie dies auch der Peripatetiker Lykon that, s. Athen.), denn die von Athenaeos X, 419 D und anderen berichtete Anekdote von Timotheos, der von Plato παραληφθεὶς εἰς τὸ ἐν Ἀκαδημείᾳ συμπόσιον sich in anerkennenden Worten über diese Art geselligen Verkehrs äusserte, setzt eine regelmässige Vereinigung voraus, wie auch Zeller II, 1, 364 bemerkt. Dass die Zahl der Theilnehmer eine geschlossene war, ist wahrscheinlich und wird durch Athen. I, 4 E οἱ ἐν τῷ Πλάτωνος συσσιτίῳ ὀκτὼ καὶ εἴκοσι ἦσαν bestätigt; also hatte nicht jeder Zuhörer des Philosophen ohne Weiteres Zutritt.

2) Athen. V, 186 A: κατέλιπε δὲ καὶ Θεόφραστος εἰς τὴν τοιαύτην σύνοδον χρήματα, μὰ Δί᾽ οὐχ ἵν᾽ ἀκολασταίνωσι(ν οἱ) σινιόντες, ἀλλ᾽ ἵνα

Brauch adoptirt, wie die Εἰκαδισταί, Παναιτιασταί u. a. m. bezeugen. Plato, der nicht rigorös jeden sinnlichen Genuss verwarf, noch weniger sich ablehnend gegen geselligen Verkehr verhielt, sondern gerade darin das wirksamste Mittel zur Förderung der geistigen und sittlichen Bildung erblickte, führte in dem Kreise seiner Schüler diese Einrichtung ein, er selbst betheiligte sich an diesen Zusammenkünften, übernahm wohl auch die Leitung und hatte so Gelegenheit, den veredelnden Einfluss zu beobachten. Indem er in den Gesetzen seinen Plan zur Reform der nationalen Erziehung darlegt, glaubt er in diesen Trinkgenossenschaften das beste Mittel zu finden, um auf Gemüth und Charakter der Jugend eine nachhaltige ethische Wirkung zu üben[1]). Platos durchaus ideal angelegte Natur übersah auch hier, dass, was in einem erlesenen Kreise strebsamer junger Männer, denen der reine und hohe Geist des Meisters als Vorbild diente, ihm gelungen war, in einem grösseren Gemeinwesen und unter ganz verschiedenen, zum Theil höchst ungünstigen Verhältnissen sich nimmer verwirklichen liess. Aristoteles, in seiner klar verständigen Weise, beschränkt diese Einrichtung auf den geschlossenen Kreis der Schule, verzichtet jedoch aus Pietät auf jede Kritik, wo er diese und andere Reformen Platos berührt, während die Gegner und Spötter des grossen Philosophen hier reichlich Gelegenheit finden mochten, ihrem Hohne Luft zu machen.

Buch I, 637 D beginnt die Erörterung über die μέθη und wird bis zum Schluss des Buches fortgesetzt. Dass die hier sehr ausführlich empfohlene Institution der Zechgesellschaften den πρότεροι Νόμοι angehört, ist nicht zweifelhaft; denn von der Kritik der spartanischen und kretischen Sitte geht der Vorschlag aus, eine Reform der Symposien einzuführen, welche zwischen dem Rigorismus der dorischen Musterstaaten und der allgemein herrschenden laxen Praxis die Mitte halte. Die sittliche Bildung und Erziehung ist die Aufgabe dieser Trinkgesellschaften, sie sind also für die heranwachsende Jugend bestimmt

---

τοὺς κατὰ τὸ συμπόσιον λόγους σωφρόνως καὶ πεπαιδευμένως διεξάγωσι. Die Mitglieder der peripatetischen Schule vereinigten sich am ersten Tage jedes Monats zu einem Symposion, wozu jeder neun Obolen beisteuerte, was nicht mehr genügte, als die frühere Einfachheit in Schwelgerei ausartete, s. Athen. XII, 547 D ff.

1) Der Gesetzgeber soll daher eine Trinkordnung entwerfen, wie er sie selbst für seinen Kreis festgestellt hatte, II, 671 C τὸν ἀγαθὸν νομοθέτην, οὐ νόμους εἶναι δεῖ συμποτικούς, κτλ.

(vergl. 635 C, 643 C), aber ein älterer, verständiger und nüchterner Mann soll die Leitung übernehmen (640 D). Dieser Reformvorschlag hat unverkennbar die gleiche Zwecke verfolgende Genossenschaft der Platonischen Schule vor Augen; und in dem Staate zweiter Ordnung, wo die παιδεία soviel als möglich dem Muster des absolut besten Staates sich näherte, war am ersten Raum für solche Vereine. Aber auch in den δεύτεροι Νόμοι fand sich eine analoge Einrichtung, da Plato nicht gesonnen war, die einmal gefasste Idee fallen zu lassen. Buch II, 664 B ff. wird vorgeschlagen, in der kretischen Colonie drei Chöre der Knaben, Jünglinge und Männer einzurichten; dem ersten Chore, der den Musen geweiht ist, gehören die Knaben bis zum 18. Jahre an, dem Chore des Apollo (Παιάν) die Jünglinge bis zum 30. Jahre, den dritten Chor, den des Dionysos, bilden die Männer zwischen 30—60 Jahren[1]. Damit wird gleich die Bestimmung über das Weintrinken in Verbindung gesetzt (II, 666 A), den Knaben ist der Wein überhaupt untersagt, den Jünglingen mässiger Genuss gestattet, der Rausch dagegen verboten, der unbeschränkte Genuss des Weines ist ein ausschliessliches Vorrecht der Älteren[2]. Der Wein, den Dionysos den Menschen gegeben hat, um den Ernst

---

[1] Auch diese Gliederung in drei Chöre, die der Obhut jener drei Gottheiten unterstellt waren, ist aus der δευτέρα πολιτεία beibehalten, wie die Rückweisung II, 665 A bezeugt; aber der betreffende Abschnitt der πρότεροι Νόμοι ist nicht mehr erhalten. Plato hat diese Einrichtung der spartanischen Sitte nachgebildet, denn auch in Sparta traten nach einander Chöre der γέροντες (d. h. ἄνδρες), νεανίσκοι und παῖδες auf, s. Schol. zu den Gesetzen I, 633 A.

[2] Auffallend ist die Bezeichnung der Altersgrenze τετταράκοντα δὲ ἐπιβαίνοντα ἐτῶν, denn man erwartet τριάκοντα, und ich halte diese Correctur für unbedingt nothwendig, da ausdrücklich bemerkt war, bis zu diesem Jahre dürften die Bürger nur μετρίου οἴνου γεύεσθαι. S. 665 B werden die Genossen des Dionysischen Chores οἱ ὑπὲρ τριάκοντα καὶ πεντήκοντα δὲ γεγονότες ἔτη μέχρι τῶν ἑξήκοντα genannt, vergl. auch 670 A τοὺς ἤδη τριακοντούτας καὶ τῶν πεντήκοντα πέραν γεγονότας, und zwar sollen die πεντηκοντούται im Chore das Vorzüglichste leisten; eben auf diese Stelle wird Bezug genommen VII, 812 B ἔφαμεν, οἶμαι, τοὺς τοῦ Διονύσου τοὺς ἑξηκοντούτας ᾠδοὺς διαφερόντως εὐαισθήτους δεῖν γεγονέναι κτλ. Auch hier ist die Zahl verschrieben und πεντηκοντούτας zu lesen [vgl. unten S. 69]; denn mit dem 60. Jahre sind die Bürger von der activen Theilnahme an den Chören dispensirt, II, 664 D; ihr Beruf ist fortan μυθολόγους περὶ τῶν αὐτῶν ἠθῶν διὰ θείας φήμης zu sein. Dass auch diesen Greisen das gleiche Recht hinsichtlich des Weingenusses wie den Männern zwischen 30—60 Jahren zusteht, wird zwar nicht gesagt, ist aber wohl selbstverständlich und wird auch indirect 671 E angedeutet.

des Greisenalters zu mildern, uns zu verjüngen und des Kummers zu vergessen, ist bestimmt, besonders die älteren Männer, welche Scheu tragen als Sänger im Chore aufzutreten, zur Betheiligung anzuregen: denn gerade sie sind berufen und befähigt, die schönsten Gesänge vorzutragen (666 B und 670 A); diese Gesänge werden ihnen selbst einen reinen unschuldigen Genuss gewähren und zugleich den Jüngeren den Weg zu tugendhaftem Wandel weisen (670 D). Zum Schluss S. 671 A ff. wird die Wirkung des Weines auf die Genossen des Dionysischen Chores geschildert; aber damit die rauschende Freude des Trinkgelages nicht ausarte, hat der Gesetzgeber eine Trinkordnung (Νόμοι συμποτικοί 671 C) zu erlassen, mit deren Handhabung gerade wie in der δευτέρα πολιτεία nüchterne Symposiarchen betraut werden: ihnen sowie den älteren, die das sechzigste Jahr überschritten haben, sind die Genossen (οἱ μὴ νήφοντες) unbedingten Gehorsam schuldig. Ein solches Trinkgelag (τοιαύτη μέθη καὶ τοιαύτη παιδιά) wird nicht verfehlen, auf alle Theilnehmer einen heilsamen Einfluss auszuüben, insbesondere die Eintracht unter den Mitgliedern [zu] fördern, während die hergebrachte Weise der Symposien nur zu oft Zwist und Feindschaft erzeugt. Mit dem Lobe des Weines (er ist den Menschen gegeben als φάρμακον αἰδοῦς μὲν ψυχῆς ἕνεκα, σώματος δὲ ὑγιείας τε καὶ ἰσχύος) schliesst diese Erörterung II, 672 D, und das Gespräch kehrt zu dem Thema, von dem es ausgegangen war, zu der Organisation der Erziehung zurück.

Diese Institution wird also nach Massgabe der Staatsform modificirt; in dem Staat zweiter Klasse sind die Zechvereine für die Jüngeren bestimmt, deren Erziehung eben auf diesem Wege zum Abschluss gelangen soll; nach der Verfassung der kretischen Colonie bestehen die Vereine aus den Männern reiferen Alters, schliessen also die gebildetsten Elemente der Bürgerschaft in sich; der Weingenuss wird hier realistischer aufgefasst, aber der letzte Zweck ist hier wie dort Förderung der Sittlichkeit. Die Organisation war wohl für beide Staatsformen die gleiche; wenn in der kretischen Colonie der Trinkverein mit dem dritten Chore, der gesellige Verkehr der Männer mit der Pflege der musischen Kunst zusammenfällt, so wird in der πολιτεία δευτέρα die Zechgemeinschaft der Jünglinge mit dem zweiten Chore in Verbindung gebracht und auf die Ausübung der Musik der Hauptnachdruck gelegt worden sein, wie schon die Bemerkung I, 642 A andeutet, die Reform der Symposien hänge aufs Engste zusammen mit der

Reform der Musik, und über die Musik kann man wieder nur in Verbindung mit der gesammten Erziehung reden. Die Erörterung über die Trinkvereine liegt eben nicht mehr vollständig vor. In dem Abschnitt des II. Buches, welches von der μέϑη handelt und unverkennbar den δεύτεροι Νόμοι angehört, finden sich einige Rückweisungen auf die πρότεροι Νόμοι. So II, 661 A οὐ μόνον ἂν ἀγαϑὸς στρατιώτης εἴη, πόλιν δὲ καὶ ἄστη δυνάμενος διοικεῖν, ὃν δὴ κατ' ἀρχὰς εἴπομεν τῶν Τυρταίου πολεμικῶν εἶναι πολεμικώτερον. Dies bezieht sich auf die Bemerkungen, welche Buch I, 630 A ff. an die vorher angeführten Verse des Tyrtaeos geknüpft werden. Daraus erhellt, dass nach Platos Intention die beiden Abtheilungen der Νόμοι ein zusammenhängendes Werk bilden sollten. Dasselbe gilt von der gleichlautenden Formel II, 671 A: ϑορυβώδης μέν που ὁ ξύλλογος ὁ τοιοῦτος ἐξ ἀνάγκης προϊούσης τῆς πόσεως ἐπὶ μᾶλλον ἀεὶ ξυμβαίνει γιγνόμενος, ὅπερ ὑπεϑέμεϑα κατ' ἀρχὰς ἀναγκαῖον εἶναι γίγνεσϑαι περὶ τῶν νῦν λεγομένων [1]). Die betreffende Stelle findet sich in der Schilderung der Trinkvereine der δευτέρα πολιτεία Buch I, 640 C: ἔστι δέ γε ἡ τοιαύτη συνουσία, εἴπερ ἔσται μετὰ μέϑης, οὐκ ἀϑύρυβος. Gleich darauf II, 671 B οὐκοῦν ἔφαμεν, ὅταν γίγνηται ταῦτα κτλ. werden die Bemerkungen über die Wirkung des Weines auf die älteren Männer, den dritten Chor, II, 666 B C, citirt (die Worte des Referates πλάττειν καϑάπερ ὅτ' ἦσαν νέαι bezeugen, dass von älteren Männern die Rede war); wenn aber dann im Folgenden in knappem Umrisse die Organisation der Trinkvereine in der kretischen Colonie, die Feststellung der νόμοι συμποτικοί und die Einsetzung der Symposiarchen geschil-

---

1) Dagegen wenn es unmittelbar vorher (II, 671 A) heisst: ὕπερ ὁ λόγος ἐν ἀρχαῖς ἐβουλήϑη, τὴν τῷ τοῦ Διονύσου χορῷ βοήϑειαν ἐπιδεῖξαι καλῶς λεγομένην, so ist der Anfang der vorliegenden Unterredung gemeint, II, 666 B: καὶ δὴ καὶ Διόνυσον παρακαλεῖν εἰς τὴν τῶν πρεσβυτῶν τελετὴν ἅμα καὶ παιδιάν. Auf frühere Erörterungen dieses Buches wird auch sonst verwiesen; so II, 664 D ὦν χάριν οἱ πλεῖστοι τῶν ἔμπροσϑεν ἐρρήϑησαν λόγων, d. h. [auf] die Discussion, welche mit B. II begann; denn da Kleinias die Beziehung nicht gleich versteht, wird zur näheren Erläuterung fortgefahren εἴπομεν εἰ μεμνήμεϑα κατ' ἀρχὰς τῶν λόγων, d. i. II, 653 D, und weiter (II, 665 A) ἔχ αμεν εἰ μεμνήμεϑα, d. i. wiederum II, 653 D oder der Anfang des II. B.; daher ist auch der Ausdruck κατ' ἀρχὰς τῶν λόγων gebraucht, d. h. des Dialoges, den wir augenblicklich führen, es wird also dadurch ein einzelner Abschnitt bezeichnet, während κατ' ἀρχὰς in der Regel den Anfang des ganzen Werkes, den ersten Theil der πρότεροι Νόμοι, bezeichnet. Ebenso bringt II, 672 D ἔφαμεν die Worte II, 653 E wieder in Erinnerung.

dert wird, so ist dies offenbar nur eine Recapitulation dessen, was in der ersten Abtheilung über denselben Gegenstand ausführlicher besprochen war ¹), aber nicht mehr erhalten ist. Dass die ausführliche Besprechung der Trinkvereine im I. Buche unvollständig ist, unterliegt keinem Zweifel; steht doch die weit ausholende und in behaglicher Breite sich ergehende Einleitung in einem entschiedenen Missverhältnisse zu der Kürze, mit der das eigentliche Thema behandelt ist. Mir war von jeher besonders befremdlich, dass wir über die Organisation der Trinkvereine, abgesehen von einigen gelegentlichen Bemerkungen, nichts Näheres erfahren; und doch sollte man erwarten, dass Plato diese Einrichtung, welche er selbst als etwas ganz Neues und Ungewöhnliches ankündigt, nicht so kurz abfertigen, sondern seine Leser in den Stand setzen würde, sich eine deutliche Vorstellung zu bilden. Diese Partie ist verloren gegangen, ebenso aber auch wohl noch manches andere. Es hat Anstoss erregt, dass auf die ausführliche Erörterung über die Erziehung in der Einleitung dieses Abschnittes (I, 641—644) nachher, abgesehen von einer Stelle (I, 649 C), nirgends Rücksicht genommen wird. Wenn uns Platos Ausführungen über die Trinkvereine der πολιτεία δευτέρα vollständig erhalten wären, würden wir sicherlich auch in dieser Beziehung nichts vermissen ²).

Dagegen ist der Schluss dieser Erörterung noch vollkommen unversehrt erhalten; Philippos hat das lose Blatt, welches er vorfand, benutzt, um sein zweites Buch abzuschliessen, freilich sehr ungeschickt. Aber wir schulden ihm Dank, dass er nicht durch eigenmächtige Änderungen den Thatbestand verdunkelt hat. Es beginnt dieses Stück Buch II, 673 E mit den Worten ἐπὶ τοίνυν τῇ τῆς μέθης χρείᾳ τὸν κολοφῶνα πρῶτον ἐπιθῶμεν, εἰ καὶ σφῷν ξυνδοκεῖ bis zu Ende des Buches 674 C. Plato verspricht sich

---

1) Was hier II, 671 C über die Wirksamkeit der Trinkordnung gesagt wird, stimmt mit den Erörterungen des I. B. überein; und wenn es II, 671 D heisst φόβον, ὃν αἰδῶ τε καὶ αἰσχύνην (καὶ) θεῖον φόβον ὠνομάκαμεν, so wird zwar auf keine einzelne Stelle der früheren Discussion Bezug genommen, aber der Gedanke kehrt öfter wieder, und auch der Ausdruck αἰδώς ist I, 649 C gebraucht.

2) Der Herausgeber fand offenbar eben nur das, was er giebt, in Platos nachgelassenen Papieren vor, ich wenigstens glaube nicht, dass er etwas Wesentliches unterdrückt hat. Philippos war beschränkt und der äusserst schwierigen Aufgabe nicht recht gewachsen, aber gewissenhaft und von Pietät gegen seinen Lehrer erfüllt. Dass er in Wiederholungen, wenn sie auch noch so störend sind, nichts Anstössiges fand, zeigt das von ihm redigirte Werk zur Genüge.

die besten Wirkungen von dieser Institution, indem er recapitulirend das Wesentliche kurz zusammenfasst: εἰ μέν τις πόλις ὡς οὔσης σπουδῆς τῷ ἐπιτηδεύματι τῷ νῦν εἰρημένῳ χρήσεται μετὰ νόμων καὶ τάξεως, ὡς τοῦ σωφρονεῖν ἕνεκα μελέτης χρωμένη κτλ. Der Ausdruck εἴ τις πόλις beweist, dass dieses Stück dem Verfassungsentwurfe der kretischen Kolonie fremd ist und den πρότεροι Νόμοι angehört. Es ist Plato Ernst mit seinem Vorschlage, und ernst soll die μέθη auch vom Staate genommen werden, nicht als παιδιά, denn sie soll eine μελέτη σωφροσύνης sein, was mit den Ausführungen in Buch I vollkommen stimmt. Dass Plato alles genau geregelt hatte, zeigen die Worte χρήσεται μετὰ νόμων καὶ τάξεως, welche auf die von mir vermisste Trinkordnung (νόμοι συμποτικοί) deutlich Bezug nehmen.

Dieses Bruchstück ist auch darum von Interesse, weil es zeigt, dass Plato seine Vorgänger, welche Theorien über den besten Staat aufgestellt hatten, nicht nur kennt, sondern auch berücksichtigt. Auf einen auffallenden Widerspruch zwischen Buch I, 637 D und Buch II, 674 A macht Bruns S. 51 aufmerksam: an der ersten Stelle werden die Karthager unter den kriegerischen Barbarenvölkern aufgezählt, welche dem Trunke ergeben waren; am Schlusse des II. Buches wird die strenge Enthaltsamkeit vom Weingenuss, welche das karthagische Gesetz vorschrieb, noch höher gestellt, als die Nüchternheit der Spartaner und Kreter. Es wäre ein landläufiger, aber verwerflicher Kunstgriff, wollte man zur Entschuldigung geltend machen, hier sei von der Theorie, den gesetzlichen Bestimmungen, dort von der nicht damit harmonirenden Praxis die Rede [1]). Bruns hilft sich auch hier aus der Verlegenheit, indem er den Philippos für diesen Missgriff verantwortlich macht. Hüten wir uns, dem armen Lokrer fremde Schuld aufzubürden. Das sehr ins Detail eingehende Gesetz macht durchaus den Eindruck, als sei es für eine griechische Gemeinde, nicht für eine Völkerschaft semitischen Stammes bestimmt; jedenfalls wäre in einer Handelsstadt von der Bedeutung Karthagos, dessen Heer grösstentheils aus Söldnern bestand, ein solches Gesetz ein todter Buchstabe geblieben. Ich habe schon

---

1) Dass manche, wie Arist. Pol. II, 9 die Verfassungen der Karthager, Spartaner und Kreter für vorzugsweise wohlgeordnet erklärten und in einzelnen Punkten eine übereinstimmende Organisation fanden, reicht nicht aus, um hier diese Zusammenstellung zu rechtfertigen.

lange, bevor ich die Untersuchung über die Platonischen Gesetze
begann, hier nur einen ganz gewöhnlichen Fehler der Abschreiber
gefunden, welche *Καλχηδονίων* oder *Χαλκηδονίων* mit
Καρχηδονίων vertauschten. Ueber die Institutionen Chalkedons,
einer megarischen Colonie Byzanz gegenüber, konnte Plato sehr
wohl genauer unterrichtet sein, da zahlreiche Schüler des Philosophen aus diesem Landstriche stammten und gerade einer der
hervorragendsten Genossen dieser Epoche, Xenokrates, von Chalkedon gebürtig war. Aber ich zweifle, ob überhaupt von einem
in Übung bestehenden Gesetze die Rede ist. Durch Aristoteles
Politik II, 7 kennen wir die *πολιτεία* des Phaleas von Chalkedon
und ersehen daraus, dass dieselbe auch auf Platos politische Ansichten nicht ohne Einfluss geblieben ist. Phaleas stand wohl
nicht wie Plato dem handelnden Leben fern[1]), jedoch hatte auch
die *πολιτεία* des Phaleas einen rein theoretischen Charakter.
Dies schliesst aber nicht aus, dass Phaleas diesen Verfassungsentwurf zunächst für seine Vaterstadt bestimmte, es war eine
Χαλκηδονίων πολιτεία. Aristoteles hat an dem Entwurfe manches
auszusetzen, so vermisst er Bestimmungen über die Erziehung,
auch über die Wehrkraft (*πολεμικὴ ἰσχύς*) war nichts gesagt.
Phaleas hatte sein Hauptaugenmerk auf die Mittel gerichtet,
welche die Erhaltung guter Ordnung unter der Bürgerschaft zu
fördern geeignet waren[2]); dazu gehört denn auch ein Gesetz, wie
das von Plato hier angezogene, welches er mit den Worten einleitet: *οὐκ ἂν τιθείμην ταύτην* (lies *ταύτῃ*) *τὴν ψῆφον, ὡς δεῖ
ποτε μέθῃ χρῆσθαι ταύτην τὴν πόλιν ἢ τοῦτον τὸν ἄνδρα, ἀλλ'
ἔτι μᾶλλον τῆς Κρητῶν καὶ Λακεδαιμονίων χρείας προςθείμην
ἂν τῷ τῶν Καλχηδονίων νόμῳ*. Dass Plato, indem er in diesem
Falle die Anordnungen des Phaleas den alten Satzungen des

---

1) Wenn Aristoteles, nachdem er Platos Theorien kritisirt hat, fortführt,
Verfassungsentwürfe gäbe es auch von andern, *αἱ μὲν ἰδιωτῶν, αἱ δὲ φιλοσόφων
καὶ πολιτικῶν*, so kann dies heissen theils von Nicht-Philosophen,
theils von philosophisch gebildeten Politikern, aber *ἰδιώτης* kann
auch den bezeichnen, der dem handelnden Leben fern steht; wahrscheinlich be-
deutet hier *ἰδιώτης* den, der weder Philosoph noch Politiker ist, wofür das
folgende Satzglied spricht, und so würde in diese Kategorie der Architekt Hippo-
damos gehören, nach Aristoteles der erste *μὴ πολιτευόμενος*, der sich auf diesem
Gebiete versuchte.

2) *τὰ πολλὰ βούλεται κατασκευάζειν, ἐξ ὧν τὰ πρὸς αὑτοὺς πολιτεύ-
σονται καλῶς*.

Minos und Lykurg vorzieht, den Namen nicht nennt, ist begreiflich; seine Leser aber wussten recht gut, wer die Verfassung für Chalkedon entworfen hatte [1]).

Ich muss noch einige Bemerkungen über die von den Trinkvereinen handelnde Partie des I. Buches hinzufügen: die ungewöhnliche Breite der Darstellung ist befremdlich, es fehlt nicht an Wiederholungen, immer wieder wird von neuem angesetzt, um die Frage von allen Seiten zu erörtern. Man darf jedoch nicht glauben, dass sich darin eine gewisse Altersschwäche des Verfassers verrathe, noch weniger darf man diese Eigenthümlichkeit dem Herausgeber zur Last legen. Plato selbst hat dies gefühlt. I, 642 A fürchtet er $\mu \grave{\eta}$ $\delta \acute{o} \xi \alpha \nu$ $\dot{v} \mu \tilde{\iota} \nu$ $\pi \alpha \varrho \acute{\alpha} \sigma \chi \omega \mu \alpha \iota$ $\pi \varepsilon \varrho \grave{\iota}$ $\sigma \mu \iota \varkappa \varrho o \tilde{v}$ $\pi o \lambda \lambda \grave{\alpha}$ $\lambda \acute{\varepsilon} \gamma \varepsilon \iota \nu$, $\mu \acute{\varepsilon} \vartheta \eta s$ $\pi \acute{\varepsilon} \varrho \iota$ $\sigma \mu \iota \varkappa \varrho o \tilde{v}$ $\pi \varrho \acute{\alpha} \gamma \mu \alpha \tau o s$ $\pi \alpha \mu \mu \acute{\eta} \varkappa \eta$ $\lambda \acute{o} \gamma o \nu$ $\dot{\alpha} \nu \alpha \varkappa \alpha \vartheta \alpha \iota \varrho \acute{o} \mu \varepsilon \nu o s$, aber es lasse sich die Reform der herrschenden Sitte, welche ihm am Herzen liegt, nicht genügend rechtfertigen und begründen, ohne auf andere principielle Fragen einzugehen, und dies sei eine weitläufige Erörterung ($\tau \alpha \tilde{v} \tau \alpha$ $\delta \grave{\varepsilon}$ $\pi \alpha \mu \pi \delta \lambda \lambda \tilde{\omega} \nu$ $\dot{\varepsilon} \sigma \tau \grave{\iota}$ $\lambda \acute{o} \gamma \omega \nu$). Er stellt es daher seinen beiden Genossen anheim, ob er fortfahren oder ein anderes Gesprächsthema beginnen solle, und beide verlangen, er solle nur getrost alles sagen $\dot{o} \pi \acute{o} \sigma \alpha$ $\sigma o \iota$ $\varphi \acute{\iota} \lambda o \nu$ [2]). Aber nochmals hält er eine Rechtfertigung für nothwendig I, 645 C: $\tau \grave{o}$ $\pi \varepsilon \varrho \grave{\iota}$ $\tau \tilde{\eta} s$ $\dot{\varepsilon} \nu$ $o \check{\iota} \nu o \iota s$ $\delta \iota \alpha \tau \varrho \iota \beta \tilde{\eta} s$, $\ddot{o}$ $\delta o \xi \alpha \sigma \vartheta \varepsilon \acute{\iota} \eta$ $\mu \grave{\varepsilon} \nu$ $\ddot{\alpha} \nu$ $\varepsilon \tilde{\iota} \nu \alpha \iota$ $\varphi \alpha \acute{v} \lambda o \nu$ $\pi \acute{\varepsilon} \varrho \iota$ $\mu \tilde{\eta} \varkappa o s$ $\pi o \lambda \grave{v}$ $\lambda \acute{o} \gamma \omega \nu$ $\pi \varepsilon \varrho \iota \tau \tau \grave{o} \nu$ $\varepsilon \dot{\iota} \varrho \eta \mu \acute{\varepsilon} \nu o \nu$, $\varphi \alpha \nu \varepsilon \acute{\iota} \eta$ $\delta \grave{\varepsilon}$ $\tau \acute{\alpha} \chi$' $\ddot{\alpha} \nu$ $\check{\iota} \sigma \omega s$ $\tau o \tilde{v}$ $\mu \acute{\eta} \varkappa o v s$ γ' $\alpha \check{\iota} \tau \tilde{\omega} \nu$ $o \dot{v} \varkappa$ $\dot{\alpha} \pi \acute{\alpha} \xi \iota o \nu$. Wie das Gespräch bei Anlässen, wo wenige Worte genügt hätten, behaglich verweilt, zeigt recht deutlich die erste Stelle: hier schickt der Athener jener Rechtfertigung die Bemerkung voraus, die Athener ständen bei den Hellenen in dem Rufe, gern und viel zu reden, während die Lakedämonier kurze Reden liebten; die Kreter ständen im Rufe, mehr zu denken als Worte zu wechseln, und dies giebt nun auch den beiden

---

1) Dass Plato mit der betreffenden Litteratur wohl vertraut war, ist nicht zweifelhaft; er kannte ebensowohl die historischen Arbeiten über bestehende Verfassungen, wie die Schriften der Theoretiker. Für Kreta mag er besonders eine unter Epimenides' Namen überlieferte Schrift, welche auch Aristoteles anführt, benutzt haben, anderes wird er aus mündlichen Mittheilungen geschöpft haben.

2) Die ursprüngliche Lesart ist unzweifelhaft $\dot{o} \varrho \tilde{\alpha} \tau \varepsilon$ $o \check{v} \nu$, $\varepsilon \dot{\iota}$ $\tau \alpha \tilde{v} \tau \alpha$ $\mu \grave{\varepsilon} \nu$ $\dot{\varepsilon} \acute{\alpha} \sigma \alpha \iota \mu \varepsilon \nu$ $\dot{\varepsilon} \nu$ $\tau \tilde{\omega}$ $\pi \alpha \varrho \acute{o} \nu \tau \iota$, $\mu \varepsilon \tau \varepsilon \varkappa \beta \alpha \tilde{\iota} \mu \varepsilon \nu$ δ' $\varepsilon \dot{\iota} s$ $\ddot{\varepsilon} \tau \varepsilon \varrho \acute{o} \nu$ $\tau \iota \nu \alpha$ $\nu \acute{o} \mu \omega \nu$ $\pi \acute{\varepsilon} \varrho \iota$ $\lambda \acute{o} \gamma o \nu$. Damit ist ungeschickt die Variante $\dot{o} \varrho \tilde{\alpha} \tau \varepsilon$ $o \check{v} \nu$ $\tau \acute{\iota}$ $\pi o \iota \tilde{\omega} \mu \varepsilon \nu$ combinirt, welche offenbar nur von einem Abschreiber herrührt.

Greisen, die sonst ziemlich einsilbig sind, Anlass, sich in längeren Reden zu ergehen; mit feinem Takte sehen beide von der Entschuldigung des Atheners ganz ab und begnügen sich mit der Versicherung ihres aufrichtigen Wohlwollens gegen Athen. Der Spartaner motivirt dies damit, dass seinem Hause die Proxenie des athenischen Staates übertragen sei, daher sei er gewohnt, Athen gleichsam als sein zweites Vaterland zu betrachten, und er habe schon in jungen Jahren die Athener stets gegen Vorwürfe in Schutz genommen. So seien ihm noch jetzt die wohlbekannten Laute der attischen Zunge willkommen, und er finde, dass der alte Spruch sich bewähre, wenn ein Athener brav sei, bekunde er diese Tüchtigkeit in eminentester Weise [1]). Während der Spartaner ein persönliches Verhältnis zu den Athenern hat, beruft sich der Kreter darauf, dass seine Vaterstadt Knossos seit der Zeit des Epimenides mit Athen befreundet sei [2]). Nur an

---

1) Μόνοι γὰρ ἄνευ ἀνάγκης αὐτοφυῶς θείᾳ μοίρᾳ ἀληθῶς καὶ οὔ τι πλαστῶς εἰσὶν ἀγαθοί ist das ruhmvollste Zeugnis, was man den Athenern ausstellen konnte, und es ist wohl berechtigt, gilt aber vor allen anderen von Plato. Jedoch wird niemand dem Philosophen die Eitelkeit zutrauen, auf diesem indirecten Wege seinen eigenen Ruhm zu verkünden; indem er dem Spartaner diese Worte in den Mund legt, wollte er nur dem Vorwurfe entgegentreten, den er sicherlich oft hatte hören müssen, er hege eine parteiische Vorliebe für Sparta, sei ungerecht gegen sein Vaterland.

2) Diese Thatsache erwähnt auch Diog. L. I, 10, 3 (was vielleicht auf Plato zurückgeht), man mochte sie mit dem καθαρμός Athens in Verbindung bringen; auch Plato erwähnt diese Berufung des Epimenides, ausserdem aber eine auf den Perserkrieg bezügliche Propheceiung, während Plutarch Solon. c. 12 eine andere Weissagung von ihm berichtet, welche sich auf die Gefahr bezog, welche Munychia den Athenern bereiten würde. Was veranlasste aber Plato, hier dieser alten Geschichte zu gedenken? Die Herausgeber haben nur Anstoss daran genommen, dass nach dieser Stelle Epimenides zehn Jahre vor dem Perserkriege in Athen gewesen wäre: einen so groben Irrthum darf man Plato nicht zutrauen, der sehr wohl wusste, dass der Kreter ein Zeitgenosse des Solon war [vgl. Griech. Litteraturgeschichte Bd. II, S. 77, A. 7]. Aber vergeblich hat man sich bemüht, durch eine Correctur Abhülfe zu schaffen. Orakel sind meist mehrdeutig, hier ist ausserdem die Fassung δέκα μὲν ἐτῶν οὐχ ἥξουσι sehr vorsichtig; unter Jahr ist hier ein μέγας ἐνιαυτός, und zwar die Dodekaeteris der Chaldaeer zu verstehen; zwischen Epimenides (die Zeit seines Aufenthalts in Athen steht nicht fest, aber man kann füglich d. J. 606, wo die Meder Ninive eroberten, als Anfangspunkt nehmen) und der Schlacht bei Salamis liegen 120 Jahre: die Furcht vor den Medern in Solons Zeit erklärt sich aus den siegreichen Kämpfen des Kyaxares mit den Assyrern und Lydern, zumal der Fall von Ninive war ein ruchbares Ereignis. Das Orakel ist wahrscheinlich apokryph und kurz vor den Perserkriegen, wie so viele

dieser einen Stelle macht Plato den Versuch, die Personen des Gespräches individueller zu zeichnen; im Eingange des Dialoges wäre dies ganz schicklich gewesen, während hier diese weit ausgesponnenen Reden (sie füllen mehr als eine Seite 641 E — 642 E) den ohnedies zögernden Gang der Verhandlung noch mehr aufhalten. Plato beabsichtigt, wie er I, 637 D sagt, das Thema wegen seiner Wichtigkeit erschöpfend zu behandeln: ἔτι γὰρ οὖν εἴπωμεν πλείω περὶ ἁπάσης μέθης· οὐ γὰρ σμικρόν ἐστι τὸ ἐπιτήδευμα οὐδὲ φαῦλον διαγνῶναι νομοθέτου [1]), und zwar will er gerade hier, wo das Gespräch an seine eigentliche Aufgabe herantritt [2]), die Methode, welche ihm die richtige scheint, anschaulich

---

andere, aufgetaucht. Als die grossartigen Rüstungen des Artaxerxes Ochos Ol. 106 namentlich in Athen die Besorgnis eines neuen Perserkrieges hervorriefen, wird man sich des alten Orakels wieder erinnert haben, und da zwischen Ol. 75, 1 und 105, 1 bereits 120 Jahre [verflossen waren], lag es nahe, jene Prophezeiung auf die Gegenwart zu übertragen und den Sieg, den es damals den Hellenen verkündet hatte, auch jetzt zuversichtlich zu hoffen. Daher wird Plato hier auf jene Weissagung Bezug nehmen, da er gerade damals mit der Ausarbeitung der Νόμοι beschäftigt war. Die Dodekaeteris lag dem immerwährenden Kalender der Chaldaeer zu Grunde, ward aber später nicht nur benutzt, um die Witterung im voraus zu bestimmen, sondern auch um den Menschen ihre Schicksale aus den Sternen zu verkünden; das sog. orphische Gedicht Δωδεκαετηρίδες zerfiel, wie schon der Plural des Titels andeutet, in zwei Abtheilungen, die Wetteranzeichen waren für jedermanns Gebrauch, der andere Theil für Astrologen, welche die Nativität stellten, bestimmt, s. die Fragm. bei Lobeck Aglaoph. I, 424 ff.; Proklos z. Timaeos (s. Lobeck 426) führt eine Stelle aus Theophrast über die Chaldaeer an, wo beide Theile ihrer Kunst genau geschieden wurden: πάντα δ' οὖν αὐτοὺς καὶ τὰ κοινά (d. h. das Wetter) καὶ τὰ ἴδια (Schicksale der Menschen) προγινώσκειν ἀπὸ τῶν οὐρανίων ἐν τῇ περὶ σημείων βίβλῳ φησίν. Das Buch περὶ σημείων ist eine chaldaeische Schrift, welche diese Disciplin behandelte, nicht wie Lobeck glaubte, ein verlorenes Bruchstück der noch unter Theophrasts Namen erhaltenen Schrift, welche ganz unversehrt vorliegt und auf eignen Wetterbeobachtungen beruht, aber auch die älteren griechischen Astronomen bis auf Meton benutzt hat. Diese Schrift ist nicht von Theophrast oder einem andern Peripatetiker verfasst, sondern älter und schon darum von besonderem Interesse.

1) Vorher ist offenbar eine Lücke im Texte, nicht durch Verschulden der Abschreiber, sondern schon der Herausgeber wird nicht mehr vorgefunden haben. Wenn anderwärts, wie I, 642 A und 645 C (s. oben S. 75), das Thema als geringfügig bezeichnet wird, so ist dies nicht Platos Ansicht, sondern die gemeine Vorstellung.

2) I, 641 D ἐπείπερ ὡρμήκαμέν γε τοὺς λόγους περὶ νόμων καὶ πολιτείας ποιεῖσθαιτὰ νῦν.

machen, I, 638 E: πειρώμενος ἂν ἄρα δύνωμαι τὴν περὶ ἁπάντων τῶν τοιούτων ὀρθὴν μέθοδον ἡμῖν (lies ὑμῖν) δηλοῦν. Die Institution, deren Einführung Plato empfiehlt, ist ganz sein eigener Gedanke, er nimmt daher an der Sache besonderes Interesse, und zugleich sah er voraus, dass sein Plan wegen der Neuheit und Absonderlichkeit vielfachen Zweifeln und Bedenken begegnen würde; daher sucht er den Vorschlag auf das Sorgfältigste zu begründen, die Frage von allen Seiten zu beleuchten. Die Form der Darstellung ist von Bruns hart getadelt worden, und wer gewohnt ist, den Stil nach einem unwandelbaren Schema zu beurtheilen, wird vieles nicht eben kunstgerecht finden. Ich erkenne auch hier jenes mimische Talent, die Kunst plastischer Formgebung, welche Plato in seinen früheren Schriften bekundet und oft mit vollendeter Meisterschaft übt, wieder, nur fehlt die Frische und Lebendigkeit, wie dies bei dem hohen Alter des Verfassers erklärlich ist; auch würde Plato selbst sicherlich, wenn ihm vergönnt gewesen wäre, seine Arbeit zu vollenden, manche Unebenheit entfernt haben. Für die Greise, welche das Gespräch führen, ist die Wanderung von Knossos nach der Grotte und dem Heiligthume des Zeus zumal bei der Hitze des Hochsommers nicht ohne Beschwerde: anmuthige schattige Plätze laden wiederholt zum Ausruhen ein; indem der Athener hier im Gespräch mit seinen Genossen bald länger, bald kürzer verweilt, sammeln sie neue Kräfte und legen unvermerkt ohne übermässige Anstrengung den mühsamen Weg zurück (I, 625 B, 632 E). Dem entspricht die lässige Führung des Gespräches, in behaglicher Breite wird über die rechte Art des Weingenusses und die neue Trinkordnung verhandelt, ungefähr so, wie ernste Männer dergleichen Fragen bei einem Symposium behandeln mochten.

Das I. Buch ist das einzige grössere und zusammenhängende Bruchstück der πρότεροι Νόμοι, welches sich erhalten hat, und zwar beginnt hier die eigentliche Behandlung der Aufgabe I, 625 A: προςδοκῶ οὐκ ἂν ἀηδῶς περὶ πολιτείας τὰ νῦν καὶ νόμων τὴν διατριβὴν λέγοντάς τε καὶ ἀκούοντας ἅμα κατὰ τὴν πορείαν ποιήσεσθαι, allein der Anfang fehlt, denn wir werden mitten in das Gespräch in einer Weise eingeführt, welche geradezu unverständlich ist[1]). Dass der erste Sprecher ein Athener, der

---

1) Θεὸς ἤ τις ἀνθρώπων ὑμῖν, ὦ ξένοι, εἴληφε τὴν αἰτίαν τῆς τῶν νόμων διαθέσεως; in ähnlicher Weise werden B. III die δεύτεροι Νόμοι mit der

andere ein Kreter ist, ergiebt sich erst aus dem weiteren Verlauf der Verhandlung. Was den Athener und den Spartaner nach Kreta führte, erfahren wir überhaupt nicht, ebensowenig was sie veranlasste, in Begleitung des Kreters von Knossos nach dem Heiligthum des Zeus zu wandern; man kann nur vermuthen, dass zur Zeit der Sommersonnenwende das Hauptfest des Zeus, der ἐνθρονισμός, stattfand, so dass diese mystische Festfeier den Hintergrund des Gesprächs bildete, was zu der damaligen Gemüthsverfassung Platos sehr wohl passt. Was das Gespräch der Greise während der Wanderung gerade auf die Gesetzgebung lenkte, wird nirgends gesagt: die Erinnerung an Minos, den Gesetzgeber Kretas, und sein vertrautes Verhältnis zu Zeus legte allerdings gerade dieses Gesprächsthema nahe, aber man vermisst eben diese Motivirung. Eine so formlose Behandlung des Dialoges würde bei Späteren, wie Epikur, der eine affectirte Geringschätzung der Form zur Schau trägt, nicht auffallen, dem Schöpfer und Gesetzgeber des philosophischen Dialoges darf man solche Nachlässigkeit nicht einmal in seiner letzten Arbeit zutrauen. Es fehlt das Proömium, welches die unentbehrliche Exposition enthielt[1]); daran schloss sich eine ausführliche Untersuchung über die Ursachen des Verfalles sowie die Mittel und Wege der Erhaltung der Staaten an; da Plato in den πρότεροι Νόμοι zu zeigen beabsichtigte, wie der Gesetzgeber verfahren müsse, wenn es gelte, eine bestehende Verfassung zu reformiren, die Schäden und Gebrechen zu beseitigen, während in den δεύτεροι Νόμοι die Neugründung eines Gemeinwesens geschildert wird[2]), war dies die geeignetste Weise, die Darstellung des Musterstaates zweiter Ordnung einzuleiten[3]). Auch diese Einleitung, auf welche in den späteren Büchern mehrfach Bezug genommen wird (ich

---

Frage nach dem Ursprung der πολιτεία eröffnet, auch dort ist der Dialog ἀκέφαλος, was sicherlich nicht in Platos Intention lag.

1) Auch B. III konnte eines Proömiums nicht entbehren, da hier das Gespräch von neuem aufgenommen wird, die Darstellung der τρίτη πολιτεία beginnt; ταύτῃ μὲν οὖν δὴ ταῦτα hat Philippos hinzugefügt, um wenigstens nothdürftig B. III mit dem vorhergehenden zu verbinden.

2) Dieser Disposition entsprechend heisst es in einem Bruchstück der πρότεροι Νόμοι V, 738 B οὔτ' ἄν καινὴν ἐξ ἀρχῆς τις ποιῇ οὔτ' ἄν παλαιὰν μέτρην (πόλιν) ἐπισκευάζηται.

3) Auch die δεύτεροι Νόμοι werden mit einer ausführlichen Einleitung eröffnet, welche in B. III vorliegt.

komme darauf zurück), ist verloren. In dem I. Buch tritt Plato an die eigentliche Aufgabe heran, wie dies gleich zu Anfang 625 A ausgesprochen wird: προσδοκῶ οὐκ ἂν ἀηδῶς περὶ πολιτείας τὰ νῦν καὶ νόμων τὴν διατριβὴν ... ποιήσεσθαι. Dass die folgende Untersuchung sich mit der δευτέρα πολιτεία beschäftigt, beweist 631 D ὑπέρ γε θείας πολιτείας διαλεγομένους λέγειν, denn diese wird V, 739 E als γενομένη πως ἀθανασίας ἐγγύτατα bezeichnet, und in einem Bruchstücke der πρότεροι Νόμοι XII, 965 E begegnet uns der gleiche Ausdruck τοὺς τῆς θείας πολιτείας φύλακας. Dass Plato unter den hellenischen Verfassungen die spartanische und kretische für die besten erklärte, ist begreiflich; auch stand er mit dieser Ansicht nicht vereinzelt da. Gar viele zu Athen, wie anderwärts, nicht nur Theoretiker[1], sondern auch Männer, die mitten im handelnden Leben sich bewegten, nahmen ganz entschieden für Sparta Partei[2]. Indem nun Plato den relativ besten Staat soviel als thunlich im Anschluss an bestehende Verhältnisse zu construiren unternimmt, knüpft er seine Reformvorschläge an die alten dorischen Institutionen an, welche vorzugsweise Sparta und die Gemeinden der Insel Kreta mehr oder minder bewahrt hatten[3]. Dass diese Satzungen vielfach ver-

---

[1] Auf Platos Ansichten ist wohl sein Verwandter Kritias nicht ohne Einfluss gewesen, der in seinen Schriften über die spartanische Verfassung sich mit sichtlicher Anerkennung äusserte und auch für seine politischen Bestrebungen Anhalt an Sparta suchte und fand. Der Spartanerfreund, den Isokrates im Panathenaikos einführt, ist keine Fiction des Rhetors, sondern des Isokrates' Schüler Dioskorides, der über die spartanische Verfassung schrieb. [Vgl. S. 25, A. 1.] Selbst ein so nüchterner und unbefangener Beobachter wie Aristoteles kann nicht umhin, der spartanischen und kretischen Verfassung alle Anerkennung zu zollen. Später ist Sparta für die Stoiker der Musterstaat, Persaeos schrieb über Platos Gesetze und auch über die Politie der Spartaner.

[2] In Athen vermehrte sich mit der zunehmenden Entartung der Demokratie und dem Verfalle des Gemeinwesens die Zahl der Lakonenfreunde sehr bedeutend, und seitdem Theben in die Verhältnisse der Peloponnes eingriff und mit Erfolg die Vormacht Spartas zu vernichten bemüht war, erkannte man in Athen, dass man der alten Feindschaft mit Sparta vergessen müsse, um den Gefahren zu begegnen, welche das Übergewicht der thebanischen Hegemonie den Athenern bereitete. So standen sich in Athen selbst die Freunde der Thebaner und der Spartaner feindlich gegenüber, nur darüber uneins, welche Richtung der auswärtigen Politik Athens zu geben sei, denn in Fragen der inneren Politik war kein wesentlicher Gegensatz vorhanden.

[3] Daher auch Vertreter beider Staaten an den Verhandlungen des Gespräches sich betheiligen; der Athener ist der Protagonist, während dem Kreter

altet und entartet waren, dass auch die ursprüngliche Bestimmung nicht immer höheren Anforderungen genügte, entging Plato keineswegs: nicht eine Restauration hat er im Auge, sondern auf eine umfassende Reform des althellenischen Staates ist es abgesehen, den der Philosoph auf den bewährten Grundlagen, aber mit Berücksichtigung der Bedürfnisse der Gegenwart, das ideale Urbild fest im Auge behaltend, wieder aufzubauen unternimmt. Leider sind uns nur Bruchstücke des Verfassungsentwurfes für die δευτέρα πολιτεία erhalten, so dass eine genauere Einsicht in Platos Intentionen uns nicht vergönnt ist. Buch I gehört in allen seinen Theilen den πρότεροι Νόμοι an, auch der Zusammenhang der einzelnen Abschnitte ist nicht gestört; wenn wir hier und da auf Mängel stossen, so ist dies dem ungünstigen Geschick zuzuschreiben, welches Platos litterarischen Nachlass betroffen hat. Indem der Athener die Institutionen beider Staaten einer Kritik unterzieht, tadelt er die Einseitigkeit, mit welcher man bei der Erziehung ausschliesslich die Zwecke des Krieges im Auge habe, statt eine allseitige sittliche Bildung anzustreben. Das Verbot der Trinkgelage wird getadelt und die ethische Bedeutung der Symposien, sofern sie richtig organisirt sind, hervorgehoben. Dies giebt Plato Anlass, seinen eigenthümlichen Reformplan hinsichtlich der Trinkgesellschaften darzulegen; dass dieser Abschnitt, bevor er zu Ende gelangt ist, mit dem Schlusse des Buches abbricht, habe ich bereits nachgewiesen.

Buch II scheint allerdings in dem ersten Abschnitte 652 A bis 656 B den Faden des Gespräches gerade da, wo er Buch I abriss, wieder aufzunehmen; denn wenn gesagt wird, der rechte und vernünftige Genuss des Weines gewähre noch andere und grössere Vortheile ausser der Erkenntnis πῶς ἔχομεν τὰς φύσεις, so wird man geneigt sein, in eben diesen Worten eine Hindeutung auf den letzten Theil des I. Buches zu finden, wo eben dieser Nachweis geführt war. Allein die gleich darauf 653 A B fol-

---

die zweite, dem Lakonen die dritte Rolle zufällt. In den πρότεροι Νόμοι nimmt, wie sich gebührt, bei Fragen, die gerade den spartanischen Staat so nahe berührten, auch der schweigsame Megillos Antheil an der Discussion, während er in den δεύτεροι Νόμοι so gut wie völlig verstummt und dem Kleinias das Feld räumt, der zwar auch nicht viele Worte macht, aber doch mit Verständnis den Erörterungen des Atheners folgt, was im Einklange steht mit der Charakteristik der Kreter bei Plato I 641, E πολύνοιαν μᾶλλον ἢ πολυλογίαν ἀσκοῦσι (Κρῆτη).

Bergk, Abhandlungen.

gende ausführliche Definition der παιδεία muss dann ziemlich entbehrlich erscheinen, da dieser Begriff bereits Buch I, 643 B ff. definirt worden war; ausserdem ist die zweite Definition keineswegs als blosse Recapitulation der früheren zu betrachten. Dieser Abschnitt, in welchem das Gespräch bald von dem Weintrinken und der Definition der παιδεία zu dem Tanze und Gesange als den wesentlichsten Mitteln der Bildung übergeht, gehört nicht mehr den πρότεροι, sondern den δεύτεροι Νόμοι an: denn Buch II, 664 E, in einem Abschnitte, der, wie die Verknüpfung der Trinkgenossenschaften mit dem dritten, dem Dionysischen Chore der Männer reiferen Alters, beweist, aus dem Verfassungsentwurf der kretischen Colonie entlehnt ist, wird mit deutlichen Worten auf den ersten Abschnitt Buch II, 653 D ff. Bezug genommen, und zwar beweist die Formulirung εἴπομεν, εἰ μεμνήμεθα, κατ' ἀρχὰς τῶν λόγων, dass nicht etwa eine Stelle der ersten Abtheilung (der πρότεροι Νόμοι) citirt wird, sondern die Worte II, 653 D, auf welche verwiesen wird, müssen dem Anfange des Gespräches der δεύτεροι Νόμοι angehören, dessen Fortsetzung uns II, 664 E vorliegt. Wie die principiellen Erörterungen des zweiten Theiles meist an die im ersten Theile gewonnenen Resultate sich anlehnen, indem das dort Festgestellte recapitulirt oder auch weiter ausgeführt und modificirt wird, so knüpft auch hier das Gespräch über den Nutzen des Weingenusses und den Begriff der παιδεία an die frühere Besprechung im ersten Theile an[1]), daher ruft der Athener 653 A das über die ὀρθὴ παιδεία früher Gesagte den Genossen ins Gedächtnis: ἀναμνησθῆναι τοίνυν ἔγωγε πάλιν ἐπιθυμῶ. und nachdem er abermals ausführlich dargelegt hat, was er unter παιδεία ὀρθή versteht, fügt Kleinias hinzu: καὶ γάρ, ὦ ξένε, ἡμῖν καὶ τὰ πρότερον ὀρθῶς σοι παιδείας πέρι καὶ τὰ νῦν εἰρῆσθαι δοκεῖ. Erst jetzt, wenn wir diese Worte auf die Zweitheilung des Werkes beziehen, erscheint Platos Methode gerechtfertigt. Indem man bisher, der Redaction des Philippos vertrauend, in Buch II die unmittelbare Fortsetzung des in Buch I begonnenen Gespräches zu finden glaubte, musste

---

[1]) In dem ersten Satze, mit dem B. II beginnt, mag Philippos Einiges zugesetzt haben, um die Verbindung mit B. I herzustellen; Plato hatte vielleicht nur geschrieben σκεπτέον, τί μέγεθος ὠφελείας; ἄξιον πολλῆς σπουδῆς ἔνεστι κτλ.

dieses Zurückgreifen auf eben Verhandeltes, diese ausführliche Wiederholung lästig und ungerechtfertigt erscheinen.

Man könnte geneigt sein, das ganze II. Buch mit Ausnahme des ungeeigneten Epilogs (s. oben S. 72) den δεύτεροι Νόμοι zu überweisen: denn auch die Partie, welche die beiden Stücke trennt, deren Zugehörigkeit zu den δεύτεροι Νόμοι erwiesen ist, von 656 C bis 664 B, beschäftigt sich mit der Musik, die ihren Zweck, zur wahren sittlichen Bildung hinzuführen, nur dann erfüllt, wenn der Gesetzgeber dieses Ziel stets im Auge behält. Dass dieser Abschnitt sehr lose mit seiner Umgebung verbunden ist, dass das wichtige Thema nicht vollständig erledigt wird, kann nicht unbedingt gegen die Zugehörigkeit sprechen, da der fragmentarische Zustand der Überlieferung auch anderwärts offen zu Tage tritt. Allein ein gewichtiger Grund steht dieser Annahme entgegen: in dieser mittleren Partie ist die Situation eine wesentlich verschiedene; wiederholt wird auf die Einrichtungen der Kreter und Spartaner Bezug genommen. II. 660 B sagt Kleinias: nur bei uns und bei den Lakedaemoniern hält man an der alten Weise der Musik fest, während alle übrigen hellenischen Staaten jeder Neuerung freien Spielraum gestatten; ebenso 660 D E, 662 C. Der Athener fragt, ob sie ihre Dichter nöthigten, sich zu dem Grundsatze zu bekennen, dass nur der Gerechte allein und unter allen Umständen glücklich sei, findet aber, dass auch dort nur die landläufigen Vorstellungen herrschen, und fügt hinzu: wäre ich dort (ταύτῃ) Gesetzgeber, so würde ich sowohl die Dichter als auch die Bürger unter Androhung schwerer Strafen zwingen, jenen unrichtigen Anschauungen zu entsagen, καὶ πολλὰ ἄττ' ἂν παρὰ τὰ νῦν λεγόμενα ὑπό τε Κρητῶν καὶ Λακεδαιμονίων, ὡς ἔοικε, καὶ δή που καὶ τῶν ἄλλων ἀνθρώπων διάφορα πείθοιμί ἂν τοὺς πολίτας μοι φθέγγεσθαι. Plato findet also auch hier die Institutionen der Kreter und Lakonen unzulänglich, die Praxis entspricht hier so wenig wie anderwärts den höheren sittlichen Anforderungen. Es ist dies ganz derselbe Standpunkt, den wir im I. Buch antreffen, wo gleichfalls die Satzungen beider Staaten kritisirt werden. Und es ist doch gewiss nicht zufällig, dass sowohl Buch I, 629 als auch Buch II, 660 der Dichter Tyrtaeos als Vertreter und Dolmetscher der spartanischen Denkart hingestellt und beide Mal sogar auf dieselbe Elegie Bezug genommen wird. Wir befinden uns offenbar hier wie dort auf demselben Boden; auch die mittlere Partie Buch II, 656 C bis 664 B ist den πρότεροι Νόμοι zuzuweisen. Nachdem das Thema über die Trinkvereine erledigt war, beschäftigte sich die Discussion mit der Musik und Gymnastik als den wichtigsten Bildungsmitteln: in den Bereich dieser Untersuchungen gehört eben das fragliche Bruchstück.

Dass dieser Abschnitt dem Verfassungsentwurfe für die kretische Colonie fremd ist, beweist ausserdem eine Stelle des VII. Buches 799 A. Hier wird, um der Willkür und Neuerung auf dem Gebiete der musischen Kunst zu steuern, die Einführung der aegyptischen Satzung anempfohlen, welche jede Tanzweise und jedes Lied einer Gottheit weiht und dadurch jeder Schöpfung der musischen Kunst ein unveränderliches Gepräge verleiht: die νομοφύλακες sollen gewissenhaft die Beobachtung dieser Vorschrift mit den Priestern überwachen, und nachher 800 A wird dies Gebot wiederholt und als Gesetz formulirt. Die νομοφύλακες sind die oberste Behörde der kretischen Colonien, und es gehört dieser Abschnitt des VII. Buches unzweifelhaft dem Verfassungsentwurfe der τρίτη πολιτεία an. Der aegyptische Brauch, dem dieses Gesetz nachgebildet ist, wird offenbar als bekannt vorausgesetzt, wir müssen also annehmen, dass bereits bei den Verhandlungen über die δευτέρα πολιτεία desselben gedacht war, und eine deutliche Verweisung auf eine frühere Besprechung dieses Themas findet sich VII, 797 A. Indem Plato hervorhebt, welchen Einfluss die musische Kunst auf den Bestand der staatlichen Einrichtungen ausübe, und eben deshalb die Überwachung der Dichter von Staatswegen verlangt, sowie die Einführung der aegyptischen Satzung empfiehlt, leitet er diesen Abschnitt mit den Worten ein: ἀκούσατέ μου, ἀκηκοότες μὲν καὶ ἐν τοῖς πρόσθεν[1]). Dies geht unzweifelhaft auf die Νόμοι πρότεροι, und in der That wird VI, 656 D ff., also eben in jener mittleren Partie, welche ich der ersten Abtheilung der Gesetze zugewiesen habe, jene alte aegyptische Satzung, welche jede Kunstübung in den Dienst der Religion stellt und so allen künstlerischen Productionen einen unveränderlichen Charakter aufdrückt, ausführlich geschildert

---

1) Dagegen das Citat VII, 798 B ὅπερ ἔμπροσθεν ἐλέγομεν wird auf das unmittelbar Vorhergehende VII, 797 B zu beziehen sein, nicht auf den Abschnitt der πρότεροι Νόμοι II, 659 D), mit welchem sich die gegenwärtige Untersuchung beschäftigt, wie auch gleich nachher VII, 798 D τοῖς ἔμπροσθεν λόγοις πιστεύομεν auf ein Bruckstück der δεύτεροι λόγοι II, 655 D) hinweist, welches offenbar von dem Abschnitte VII, 797 A ff. nicht weit getrennt war.

und als nachahmenswerth bezeichnet; im II. Buch ist dieser Brauch den beiden Genossen des Atheners noch unbekannt, im VII. Buch bedurfte es nur einer Hinweisung auf die frühere Erörterung, welche an der Spitze des Abschnittes sich findet, um die Zuhörer auf das ganz Ungewöhnliche (σφόδρα ἄτοπον καὶ ἄηθες) vorzubereiten; denn obwohl es den Genossen bereits bekannt ist, trägt der Athener doch Scheu, diesen λόγος οὐκ ἄφοβος εἰπεῖν zu wiederholen. Diese Überwachung der Dichter von Staats wegen, welche Plato mit Berufung auf den Vorgang der Aegypter in Vorschlag bringt, welche nothwendig jede freie Entwickelung der Kunst hemmen und zu derselben Erstarrung wie im Pharaonenreiche führen musste, steht eben mit dem freien hellenischen Geiste im schroffsten Widerspruche, und zumal in der τρίτη πολιτεία, welche thunlichst der allgemeinen Sitte und dem Volksbewusstsein sich anzupassen sucht, ist für diese Paradoxie kein Raum. Und auch an der früheren Stelle, wo es gilt, die Grundzüge der δευτέρα πολιτεία zu entwerfen, die dem idealen Bilde des absolut besten Staates ungleich näher steht, behandelte Plato den Vorschlag mit unverkennbarer Schüchternheit; θαῦμα καὶ ἀκοῦσαι wird der Schilderung des aegyptischen Brauches vorausgeschickt, und als der Kreter erfahren hat, um was es sich handelt, giebt er unverhohlen sein Erstaunen kund (θαυμαστὸν λέγεις). Wenn dann im weiteren Verlaufe des Gespräches der Kreter meint, die streng archaistische Kunstübung der Kreter und Lakoner dürfe wohl am ersten diesen Anforderungen genügen, II, 660 B, so erwidert Plato, die hellenische Kunst entspreche nirgends dem aegyptischen Vorbilde, er habe nicht den gegenwärtigen Zustand der hellenischen Kunst (τὰ νῦν γιγνόμενα), sondern eine bessere Zukunft (ἃ βούλομαι γίγνεσθαι περὶ μουσικήν) im Auge; und dies giebt dann weiter Anlass, das Verhalten der Lakoner und Kreter in dieser Beziehung zu kritisiren. Nicht minder bezeichnend ist 662 B die bedingte Ausdrucksweise καὶ νομοθέτης ὢν ταύτῃ πειρώμην ἂν τούς τε ποιητὰς ἀναγκάζειν φθέγγεσθαι κτλ. — Eine indirecte Beziehung auf diesen Abschnitt findet sich auch Buch V, 133 E. Hier wird präcis und bündig die Identität des sittlichen und glücklichen Lebens erwiesen, ein Thema, welches II, 662 D ff. eine ausführliche Besprechung bereits gefunden hatte. Diese Verschiedenheit der Behandlung desselben Themas entspricht genau dem Verhältnisse, welches auch sonst, soweit uns ein Urtheil gestattet ist, zwischen den πρότεροι und δεύτεροι Νόμοι stattfindet. Eine Beziehung auf frühere Erörterungen fehlt auch hier nicht, V, 732 D νῦν οὖν δὴ περὶ μὲν ἐπιτηδευμάτων, οἷα χρὴ ἐπιτηδεύειν, καὶ περὶ αὐτοῦ ἑκάστου, ποῖόν τινα χρεὼν εἶναι, λέλεκται σχεδὸν ὅσα θεῖά ἐστι· τὰ δ' ἀνθρώπινα νῦν ἡμῖν οὐκ εἴρηται, δεῖ δέ· ἀνθρώποις γὰρ διαλεγόμεθα, ἀλλ' οὐ θεοῖς. Dieses wiederholte νῦν λέλεκται, νῦν οὐκ εἴρηται scheint auf unmittelbar vorausgegangene Verhandlungen hinzuweisen, aber Derartiges findet sich nicht vor. Man müsste also annehmen, dieser Abschnitt sei nicht erhalten, allein jene Worte sind vielmehr in Folge eines Missverständnisses interpolirt, ob von dem Herausgeber oder einem Abschreiber, will ich unentschieden lassen. Plato schrieb unzweifelhaft π ε ρ ὶ μ ὲ ν ο ὖ ν ἐπιτηδευμάτων ... π ρ ό τ ε ρ ο ν λέλεκται σχεδὸν ὅσα θεῖα ἐστι· τὰ δ' ἀνθρώπινα ἡμῖν οὐκ εἴρηται, δεῖ δὲ νῦν, und die hier citirte Stelle findet sich in der Republik IX, 580 A bis 588 A, wo der Satz ausgeführt wird, dass nur der Gerechte glückselig sei; denn dass der Idealstaat gemeint ist, beweisen unwiderleglich die Worte ἀνθρώποις γὰρ διαλεγόμεθα (d. h. hier in der Darstellung der τρίτη πολιτεία), ἀλλ' οὐ θεοῖς, wie in der πρώτη πολιτεία die Gottesstadt, von der es V, 739 D heisst εἴτε που θεοὶ ἢ παῖδες θεῶν αὐτὴν οἰκοῦσιν, neben welcher nur noch die zweitbeste Staatsform γενομένη πως ἀθανασίας ἐγγύτατα oder θεία πολιτεία, d. h. der Staat der πρότεροι Νόμοι in Betracht kommt.

Der Abschnitt in der Mitte des II. Buches, welcher von 656 C bis 664 B reicht, steht völlig losgelöst von seiner Umgebung da, namentlich zwischen dem Schlusse und der nun folgenden Exposition über die Organisation der drei Chöre fehlt jedes innere Band, nur auf rein äusserliche Weise hat der Herausgeber durch die Worte τὸ μετὰ τοῦτο τοίνυν ἐμὸν ἂν εἴη λέγειν einen Übergang herzustellen versucht. Es ist uns eben hier ein ansehnliches Bruchstück der πρότεροι Νόμοι erhalten. Die im I. Buch begonnene Verhandlung über die παιδεία ging, nachdem die neue Institution der Trinkvereine ausführlich besprochen war, zu den beiden wichtigsten Bildungsmitteln, der Musik und Gymnastik, über. Die Trinkvereine stehen mit der Pflege der Musik in der allerinnigsten Beziehung; eben auf dieser Verbindung beruht der sittlich bildende Einfluss, den Plato bei dieser Institution im Auge hatte [1]). Wie Plato diese Einrichtung sehr ausführlich besprochen hatte, so wird er auch die Bedeutung der Musik für die Erziehung nach allen Seiten hin erörtert haben: hebt doch Plato selbst die ungewöhnlich breite Ausführung dieser beiden Abschnitte an einer späteren Stelle hervor [2]). Diesem Abschnitte der Erziehungslehre, der von der Musik handelte, gehört das vorliegende Bruchstück an; daher wird auch von neuem 659 C auf den Begriff der παιδεία recurrirt: δοκεῖ μοι τρίτον ἢ τέταρτον ὁ λόγος εἰς ταὐτὸν περιφερόμενος ἥκειν, ὡς ἄρα παιδεία κτλ. Wenn die Beweisführung des Satzes von der Einheit der Tugend und Glückseligkeit mangelhaft und unbefriedigend erscheint, worauf bereits Zeller aufmerksam machte, so darf man nicht vergessen, dass wir einen unfertigen Entwurf vor uns haben, dem der Verfasser die letzte Vollendung zu geben verhindert war. Zudem ist es immer peinlich, über ein Bruchstück abzuurtheilen; wäre uns das Ganze erhalten, so würde manches Anstössige seine Rechtfertigung finden. Auf Absonderliches und Widersprüche stösst man auch sonst nicht selten in Platos Schriften; an einen so eigenartigen Geist, der allem den Stempel seiner Individualität aufdrückt, darf man nicht einen abstrakten Massstab anlegen [3]).

1) Auch in den πρότεροι Νόμοι waren die Trinkvereine, wie ich schon früher erinnert habe, mit den Chören der Jünglinge in Verbindung gebracht.

2) X, 690 E, wo Plato seine ausführliche Polemik gegen den Atheismus entschuldigt (μήκη τε αὖ κέκτηται διωλύγια), erwidert der Kreter: περὶ μέθης μὲν καὶ μουσικῆς οὕτω μακρὰ λέγοντας ἡμᾶς αὐτοὺς περιεμείναμεν, περὶ θεῶν δὲ καὶ τῶν τοιούτων οὐ περιμενοῦμεν. Diese Worte beziehen sich sowohl auf die πρότεροι Νόμοι, als auch auf die erneute Besprechung dieses Themas in der zweiten Abtheilung; sie wird kürzer gefasst gewesen sein, war aber noch immer, wie das Erhaltene zeigt, umfangreich. Ich sehe soeben, dass Bruns nachträglich S. 224 auch diese Worte als Interpolation des Philippos beseitigen will, ohne zu beachten, dass Kleinias auf jenes Bedenken Platos etwas Schickliches erwidern musste; dass er dies gethan hat, beweist schon das nachfolgende καὶ μὴν καί, was gebraucht wird, wenn man einem vorausgeschickten Grunde einen zweiten hinzufügt; so wird hier zur Rechtfertigung der ausführlichen Gespräche über Gesetzgebung auf die geschriebenen Gesetze verwiesen, bei denen weder die Schwierigkeit des Verständnisses, noch die Breite, wenn sie nützlich ist, Anstoss erregt.

3) Diese Eigenthümlichkeit ist den älteren Erklärern Platos nicht entgangen: die strengen Kritiker fanden in solchen Fällen einen Widerspruch der Ansichten, Plato erschien ihnen als πολύδοξος, den Apologeten als πολύγνωτος, indem sie die Differenz [auf] die immer neue und eigenthümliche Form der Darstellung

Die Bruchstücke des II. Buches, welche diesen Abschnitt umschliessen, nämlich 652 bis 656 B und 664 B bis 673 D gehören den δεύτεροι Νόμοι an, aber man kann sie nicht nach Entfernung des mittleren Abschnittes unmittelbar mit einander verbinden. Das Gespräch geht auch hier vom Weingenusse aus, der nicht zu untersagen, sondern im Interesse der sittlichen Bildung zu regeln ist; nachdem der Begriff der παιδεία festgestellt ist, beginnt die Verhandlung über die Musik. Aber alsbald bricht das erste Stück 656 B schroff ab, und S. 664 B, wo wir uns wieder im Bereiche der δεύτεροι Νόμοι befinden, wird die theoretische Untersuchung als abgeschlossen betrachtet, indem sofort die Organisation der drei Chöre für die kretische Colonie besprochen [wird]. Dass die Untersuchung sich hauptsächlich auf den Gesang, den ersten Theil der musischen Kunst, bezog und vollständig zu Ende geführt war, wird gegen Ende des zweiten Bruchstückes 673 B ausdrücklich bemerkt; es fehlt also ein unentbehrliches und offenbar ansehnliches Stück des Gespräches. Bei der Organisation der Chöre wird vorzugsweise eingehend der dritte Chor besprochen, dem die Männer reiferen Alters zugetheilt sind, weil diesem Chore in Betreff des Weingenusses dasselbe Privilegium zugestanden wird, welches in der δευτέρα πολιτεία die Trinkgenossenschaften der Jünglinge geniessen. Nachdem dieses Thema abgehandelt ist, geht das Gespräch zum zweiten Theile der Musik, zum Tanze, über, der den Übergang zur Musik anbahnt, bricht aber sehr bald und unmotivirt ab. Um einen Abschluss zu gewinnen, hat dann der Herausgeber wieder ein kleines Bruchstück der πρότεροι Νόμοι S. 673 E bis 674 C angefügt (s. darüber oben S. 72 f.). Die beiden Bruchstücke der δεύτεροι Νόμοι, welche Philippos zur Herstellung des II. Buches verwendet hat, sind selbstverständlich von der ihnen gebührenden Stelle verdrängt. Da das VII. Buch über die Erziehung handelt, so scheinen beide Bruchstücke dorthin zu gehören; auch befindet sich gerade dieses Buch in einem zerrütteten Zustande. Man erkennt deutlich, wie dem Philippos der Versuch, einen geordneten Zusammenhang und eine alles Wesentliche zusammenfassende Erörterung dieses Themas herzustellen, nicht gelungen ist. Ich habe

---

zurückführten; in diesem Sinne spricht sich der Platoniker Eudoxos (Stob. Ecl. Phys. II, p. 21 Mein.) aus: καὶ τὴν μὲν ποικιλίαν τῆς φράσεως ἔχει διὰ τὸ λόγιον καὶ μεγαλήγορον, εἰς δὲ ταὐτὸ καὶ σύμφωνον τοῦ δόγματος συντελεῖ.

früher die einzelnen Abschnitte von Buch VII und Buch VIII
zu Anfang anders zu ordnen und zugleich die beiden Bruchstücke
aus Buch II einzureihen unternommen, ohne jedoch ein befriedi-
gendes Resultat zu erreichen. Soviel ist sicher, dass zuerst im
Allgemeinen die Jugendbildung besprochen wurde, später folgten
die speciellen Vorschriften über Erziehung und Unterricht; wenn
VII, 812 B von dem γραμματιστής zum κιθαριστής übergegangen
und die ἔμπροσθεν λόγοι ins Gedächtnis gerufen werden, so
beziehen sich die zur Erläuterung hinzugefügten Worte: ἔφαμεν,
οἶμαι, τοὺς τοῦ Διονύσου τοὺς ἑξηκοντούτας (lies πεντηκοντούτας)
ᾠδοῖς διαφερόντως εὐαισθήτους δεῖν γεγονέναι περί τε τοὺς ῥυθ-
μοὺς καὶ τὰς τῶν ἁρμονιῶν συστάσεις [vgl. oben S. 69, A. 2] auf das,
was II, 670 B über die ältesten Mitglieder des dritten oder Dionysischen Chores bemerkt war: τῶν γὰρ ῥυθμῶν καὶ τῶν ἁρμονιῶν
ἀναγκαῖον αὐτοῖς ἐστιν εὐαισθήτως ἔχειν καὶ γιγνώσκειν. Folglich gehört alles das, was im II. Buch über den Weingenuss, die παιδεία und
die drei Chöre der kretischen Colonie verhandelt wurde, dem ersten
oder allgemeinen Theile an. Ob beide Theile unmittelbar auf-
einander folgten oder ob nur die speciellen Bestimmungen den
Inhalt des VII. Buches bildeten, während man über die allgemeinen
Grundsätze der Erziehung schon früher an einer anderen Stelle
sich geeinigt hatte [1]), wage ich nicht zu bestimmen.

Die Untersuchung hat erwiesen, dass Buch I und II der
Gesetze die Gestalt, in welcher sie vorliegen, lediglich dem
Herausgeber verdanken, der dieselben aus Bruchstücken der
πρότεροι und δεύτεροι Νόμοι zusammenfügte. Da Philippos den
Plan, welchen Plato bei der Ausarbeitung seines Werkes befolgt
hatte, nicht erkannte, da er von der Zweitheilung der Νόμοι
keine Ahnung hatte, konnte seine Arbeit füglich nicht anders
als verfehlt ausfallen. Da Philippos sichtlich bemüht war, den
ihm anvertrauten handschriftlichen Nachlass Platos gewissenhaft
zu benutzen und kein irgendwie erhebliches oder brauchbares
Bruchstück zu unterdrücken, blieb ihm nichts übrig, als die
erhaltenen Reste der πρότεροι Νόμοι mit den δεύτεροι Νόμοι so
gut es gehen wollte zu verbinden. Sein Verfahren im vorliegenden

---

1) Für diese Anordnung lässt sich geltend machen, dass in der Πολιτεία
gleich im II. B. die Behandlung der Erziehungslehre begonnen wird, und auch
in den πρότεροι Νόμοι folgten auf die Einleitung die Reformvorschläge hinsichtlich der παιδεία.

Falle ist einfach und leicht erkennbar. Das I. Buch, welches von Anfang bis zu Ende den πρότεροι Νόμοι angehört, kündigt sich selbst 625 A als Anfang einer Untersuchung περὶ πολιτείας καὶ νόμων an [1]). Philippos stellte es daher an die Spitze des Werkes und zweifelte um so weniger an der Richtigkeit dieser Anordnung, da Buch III jedes Proömiums entbehrt und er aus einzelnen Verweisungen in Buch III ersah, dass diesem noch andere Verhandlungen vorausgegangen waren. Die in Buch I begonnene Untersuchung bricht in einer Weise ab, die auf eine Fortsetzung des Themas unverkennbar hindeutet, ein Zusammenhang zwischen Buch I und III fehlt gänzlich; es galt diese Kluft zu überbrücken, die Lücke so gut als irgend möglich auszufüllen. Philippos erkannte die nahe Verwandtschaft zwischen den Trinkvereinen des I. Buches und dem Dionysischen Chore der δεύτεροι Νόμοι, ohne die Verschiedenheit dieser Institutionen zu beachten; er verwendete daher unbedenklich jene beiden Bruchstücke, die sich auf den Weingenuss und den dritten Chor beziehen, von denen das erste scheinbar sich eng an den Schluss des I. Buches anschmiegte, und füllte dann die Lücke zwischen diesen Stücken durch einen Abschnitt der πρότεροι Νόμοι aus, der ihm das abgebrochene Thema über die Musik als Bildungsmittel schicklich wieder aufzunehmen schien: die Verschiedenheit der Situation, wenn er sie überhaupt wahrnahm, störte ihn nicht. Den unentbehrlichen Schluss lieferte ihm der glücklicherweise erhaltene Epilog der Verhandlungen über die Trinkvereine der πρότεροι Νόμοι. So waren zwei Bücher hergestellt, gleichsam die erste Einleitung der Νόμοι, an die sich dann die zweite kürzere Einleitung Buch III anschloss.

Bruns hat das Verfehlte dieser Anordnung, die Ungehörigkeit jener zweifachen Einleitung, die ungeschickte Vereinigung heterogener Bestandtheile sehr richtig erkannt; gegen den Nachweis, dass für diese Mängel nicht Plato, sondern der Herausgeber

---

1) Ob Philippos dieses Buch, so wie er es herausgab, in Platos Papieren vorfand oder erst die einzelnen Theile zusammengefügt hat, steht dahin. Vorzugsweise bedenklich erscheint die Stelle 635 E; die ungewöhnlich karge Ausführung des reichhaltigen Themas, welches hier abbricht, die abgerissene Darstellung, der mühsam motivirte Übergang zu einem neuen Thema verräth die Thätigkeit des Herausgebers, der hier eine Lücke in der Handschrift vorfand und so gut es gehen wollte den Zusammenhang herzustellen suchte. In der Hauptsache jedoch dürfte die Anordnung der Theile das Rechte getroffen haben.

verantwortlich zu machen sei, ist im Allgemeinen nichts zu erinnern. Scharfsinnig sucht Bruns die einzelnen Stücke abzulösen und den verschiedenen Standpunkt, der uns hier entgegentritt (vergl. das Endergebnis S. 220. 221), darzulegen. Diesen Ergebnissen der Untersuchung, welche mehr negativer Art sind, wird man wesentlich zustimmen, nicht so den weiteren Folgerungen, welche Bruns zieht, um das Geschick, welches Platos Werk betroffen hat, zu erklären. Nach Bruns' Ansicht gehören die Bruchstücke, welche Philippos mit der Gesetzgebung für die kretische Colonie vereinigt hat, einem früheren Entwurfe an, den Plato längst habe fallen lassen, weil er inzwischen den Standpunkt seiner Staatslehre verändert hatte (S. 221). Andere Partien soll der Herausgeber ganz auf eigene Hand hinzugefügt haben, wie den Schluss des II. Buches und die nächtliche Rathsversammlung Buch XII gegen Ende. Andere Stücke endlich enthalten originale Theile, versetzt mit Zuthaten des Herausgebers (vergl. S. 57 und 64). Ausserdem hat Philippos den Text mehrfach interpolirt, um seine trüben Weltanschauungen und seine religiösen Vorstellungen, welche Plato fremd waren, anzubringen; desgleichen sollen die Verweisungen auf Früheres grossentheils von Philippos eingeschaltet sein, um dadurch sein Verfahren bei der Redaction zu rechtfertigen. Dieser Platoniker erscheint überhaupt hier in eigenthümlichem Lichte. Während Bruns über die Befähigung des Philippos sich mit äusserster Geringschätzung äussert, traut er ihm andererseits eine Schlauheit zu, die dem raffinirtesten Fälscher alle Ehre machen würde; die mit den lebhaftesten Farben ausgeführte Charakteristik des lokrischen Astronomen S. 135. 136 ist lediglich ein Phantasiebild, und dabei begegnet es Bruns, dass er selbst in der Fährte des vielgeschmähten Lokrers wandelt [1]).

---

1) Wenn II, 656 D E und VII, 799 A B auf den streng typischen Charakter der aegyptischen Kunst Bezug genommen und diese Satzung zur Nachachtung empfohlen wird, so erklärt Bruns S. 127. 129. 130, es sei ganz unmöglich, dass ein Schriftsteller in demselben Werke auf denselben Gegenstand in durchaus paralleler Behandlung zurückkomme. Nun wird aber nur an der ersten Stelle der aegyptische Brauch geschildert und hervorgehoben, dass er dort die gesammte Kunst, namentlich die Malerei und Plastik beherrsche, während Plato nur in der Musik die Verknöcherung an die Stelle der freien Bewegung setzen will, und wenn er im VII. B. diesen Grundsatz aufs Neue empfiehlt, so bezieht er sich nur beiläufig auf den aegyptischen Brauch, den er bei seinen Zuhörern als bereits bekannt voraussetzen durfte. Es ist kein lobenswerther

Bruns verzichtet von vornherein darauf, seine Hypothese zu begründen oder zu rechtfertigen: er beruhigt sich dabei, dass die Resultate, welche er gewonnen habe, eine Erklärung forderten, die jedoch nicht mehr auf dem Wege positiver Forschung, sondern nur durch Herbeiziehung von Möglichkeiten zu erreichen sei.

Kunstgriff der „exakten Methode", den Bruns anwendet, wenn er schreibt S. 129: „endlich spricht er die grosse Neuigkeit aus, dass es ein aegyptischer Brauch sei, der jenes Mittel lehre, und der Kreter fragt höchst erstaunt, was denn das für eine Kunst sei." Aber in den Worten: ἔχει τις οὖν ἡμῶν ἐπὶ τὰ τοιαῦτα βελτίω τινὰ τέχνην τῆς τῶν Αἰγυπτίων; Ποίας δὴ λέγεις ist mit keiner Silbe der Brauch als etwas Neues und den Genossen Unbekanntes angekündigt, noch spricht sich in der einfachen Frage höchstes Erstaunen aus. Entkleiden wir die Worte der dialogischen Form, so besagen sie einfach: es giebt kein besseres Mittel, als den aegyptischen Brauch, wenn ihr euch dessen erinnert. Bruns selbst nimmt seine mit grösster Bestimmtheit vorgetragene Behauptung S. 131 zurück: „Wir haben hier keine Parallele, die dem bereits Behandelten genau entspräche", folglich, meint er, liegt hier kein doppelter Entwurf von Platos eigener Hand vor, man müsse vielmehr die Schilderung der aegyptischen Sitte II, 656 D bis 657 B in B. VII nach 799 A einschalten. Dies Verfahren entspricht genau der Methode des Philippos, wenn er die Trinkvereine der πρότεροι Νόμοι mit dem dritten Chore der δεύτεροι Νόμοι combinirt. Nun begegnet unserem Methodiker ein eigenes Missgeschick; er hat die Stelle im B. VII nur bis zu den Worten ποίας δὴ λέγεις gelesen und daher nicht gesehen, dass die lange nachfolgende Periode τοῦ καθιερῶσαι πᾶσαν μὲν ὄρχησιν eben von diesen Worten grammatisch abhängig ist und zugleich den vom Zusammenhange geforderten Gedanken enthält: „was meinst du; ich meine, man müsse jede Tanzweise, jedes Lied einer Gottheit weihen," und diese Gedankenreihe wird bis 800 B fortgeführt, wo mit den Worten καθάπερ εἴρηται νῦν δή eben auf diese Periode zurückgewiesen wird. In diese festgeschlossene Gedankenreihe kann man nichts einfügen, am wenigsten die Schilderung des aegyptischen Brauches: Bruns ist in einem schweren Irrthum befangen, wenn er den Philippos beschuldigt, diese Schilderung aus dem VII. in das II. B. versetzt und dort mit eignen Zuthaten ausgestattet zu haben; beide Stellen sind vollkommen unversehrt, schützen und ergänzen sich gegenseitig. In B. II wird der aegyptische Brauch geschildert und eine ähnliche Einrichtung für die hellenischen Staaten vorgeschlagen. Dieser Vorschlag hält sich mehr im Allgemeinen, entsprechend der Anlage der πρότεροι Νόμοι, während das VII. B. die aegyptische Sitte als bekannt voraussetzt und Specialbestimmungen für die kretische Colonie anordnet. Aber nicht nur hier, sondern auch anderwärts verfährt Bruns mit gleicher Willkür, er fühlt dies selbst, indem er am Schluss seiner Untersuchung S. 223 bekennt Bedenken zu tragen, für jetzt diesen Weg weiter zu verfolgen, tröstet sich aber S. 139 mit der banalen Phrase der Methodiker, dass eine rücksichtslose Kritik, selbst wenn sie über das Ziel hinausgehe, nur nützen könne. Es giebt eben keine unfehlbare Methode, eins aber ist sicher, dass aus falschen Prämissen nothwendig falsche Schlussfolgerungen sich ergeben.

Ich habe, von Platos eigenen Worten ausgehend, mit denen er sich über das Verhältnis der Νόμοι zur Πολιτεία äussert, die ursprüngliche Anlage der Gesetze festzustellen versucht. Mit diesem Plane stimmen nicht nur andere Andeutungen an verschiedenen Stellen aufs Beste, sondern durch den Nachweis der Zweitheilung des umfangreichen, leider nur unvollständig erhaltenen Werkes gewinnen wir klare Einsicht in die Verworrenheit der unzulänglichen überlieferten Anordnung; die häufigen wiederholten Erörterungen desselben Themas, sowie die Verschiedenheit des Standpunktes, der uns in diesen Wiederholungen und auch sonst entgegentritt, erscheinen jetzt vollkommen gerechtfertigt. Der Versuch, die Reste der Schrift zu sichten und neu zu ordnen, erscheint nicht mehr als ein eiteles, aussichtsloses Unternehmen, nur bedarf es grösster Mässigung und Umsicht. Durch Philippos sind uns die Hände nicht gebunden, allein ohne triftige Gründe darf man in den Büchern III—XII von seiner Anordnung nicht abgehen, da, sofern nicht bestimmte Anzeichen vorliegen, es unentschieden ist, ob die Disposition von Plato selbst oder von dem Herausgeber herrührt. Die einschneidende, radikale Kritik, die heutzutage um sich greift, von deren Verirrungen auch Bruns sich nicht freigehalten hat, kann nur Schaden stiften. Doch ich muss jüngeren Kräften diese Aufgabe zu lösen überlassen, mir genügt es, den rechten Weg gewiesen zu haben.

Nur Bruchstücke der πρότεροι Νόμοι fanden sich in Platos Nachlasse vor, welche grossentheils dem Anfange dieser Abtheilung angehören. Dass aber Plato auch diesen ersten Theil der Gesetze vollständig ausgeführt hat, ist unzweifelhaft; erst nach Vollendung der πρότεροι Νόμοι wird er die Ausarbeitung der zweiten Abtheilung begonnen haben, welche sich genau an die erste anschliesst und fortwährend darauf Bezug nimmt. Auch ist noch ein ansehnliches Stück der ersten Abtheilung gerettet, welches sich auf die nächtliche Rathsversammlung bezieht und demnach dem Epiloge angehören muss.

Die nächtliche Rathsversammlung[1], welche von der griechischen Rechtsordnung, die öffentliche Verhandlungen zur Nachtzeit

---

1) Νυκτερινὸς σύλλογος nennt sie Plato selbst, passender und unverfänglicher wäre ὀρθρινὸς σύλλογος, denn vor Tagesanbruch, also wohl mit dem ersten Hahnschrei, sollen sich die Mitglieder versammeln und bei Sonnaufgang sich wieder trennen.

nicht kennt, in bemerkenswerther Weise abweicht, ist eine Plato eigenthümliche Institution [1]). Diese Versammlung, welche man mit dem attischen Areopag, andererseits auch mit den Synedrien der Pythagoreer vergleichen kann, bildet den Schlussstein der Platonischen Gesetzgebung. Diese Versammlung ist für den Staat dritter Ordnung ebenso unentbehrlich, wie für den Staat zweiter Ordnung, aber die Organisation und die Anforderungen, welche an die Mitglieder gestellt werden, sind nach Massgabe der Verfassung verschieden. Die Einsetzung des nächtlichen Rathes für die kretische Colonie wird XII, 951 D ff. gelegentlich angeordnet; aber erst am Schlusse XII, 960 B bis 961 B, wie sich gebührt, kommt Plato wieder auf diese Institution und ihre Bestimmung zurück [2]). Wenn die Bestimmungen hinsichtlich der Mitglieder differiren, so ist 961 unzweifelhaft nach der Analogie von 951 zu ergänzen τοὺς δὲ (ἱερέας τοὺς) τἀριστεῖα εἰληφότας ἅπαντας; die Vorsteher des Erziehungswesens werden an der zweiten Stelle übergangen, wahrscheinlich ist 951 E ἔτι δὲ ὁ περὶ τῆς παιδείας πάσης ἐπιμελητὴς ὅτε νέος οἵ τε ἐκ τῆς ἀρχῆς ταύτης ἀπηλλαγμένοι eine Randbemerkung Platos, welche Philippos in den Text aufnahm. Die Theilnahme der Paedonomen an dem nächtlichen Rath ist rationell gerechtfertigt: bei der Revision

---

1) Vielleicht beobachteten die Pythagoreer bei ihren Synedrien diesen Brauch. Wenn Spätere, wie Lucian, von nächtlichen Sitzungen des Areopags reden, so gab wohl eben die Platonische Gesetzgebung Anlass zu dieser Fabelei.

2) Hier ist der rechte Ort, während Bruns (S. 212. 222) der Ansicht ist, weil an zwei Stellen (B. X, 908 A und 909 A) des νυκτερινὸς σύλλογος beiläufig gedacht wird, müsse diese Institution vor dem X. B. geschildert sein. Allein die δεύτεροι Νόμοι haben die πρότεροι Νόμοι zur Voraussetzung; der Leser war also mit dieser Institution bereits bekannt, so konnte sich Plato recht wohl in der Verfassung der kretischen Colonie gelegentlich auf diese Einrichtung berufen, während er die näheren Bestimmungen darüber für eine spätere Stelle aufsparte. Doch hat vielleicht Plato bereits an einer zweiten Stelle die Einsetzung des νυκτερινὸς σύλλογος der kretischen Colonie angekündigt, und zwar B. VI, 769 A ff. Wenn hier der Behörde der Νομοφύλακων der Auftrag ertheilt wird, die bestehenden Gesetze zu überwachen, zu ergänzen und fortzubilden, so scheint dies nicht recht vereinbar mit der Einsetzung des nächtlichen Rathes B. XII, da eben diesem Rathe ganz die gleiche Aufgabe gestellt wird; allein der Widerspruch ist nur scheinbar; denn die ältesten Νομοφύλακες bilden den eigentlichen Kern des nächtlichen Rathes, dem diese gesetzgeberische Thätigkeit zufällt. Plato wird am Schlusse des Abschnittes VI, 771 A die Institution in Aussicht gestellt haben. Auch die abgerissene Darstellung, ...vermittelte Übergang zu einem neuen Thema deutet auf eine Lücke hin.

würde Plato sicherlich die Discrepanz zwischen 951 und 961 und auch wohl sonst manches gekürzt und abgeändert haben. Den unfertigen Entwurf verräth namentlich die auffallende incorrecte Structur bei der Aufzählung der Mitglieder des Rathes 951 D E, indem der Genitiv, Accusativ und Nominativ mit einander abwechseln. Philippos bewährte seine Gewissenhaftigkeit, indem er sich jeder Änderung enthielt. Indem Plato 961 A nochmals die Zusammensetzung des Rathes bespricht, verweist er mit den Worten ἆρ᾽ οὐκ εἴπομεν, ὅτι δεῖ σύλλογον ἡμῖν ἐν τῇ πόλει γίγνεσθαι τοιόνδε τινά auf die vorangehende Besprechung 951 D ff.; dagegen 961 C τοιοῦτόν τί που λεχθὲν ἡμῖν ἦν ἐν τοῖς ἔμπροσθεν λόγοις; muss man auf die πρότεροι Νόμοι beziehen, hier wird Plato die ungewöhnliche Tageszeit dieser Versammlung gerechtfertigt haben [1]).

Nachdem 960 B die Gesetzgebung für die kretische Colonie ihren Abschluss gefunden hatte, wird erinnert, dass man auch auf die Erhaltung der Gesetze Bedacht nehmen müsse. Die sicherste Gewähr für den Bestand der Verfassung und Gesetze bietet eben der νυκτερινὸς σύλλογος dar, dessen Organisation 961 A B (mit Berufung auf 951) geschildert wird. Die Untersuchung über diesen σύλλογος sei von neuem aufzunehmen, er sei ἄγκυρα πάσης τῆς πόλεως, auf ihm beruhe das Heil (σωτηρία) des Staates (961 C). Hier aber reisst der Faden der Darstellung ab; freilich wird auch im Folgenden über den nächtlichen Rath und seine Bestimmung geredet, aber die Verhandlung zeigt einen ganz anderen Charakter, wir befinden uns auf einmal aus der τρίτη πολιτεία in die δευτέρα πολιτεία versetzt. Aber am Schluss des Buches befinden wir uns wieder auf dem Boden der kretischen Colonie; 969 A wird Kleinias als οἰκιστής der Μαγνήτων πόλις ᾗ ᾧ ἂν θεὸς ἐπώνυμον αἰτίην ποιήσῃ bezeichnet. Dieses Schriftstück der δεύτεροι Νόμοι beginnt 968 A, denn die vorhergehenden Erörterungen der πρότεροι Νόμοι brechen hier schroff ab, unvermittelt schliesst sich das Weitere an. Auch verräth die schwerfällige Fassung des ersten Satzes deutlich die Hand des Herausgebers, der die mangelnde Verbindung wenigstens äusserlich herzustellen suchte. Dieser letzte Abschnitt beginnt mit den Worten:

---

[1]) Auch 951 wird das tempus antelucanum [vorgeschrieben], aber eine Verweisung auf diese Stelle, die unmittelbar vorher 961 A citirt wurde, war völlig überflüssig.

ὁρᾷν δὴ χρεὼν νῦν, ὦ Κλεινία καὶ Μέγιλλε, ἤδη πρὸς τοῖς εἰρημένοις νόμοις ἅπασιν, ὅσους διεληλύθαμεν, εἰ καὶ τοῦτον προςοίσομεν ὡς φυλακὴν ἐσόμενον κατὰ νόμον χάριν σωτηρίας, τὸν τῶν ἀρχόντων νυκτερινὸν σύλλογον, παιδείας ὁπόσης διεληλύθαμεν κοινωνὸν γενόμενον· ἢ πῶς ποιῶμεν; die gesperrten Worte sind unverkennbar Zusatz des Philippos, der [das] Pron. τοῦτον, welches auf Früheres zurückweist, aber in dem Vorangehenden keine Stütze hat, verdeutlichen und durch den Hinweis auf die Erörterungen über die παιδεία mit dem vorigen Abschnitte zu verknüpfen suchte. Ausserdem hat Philippos sich die Correctur τοῦτον gestattet; die ursprüngliche Lesart war τοῦτο, wie 968 B zeigt: καὶ μὴν πρός γε τὸ τοιοῦτον ἁμιλληθῶμεν πάντες· ξυλλήπτωρ γὰρ τούτου γε ὑμῖν καὶ ἐγὼ γιγνοίμην ἂν προθύμως. Wovon die Rede war, darüber giebt auch das Folgende keinen Aufschluss; nur vermuthen lässt sich, dass es sich um eine provisorische Einrichtung handelt, welche für das Wohl des Staates (φυλακὴ χάριν σωτηρίας) nothwendig ist und durch ein Gesetz (κατὰ νόμον) geregelt werden soll. Der nächtliche Rath ist für den Staat unentbehrlich; gerade in den Anfängen, die für die weitere Entwickelung entscheidend sind, konnte man dieser Behörde am wenigsten entrathen, da alle Zustände noch unfertig sein mussten. Allein es war unmöglich, einen solchen Rath in der Weise, wie vorher festgestellt war, zu constituiren. Man konnte wohl die ältesten zehn Νομοφύλακες und den παιδονόμος in den Rath berufen, aber Paedonomen, die schon früher dieses Amt verwaltet hatten, gab es nicht. Die Auswahl der Priester, sowie der jüngeren Mitglieder musste schwierig sein. Allen aber fehlte die rechte Erfahrung; die ältesten Νομοφύλακες waren der Geschäfte gerade so unkundig, wie ihre jüngeren Collegen, da sie insgesammt eben erst ihre Functionen angetreten hatten. Bei der Einrichtung dieser provisorischen Behörde will Plato nach dem Mass seiner politischen Erfahrung mitwirken und hofft auch die Beihülfe anderer zu gewinnen [1]). Wenn dann Kleinias sagt, nun müsse man untersuchen τίς δὲ ὁ τρόπος ἡμῖν γιγνόμενος ὀρθῶς γίγνοιτ' ἄν, so ist dies auf die Art und Weise zu beziehen, wie dieser Zweck realisirt

---

1) Durch diese Erklärung wird der am Schluss ausgesprochene Wunsch, Plato möge an der Gründung der neuen Colonie sich mit Rath und That betheiligen, im voraus motivirt.

werden kann, wobei auch die Befugnisse des nächtlichen Rathes, die Qualification der Mitglieder u. s. w. in Betracht kommen. Die Organisation und Zusammensetzung der Behörde war wiederholt besprochen, 961 C war dieser Rath der Anker des ganzen Staates genannt, und die Erörterung, welche hier abbricht, wird erst 968 A wieder aufgenommen; dazwischen ist ein Stück verloren, hier wurde der Zweck und die Bestimmung (σκοπός) dieser Behörde genauer festgestellt und zugleich die Einsetzung eines provisorischen Rathes vorgeschlagen [1]). Die nun folgende Untersuchung über den τρόπος lehnt ein näheres Eingehen ab; erst wenn die Verfassung des neuen Staates vollständig geordnet und in Wirksamkeit getreten sei, könne man die Befugnisse des nächtlichen Rathes durch ein Gesetz feststellen (τότε δὲ κυρίους ὧν αὐτοὺς δεῖ γίγνεσθαι νομοθετεῖν), die Erfahrungen, welche man bei der Constituirung des Gemeinwesens mache [2]), würden den besten Aufschluss geben, welche Competenz der obersten Behörde zuzuerkennen sei [3]). Demnächst, fährt Plato fort, müsse man diejenigen Männer ins Auge fassen, welche mit Rücksicht auf ihr Alter, ihren Charakter und ihre Bildung am geeignetsten wären, in den künftigen hohen Rath einzutreten, geht jedoch nicht darauf ein, genauere Bestimmungen in Bezug auf die παιδεία zu treffen; diese ebenso wichtige als schwierige Erörterung wird einem späteren Zeitpunkte vorbehalten. Plato verspricht dann seine Ansichten zu entwickeln, wie er bereits

---

1) Es entspricht dies genau den Worten, mit welchen 960 E das Thema eingeleitet wird: τίς οὖν δὴ σωτηρία γίγνοιτ' ἂν καὶ τίνα τρόπον πολιτείᾳ τε καὶ τοῖς νόμοις ἡμῖν; Ebenso in dem Bruchstück der πρότεροι Νόμοι 962 B, wo gesagt ist, es müsse im Staate eine Behörde geben: γιγνώσκον ἐν αὐτῷ πρῶτον μὲν τοῦτο ὃ λέγομεν, τὸν σκοπόν, ὅστις ποτὲ ὁ πολιτικὸς ὢν ἡμῖν τυγχάνει, ἔπειτα ὄντινα τρόπον δεῖ μετασχεῖν τούτου, καὶ τίς αὐτῷ καλῶς ἢ μὴ συμβουλεύει, τῶν νόμων αὐτῶν πρῶτον, ἔπειτα ἀνθρώπων.

2) Für τὸ κατασκευάζον ist wohl besser τὸ κατασκευάζειν zu lesen.

3) Man begreift nicht, wie Kleinias diese einfache und klare Auseinandersetzung dunkel finden kann: πῶς; τί τοῦτο εἰρῆσθαι φῶμεν αὖ; Auch giebt die nachfolgende Rede des Atheners keine nähere Erklärung, sondern geht zu dem zweiten Punkte über. Man muss nothwendig die Fragen des Kleinias umstellen; hierher gehört τί οὖν δὴ ποιητέον ἐχόντων τούτων οὕτως, ὦ ξένε. Demgemäss fährt der Athener fort, seine Ansichten über das, was zu thun oder nicht zu thun ist, zu entwickeln; da die Schlussworte etwas mysteriös lauten, ist hier die Frage πῶς; τί τοῦτο εἰρῆσθαι φῶμεν αὖ vollkommen statthaft; ausserdem aber ist wohl mit Ast πῶς hier zu tilgen und der ersten Rede des Atheners zuzufügen εἰ γίγνοιτο ὀρθῶς πως.

oben 968 B seine Mitwirkung zugesagt hatte, aber dem
Kleinias soll hauptsächlich die Fürsorge und somit auch der
meiste Ruhm zufallen [1]). Sobald es möglich ist, den nächtlichen
Rath definitiv zu constituiren, soll man seiner Obhut den Staat
anvertrauen; diese erlesene Versammlung vertritt vorzugsweise
das ideale Princip in der τρίτη πολιτεία, und Plato hofft, dass
so sein Traum sich einst verwirklichen werde, 969 B [2]). Dass
auch in der kretischen Colonie gerade so wie in dem Staate
zweiter Ordnung von den Mitgliedern des hohen Rathes ein
höherer Grad sittlicher und intellectueller Bildung gefordert wird,
ist klar. Auf eine nähere Bestimmung lässt sich Plato nicht ein;
der provisorische nächtliche Rath, in welchen die drei Greise
eintreten sollen, wird alles regeln und zugleich die Männer
heranbilden, welche berufen sind, einst in die Versammlung einzutreten. Eben dies veranlasste den Philippos als Ergänzung die
Epinomis hinzuzufügen. Hier kommen der Verabredung gemäss,
wie es heisst, die drei Greise von neuem zusammen, um zu erörtern, was der Mensch lernen müsse, um weise, gut und glückselig zu werden. Philippos hat dabei die Organisation des Unter-
richts in der Platonischen Schule während der letzten Jahre vor
Augen, nur geht bei ihm die Philosophie fast ganz in Mathematik
und Theologie auf, entsprechend der Pythagoreisirenden Richtung,
welche nach Platos Tode in der Schule immer mehr zur Herrschaft
gelangte.

Sonach sind uns aus dem letzten Abschnitte der δεύτεροι
Νόμοι, welcher die Einsetzung des νυκτερινὸς σύλλογος betraf,
zwei kurze Bruchstücke erhalten, 960 B bis 961 C und 968 A
bis 969 D, welche sich jedoch nicht unmittelbar an einander anschliessen; in der Lücke war, wie schon bemerkt, hauptsächlich
über den Zweck der Institution gehandelt, doch wird Plato auch
hier sich kurz gefasst haben, da dieses Thema bereits in den
πρότεροι Νόμοι ausführlich besprochen war. Ausserdem hat Plato
im VI. Buch diese Institution auch für den Staat dritter Ordnung

---

1) So ist genau die Disposition der πρότεροι Νόμοι (962 B) festgehalten;
zunächst werden die νόμοι, dann die ἄνθρωποι, für welche dieselben bestimmt
sind, in Betracht gezogen.

2) Die Verweisung οὐ σμικρῷ πρόσθεν ὀνείρατος ὡς τῷ λόγῳ ἐψηψάμεθα
bezieht sich auf die πρότεροι Νόμοι, s. das Bruchstück 961 D und 964 D ff.,
da Philippos dieses Bruchstück unmittelbar vor diesem Schlussstücke einschaltete,
fügt er σμικρῷ hinzu; Plato hatte ἔμπροσθεν geschrieben.

in Aussicht genommen und ihre Bestimmung erörtert. Nachdem Plato im VI. Buch die Organisation der Behörden des neuen Staates geregelt hatte, wird an diesem Ruhepunkte ein längerer Excurs 769 A bis 771 A eingeschaltet, worin ausgeführt wird, dass man auch auf die Fortbildung, Ergänzung und Verbesserung der Gesetze für die Zukunft Sorge tragen müsse, um den Bestand des Staates genügend zu sichern. Es gilt, ein Mittel ($μηχανή$) ausfindig zu machen; welcher Weg einzuschlagen ist, lehrt 770 A ff. Die Einsetzung der obersten Behörde des neuen Staates ist angeordnet. Unser Leben, führt Plato fort, geht zur Neige, jene sind im Verhältnis zu uns jung; wir dürfen nicht bloss Gesetze entwerfen, sondern müssen auch versuchen ποιεῖν καὶ τούτους αὐτοὺς νομοθέτας τε καὶ νομοφύλακας εἰς τὸ δυνατόν. Dann wendet sich der Sprecher an diese seine Nachfolger, ὦ φίλοι σωτῆρες νόμων, unser Werk ist unvollständig, euch liegt es ob, dasselbe in unserem Sinne weiter zu führen; wir wünschen, dass ihr euch an die Grundsätze haltet, welche uns geleitet haben (ὑμᾶς ἡμῖν βουλόμεθα ξυγγνώμονάς τε ἅμα καὶ μαθητὰς γίγνεσθαι). Demgemäss sorget für die Erhaltung und Fortbildung der Gesetze (ἐπαινεῖτε καὶ ψέγετε τοὺς νόμους). Dies eben ist die eigentliche Aufgabe des hohen Rathes, seine Mitglieder sind νομοθέται und zugleich νομοφύλακες im eminenten Sinne des Wortes, σωτῆρες τῶν νόμων wie die Anrede lautet. Indem nach der Verfassung der kretischen Colonie die zehn ältesten νομοφύλακες in diesen Rath eintreten, denen sich andere Beamte anschliessen, bilden diese gleichsam den festen Kern des νυκτερινὸς σύλλογος, und so wird zugleich ein organischer Zusammenhang zwischen der Behörde der νομοφύλακες und dem hohen Rathe hergestellt, um jedem Conflict möglichst vorzubeugen. Unverkennbar kündigt Plato hier die Einsetzung der nächtlichen Rathsversammlung an, und er wird auch am Schlusse des Excurses sich bestimmter darüber geäussert haben; denn der Excur, welcher mit der Apostrophe an die νομοφύλακες endet, ist offenbar fragmentarisch überliefert, ganz unvermittelt schliesst sich ein neuer Abschnitt an. Das Gesetz der dialogischen Form verlangt, dass Kleinias, der während des Excurses sich wiederholt am Gespräche betheiligt hatte, auch am Schlusse entweder ein Bedenken äussert oder seine Zustimmung erklärt. Daraufhin wird Plato die Einsetzung des hohen Rathes in Aussicht gestellt und die weitere Erörterung über diese Institution für einen späteren Moment verheissen haben; vergl. das oben S. 97 Bemerkte. — Aber auch das zweite Bruchstück ist gegen Ende unvollständig; der Athener musste auf den Wunsch der Freunde, er möge an der Gründung des neuen Staates sich persönlich betheiligen, etwas erwidern; nach den früheren Äusserungen war eine zustimmende Antwort zu erwarten. Aber man vermisst auch noch die Erfüllung einer öfter wiederholten Zusage. Mehrfach hatten die beiden Genossen des Atheners Bedenken gegen seine Vorschläge geäussert; der Athener lehnt es ab, augenblicklich auf die Discussion einzugehen, und bittet diese Erörterungen bis zum Schlusse des Gespräches zu verschieben. Man darf nicht glauben, dass Plato ernstlich daran gedacht habe, am Ende des Werkes diese streitigen Fragen wieder aufzunehmen; es genügte, wenn der Athener selbst sein Versprechen in Erinnerung brachte und die Genossen ihr volles Einverständnis erklärten, da jetzt, wo der gesammte Verfassungsentwurf vorgelegt war, jedes Bedenken geschwunden sei. Dieser Epilog fehlt und ist wohl gar nicht ausgeführt worden, das zweite Bruchstück ist vielleicht das Letzte, was Plato niederschrieb [1]).

Die Lücke zwischen dem ersten und zweiten Bruchstück hat Philippos durch ein ansehnliches Fragment der $\pi \varrho \acute{o} \tau \varepsilon \varrho o \iota$ $N \acute{o} \mu o \iota$ 961 C bis 968 A ausgefüllt oder vielmehr verdeckt. Sein Verfahren ist auch hier ganz mechanisch und ungeschickt, aber da er einmal den Plan des Platonischen Werkes nicht erkannt hatte, war dies die einzige Stelle, wo er das Fragment unterbringen konnte. Die Institution des nächtlichen Rathes wird für die $\delta \varepsilon \iota \tau \acute{\varepsilon} \varrho \alpha$ $\pi o \lambda \iota \tau \varepsilon \acute{\iota} \alpha$ bereits im I. Buch angekündigt, indem hier Plato 631 B ff. in kurzen Umrissen den Gang der Untersuchung der $\pi \varrho \acute{o} \tau \varepsilon \varrho o \iota$ $N \acute{o} \mu o \iota$ skizzirt. Ausgehend von den göttlichen und menschlichen Gütern, sowie der vierfachen Gliederung der Tugend, welche der Gesetzgeber alle Zeit im Auge behalten müsse, zählt dann Plato die einzelnen Gebiete des Lebens auf, denen der Gesetzgeber seine Thätigkeit zuzuwenden hat. Hier heisst es am Schluss 632 C: $\varkappa \alpha \tau \iota \delta \grave{\omega} \nu$ $\delta \grave{\varepsilon}$ $\acute{o}$ $\vartheta \varepsilon \grave{\iota} \varsigma$ $\tau o \grave{\upsilon} \varsigma$ $\nu \acute{o} \mu o \upsilon \varsigma$ $\ddot{\alpha} \pi \alpha \sigma \iota$ $\tau o \acute{\upsilon} \tau o \iota \varsigma$ $\varphi \acute{\upsilon} \lambda \alpha \varkappa \alpha \varsigma$ $\dot{\varepsilon} \pi \iota \sigma \tau \acute{\eta} \sigma \varepsilon \iota$, $\tau o \grave{\upsilon} \varsigma$ $\mu \grave{\varepsilon} \nu$ $\delta \iota \grave{\alpha}$ $\varphi \varrho o \nu \acute{\eta} \sigma \varepsilon \omega \varsigma$, $\tau o \grave{\upsilon} \varsigma$ $\delta \grave{\varepsilon}$ $\delta \iota'$ $\dot{\alpha} \lambda \eta \vartheta o \tilde{\upsilon} \varsigma$ $\delta \acute{o} \xi \eta \varsigma$ $\iota \acute{o} \nu \tau \alpha \varsigma$, $\ddot{o} \pi \omega \varsigma$ $\pi \acute{\alpha} \nu \tau \alpha$ $\tau \alpha \tilde{\upsilon} \tau \alpha$ $\xi \upsilon \nu \delta \acute{\eta} \sigma \alpha \varsigma$ $\acute{o}$ $\nu o \tilde{\upsilon} \varsigma$ $\dot{\varepsilon} \pi \acute{o} \mu \varepsilon \nu \alpha$ $\sigma \omega$-

---

1) Nach Cicero Cato c. 5 überraschte der Tod den greisen Philosophen mitten in einer litterarischen Arbeit, **scribens mortuus est**, doch gestatten die Worte auch eine freiere Auslegung; nach der gewöhnlichen Überlieferung starb Plato während eines Hochzeitsmahles.

φροσύνη καὶ δικαιοσύνη ἀποφήνῃ, ἀλλὰ μὴ πλούτῳ μηδὲ φιλοτιμίᾳ. Die Einsetzung einer Behörde, welche die Beobachtung der Gesetze zu überwachen bestimmt ist, bezeichnet schicklich den Abschluss der gesetzgeberischen Thätigkeit; ein Bruchstück, welches sich auf die Wirksamkeit dieser Behörde bezieht, hatte demnach seine Stelle am Ende der Schrift, und es ist klar, dass Plato auch die erste Abtheilung vollständig ausgeführt hat. Das Fragment, von seiner Umgebung vollständig losgelöst [1]), ist wohl geordnet, der Zusammenhang nirgends unterbrochen: die Verweisung 963 A νοῦν γὰρ δὴ κυβερνητικὸν μὲν καὶ ἰατρικὸν καὶ στρατηγικὸν εἴπομεν κτλ. bezieht sich auf die gleich zuerst 961 E ff. geführte Discussion. Das Gleichnis von dem Kopf und der Seele, womit die Besprechung des Themas 961 D eröffnet wird, kehrt nachher 964 D wieder [2]). Der Standpunkt der ganzen Untersuchung weist diesen Abschnitt den πρότεροι Νόμοι zu; wenn der nächtliche Rath seine Bestimmung, den Bestand des Staates (σωτηρία) zu sichern, erfüllen soll, so müssen seine Mitglieder den Zweck des Staates (σκοπὸς πολιτικός) genau kennen; dies ist nur möglich, wenn sie eine vollendete sittliche und geistige Bildung sich angeeignet haben. Wenn 962 D der Nachweis der πᾶσα ἀρετή (vergl. auch 964 D) verlangt wird, so ist dieser Ausdruck nicht entscheidend [3]), aber wenn unmittelbar darauf im Anschluss an die Erörterungen des I. Buches und unter ausdrücklicher Verweisung darauf (963 A C) die vollendete Tugend als Inbegriff der vier Cardinaltugenden (τέτταρα εἴδη ἀρετῆς) gefasst wird, so ist damit hinreichend der Standpunkt der δευτέρα πολιτεία gekennzeichnet, denn an die Mitglieder des hohen Rathes der τρίτη πολιτεία werden VI, 770 E weit niedrigere Anforderungen gestellt; es genügt, wenn einer ein ἀνὴρ ἀγαθός ist τὴν ἀνθρώπῳ προσήκουσαν ἀρετὴν τῆς ψυχῆς ἔχων ἔκ τινος ἐπιτηδεύματος ἢ τινος ἤθους ἢ ποιᾶς κτήσεως ἢ ἐπιθυμίας ἢ δόξης ἢ μαθημάτων ποτέ τινων. Die Mitglieder der nächtlichen Ver-

---

1) Nur scheinbar wird am Eingange die gegen Ende des vorhergehenden Abschnittes begonnene Erörterung fortgesetzt, während schon die Formel τὸ μετὰ τοῦτο den Anfang einer neuen Gedankenreihe ankündigt.
2) Auf dieses Gleichnis nimmt auch das Bruchstück der δεύτεροι Νόμοι 969 B Bezug.
3) Der Ausdruck ist relativ; auch in der τρίτη πολιτεία, deren Standpunkt ein niedriger ist, wird verlangt, dass das Amt der εὔθυνοι nur θαυμαστοὶ πᾶσαν ἀρετὴν versehen dürfen, XII, 945 E.

sammlung der δευτέρα πολιτεία müssen eine vollendete Bildung sich angeeignet haben und auch in dieser Beziehung über ihren Mitbürgern stehen (vergl. bes. 965 A); die der τρίτη πολιτεία sollen zwar auch vor ihren Mitbürgern in dieser Hinsicht sich hervorthun, aber es genügt, ἐὰν παιδευθῶσι προσηκόντως, 969 B. Endlich werden die wichtigsten und unentbehrlichsten μαθήματα für die Candidatur zu diesem Amte in der δευτέρα πολιτεία genau vorgeschrieben, 966 C bis 968 A, während der Verfassungsentwurf der τρίτη πολιτεία von jeder anderen Bestimmung absteht, 968 D. Auch der Ausdruck τῆς θείας πολιτείας φύλακες, wie 965 C die Genossen des nächtlichen Rathes heissen, weist auf die δευτέρα πολιτεία hin[1]).

Dieser umfangreiche Abschnitt gehört also den πρότεροι Νόμοι an, wo die Einsetzung des νυκτερινὸς σύλλογος im engsten Anschluss an die Verhandlungen über Tugend und Erziehung im Anfange der ersten Abtheilung der Gesetze offenbar sehr ausführlich erörtert war, denn das vorliegende Fragment erschöpft keineswegs dieses Thema, während die δεύτεροι Νόμοι, da die principielle Untersuchung schon früher erledigt war, sich kürzer fassten; es genügte hier die Modificationen anzugeben, welche der niedere Standpunkt des Staates dritter Ordnung erheischte. Gegen diese Zuweisung scheint jedoch eine Stelle, 962 B, zu sprechen, wo die Nothwendigkeit dieser Institution mit den Worten eingeleitet wird: δεῖ δὴ καὶ τὰ νῦν, ὡς ἔοικεν, εἴπερ μέλλει τέλος ὁ κατοικισμὸς τῆς χώρας ἡμῖν ἕξειν, εἶναι τι τὸ γιγνῶσκον ἐν αὐτῷ. Der Ausdruck κατοικισμὸς τῆς χώρας weist auf die kretische Colonie hin, vergl. VI, 732 D περὶ τῆς χώρας ἣ νῦν κατοικίζεται. Die erste Abtheilung stellte die Grundsätze fest, nach denen man bei der Reform einer bestehenden Staatsverfassung zu verfahren habe; ein bestimmtes Gemeinwesen war, soviel sich erkennen lässt, nicht ins Auge gefasst. Ich erblicke auch hier die Hand des Herausgebers, der, indem er mit diesem Fragment eine Lücke ausfüllte, die Beziehung auf die kretische Colonie, welche er hier zu finden meinte, deutlich hervorzuheben suchte. Plato wird geschrieben haben εἴπερ μέλλει τέλος ἡ νομοθεσία ἡμῖν ἕξειν,

---

1) Auch anderwärts wird der Staat zweiter Ordnung so genannt, nirgends, wenn mich mein Gedächtnis nicht täuscht, die τρίτη πολιτεία, obwohl auch in dieser einzelne Institutionen dieses Epitheton erhalten, z. B. eben der hohe Rath 969 B ὁ θεῖος ξύλλογος, desgl. XII, 945 C die εὐθυνταὶ θεῖοι.

Gesetze. 103

εἶναί τι τὸ γιγνῶσκον ἐν τῇ πόλει und nachher καὶ τίς αὐτῇ καλῶς ἢ μὴ συμβουλεύει, wo Philippos αὐτῷ corrigirte [1]). — Ohne Beweiskraft ist 962 C δοκεῖ μοι τείνειν ὁ λόγος οὗτος εἰς τὸν σύλλογον, ὃν εἶπες νῦν δὴ νύκτωρ δεῖν ξυνιέναι. Dies scheint allerdings auf die unmittelbar vorangehende Stelle 961 B hinzuweisen, allein auch in den πρότεροι Νόμοι muss, bevor die Erörterung über die σωτηρία τῆς πολιτείας eingehend besprochen wurde, des nächtlichen Rathes gedacht worden sein, der ja eben zu dieser Erörterung den Anlass gab. Dass auch in der ersten Abtheilung diese Institution besprochen war, bezeugt eben 961 B die Verweisung auf frühere Verhandlungen τοιοῦτον τί που λεχϑὲν ἡμῖν ἦν ἐν τοῖς ἔμπροσϑεν λόγοις. — Mehr Gewicht scheinen die beiden Berufungen auf Früheres zu haben, 966 C μῶν οὖν οὐχ ἓν τῶν καλλίστων ἐστὶ τὸ περὶ τοὺς ϑεούς, ὃ δὴ σπουδῇ διεπερανάμεϑα κτλ. und 966 D ἆρα οὖν ἴσμεν, ὅτι δύ᾽ ἐστὸν τὼ περὶ ϑεῶν ἄγοντε εἰς πίστιν, ὅσα διήλϑομεν ἐν τοῖς πρόσϑεν. Ποῖα; Ἐν μέν, ὃ περὶ τὴν ψυχὴν ἐλέγομεν, ὡς πρεσβύτατόν τε καὶ ϑειότατόν ἐστι πάντων . . . ἓν δὲ τὸ περὶ τὴν φοράν, ὡς ἔχει τάξεως, ἄστρων [2]). Was hier kurz zusammengefasst ist, findet

---

1) Mir scheint schon ἐν αὐτῷ die Thätigkeit eines Correctors zu verrathen; Plato würde, wenn er, von der Colonie redend, den Ausdruck κατοικισμός gebrauchte, nicht ἐν αὐτῷ, sondern das passendere ἐν τῇ πόλει gesetzt haben. Philippos änderte vielleicht auch deshalb, weil sich unmittelbar vorher 960 B (ein Bruchstück der δεύτεροι Νόμοι) die Worte finden σχεδὸν ἡ νομοθεσία τέλος ἂν ἡμῖν ἔχοι, indem er den Ausdruck zu variiren bemüht war. Wollte jemand versuchen die Überlieferung festzuhalten, indem er den Anfang dieses Fragmentes, in welchem keine bestimmte Anzeige auf den Standpunkt der πρότεροι Νόμοι hinweist, mit dem Voranstehenden verbindet, so ist doch dieser Versuch, wie sich jeder leicht selbst überzeugen wird, aussichtslos; ich begnüge mich nur nochmals auf die Beziehung zwischen 961 E und 963 B aufmerksam zu machen.

2) Ich übergehe 967 D ἐπὶ δὲ τούτοισι δὴ τὸ νῦν εἰρημένον πολλάκις, da die handschriftliche Überlieferung der ganzen Stelle unsicher und verderbt ist. Dass νῦν und πολλάκις nicht mit einander verbunden werden können, hat man nicht erkannt, eines ist zu tilgen; sinnlos ist das gleich darauf ohne jeden Zusatz wiederholte εἰρημένον, was nach dem Zeugnis einiger Handschriften in anderen ὠβέλισται; ob die auf einen alten Kritiker zurückgeht oder nur Einfall eines Schreibers ist, steht dahin. Oben 965 D ist δὴ statt δρι oder ὁρῇ Correctur eines Byzantiners, vielleicht ist zu schreiben εἰ δ᾽ ἄρα τὸ παράπαν ἀποδοκεῖ, ἐὰν ἀόριστον χρεών. Dass die Kritiker sich mit der Revision der Platonischen Schriften eifrig befassten und ausreichenden Anlass zur Ausübung dieser Thätigkeit fanden, beweist das Verzeichnis der kritischen σημεῖα bei Diog. L. III, 66, die uns einen Einblick in den Zustand des Textes ge-

sich ausführlich besprochen in den Ermahnungen, welche im
X. Buche dem Gesetz über Religionsfrevel vorausgeschickt werden,
man vergl. [899 A] und [896 B ff.]. Die Übereinstimmung in Gedanken wie im Ausdruck zwischen diesen beiden Stellen und der
vorliegenden ist so gross, dass man kaum umhin kann, diese
Citationen auf das X. Buch zu beziehen und hier eine Recapitulation jener Paraenese zu finden. Allein die πρότεροι Νόμοι
können auf die δεύτεροι Νόμοι nur insofern Bezug nehmen, als
sie eine Erörterung einer späteren Zeit vorbehalten, hier aber
wird auf Früheres verwiesen, und eine Berufung auf eine nachfolgende ausführliche Besprechung wäre überhaupt an dieser Stelle
wenig angemessen [1]). Nun ist aber der vorliegende Abschnitt,
und zwar auch die letzte Partie, in welcher sich diese Citate vorfinden, unbedingt den πρότεροι Νόμοι zuzuweisen; man wird also
annehmen müssen, dass Plato in einem nicht mehr vorhandenen
Abschnitte der ersten Abtheilung sich in ähnlicher Weise über
den Atheismus ausgesprochen hatte, wie im X. Buche, nur wird
diese Erörterung sich auf die wesentlichen Punkte beschränkt
haben, die eingehende Bekämpfung irreligiöser Ansichten ward
für die zweite Abtheilung aufgespart. Dass Plato sich über dieses
Thema, was ihm besonders am Herzen lag, wiederholt und immer
in gleichem Sinne aussprach, kann nicht befremden; seine Ansicht
stand eben unwandelbar fest. Doch will ich nicht verhehlen,
dass möglicherweise erst der Herausgeber die umfangreiche
Digression 885 B bis 907 D dem X. Buche, also der Gesetzgebung
für die kretische Colonie, einverleibt hat, während sie nach Platos
Intention für die erste Abtheilung bestimmt war: hier war diese
ausführliche principielle Erörterung weit eher am Platze, als in
der Specialgesetzgebung für das neue Gemeinwesen, wo sie störend
den Zusammenhang unterbricht [2]). Für diese Vermuthung scheint

statten; es gab Zeichen für Verbesserungen, für Athetesen, die man guthiess
oder missbilligte, für διτταὶ χρήσεις und μεταθέσεις γραφῶν; das κεραύνιον
wird eine unheilbar verderbte Stelle bezeichnet haben, während es nach Diogenes
verwandt wurde πρὸς τὴν ἀγωγὴν τῆς φιλοσοφίας; hier ist offenbar ein Zeichen
ausgefallen, welches zu Bemerkungen in Bezug auf die Methode Platos diente.

1) Die Vermuthung, als ob auch hier der Herausgeber sich Zusätze erlaubt
habe, ist unzulässig; dem Philippos konnte man nur das ziemlich entbehrliche
ὅσα διήλθομεν ἐν τοῖς πρόσθεν zuschreiben, mit dieser Athetese wird aber
nichts gewonnen.

2) Freilich finden sich auch anderwärts nicht selten bald längere, bald
kürzere Parekbasen eingeflochten. Dafür machte man bisher Plato verantwortlich,

mir auch die Weise, wie die Ausführlichkeit dieser Verhandlung gerechtfertigt wird, zu sprechen. Indem der Athener 890 E die διωλύγια μήκη der Erörterung entschuldigt, erwidert der Kreter: περὶ μέθης μὲν καὶ μουσικῆς οὕτω μακρὰ λέγοντας ἡμᾶς αὐτοὺς περιεμείναμεν, περὶ θεῶν δὲ καὶ τῶν τοιούτων οὐχ ὑπομενοῦμεν; Dies bezieht sich auf die weitläufigen Verhandlungen über Weingenuss und Musik in der ersten Abtheilung. Nun ist es gewiss auffällig, dass in den δεύτεροι Νόμοι gerade auf diese Verhandlung des früheren Werkes Bezug genommen wird, während die zweite Abtheilung zahlreiche Digressionen enthält, wie gleich in nächster Nähe Buch IX der weit ausgesponnene Excurs 857 B bis 864 C, der nicht eben passend den Gang der Unterredung unterbricht, aber, wie 860 E zeigt, wirklich der Gesetzgebung für die Stadt der Magneten angehört. Dass Plato dem Gesetze über Religionsfrevel ein Prooemium vorausschicken würde, liess sich erwarten, und er leitet es 885 B mit den Worten τὸ παραμύθιον ὑποθεμένῳ ῥητέον ἅ δεῖ πάσχειν ein; ebenso wird 907 D fortgefahren μετὰ τὸ προοίμιον τοίνυν λόγος κτλ. und die nun folgenden gesetzlichen Bestimmungen zeigen, dass Plato in dieser Paraenese drei Arten der ἀσέβεια genau so wie in dem eingelegten Stücke unterschieden hatte. Wenn Plato diese ausführliche Bekämpfung des religiösen Unglaubens und verwandter Irrthümer für die erste Abtheilung der Gesetze bestimmt hatte, so genügte hier eine summarische Recapitulation. Dieses kurze Prooemium fand sich nicht mehr vor[1]; Philippos durfte also, da er die Zweitheilung des Werkes nicht erkannt hatte, unbedenklich dieses für Platos religiöse Anschauungen hochwichtige Document an dieser Stelle einfügen und so eine unzweifelhafte Lücke schicklich ausfüllen[2].

---

allein nachdem wir das Verfahren des Herausgebers genügend kennen gelernt haben, liegt die Vermuthung nahe, dass zwar nicht überall, aber doch in manchem Falle Philippos die Schuld trägt, indem er willkürlich Bruchstücke der πρότεροι Νόμοι einschaltet. Doch dies weiter zu verfolgen, muss ich anderen überlassen.

1) Es ist möglich, dass Plato, um rasch seine Arbeit zu fördern, dieses Prooemium gar nicht ausgeführt hatte, indem er erst bei der Revision dasselbe hinzuzufügen beabsichtigte, da es sich lediglich um eine Reproduction des Früheren handelte.

2) Ein Argwöhnischer könnte vermuthen, Philippos habe das kürzere Prooemium noch vorgefunden, aber dasselbe bei Seite gelegt, weil der Inhalt völlig mit dem grösseren Stücke stimmte und beide nicht neben einander Aufnahme finden konnten. Es ist denkbar, dass der Herausgeber, wenn ihm zwei

Über die Zusammensetzung des nächtlichen Rathes in dem Staate zweiter Ordnung, über seine Befugnisse u. s. w. erfahren wir nichts Näheres; Plato wird hier gar nicht in das Detail eingegangen sein. Nur so viel ist gewiss, dass auch in der δευτέρα πολιτεία der hohe Rath aus älteren und jüngeren Mitgliedern bestehen sollte; daher werden I, 632 C zwei Klassen unterschieden οἱ μὲν διὰ φρονήσεως, οἱ δὲ δι' ἀληθοῦς δόξης ἰόντες; letzteres sind die jüngeren Mitglieder, welche noch nicht auf gleicher Stufe sittlicher Bildung und Einsicht, wie die älteren, stehen. Genauer wird das Verhältnis beider Klassen zu einander und ihr Zusammenwirken XII, 964 E ff. bestimmt; die jüngeren haben auf alles, was im Staate vorgeht, ein wachsames Auge zu richten und theilen ihre Beobachtungen den Älteren mit, welche dann berathen, was zu thun sei, ὑπηρέταις χρώμενοι μετὰ ξυμβουλίας τοῖς νέοις; so sorgen beide Klassen gemeinsam für das Wohl des Staates. Ebenso wird 968 A nur dem, der die vollendete Bildung des Geistes und Charakters sich angeeignet hat, die Fähigkeit zuerkannt, ἄρχων ὅλης πόλεως zu werden: ὁ δὲ μὴ ταῦθ' οἷός τ' ὢν πρὸς ταῖς δημοσίαις ἀρεταῖς κεκτῆσθαι σχεδὸν ἄρχων μὲν οὐκ ἄν ποτε γένοιτο ἱκανὸς ὅλης πόλεως, ὑπηρέτης δ' ἂν ἄλλοις ἄρχουσιν. Die ältern Mitglieder des nächtlichen Rathes sind eben ἄρχοντες ὅλης πόλεως, die jüngeren, deren Bildung noch nicht abgeschlossen ist, stehen ihnen als Gehülfen zur Seite.

Bruns bespricht S. 192 ff. sehr ausführlich die Schlusspartie des XII. Buches und den νυκτερινὸς σύλλογος. Wenn er nachweist, dass uns hier gerade so wie in Buch I eine höhere Auffassung der Tugend entgegentritt, dass von den Mitgliedern des nächtlichen Rathes vollendete sittliche und geistige Bildung gefordert wird, wenn er geltend macht, dass eben wegen dieser Merkmale jene Schlusspartie nicht der Verfassung der kretischen Colonie angehören könne, welche einen niedrigeren Standpunkt innehält, so kann man nur zustimmen. Aber Bruns, der die ganze Schlusspartie von 960 B bis 969 D als einen zusammenhängenden Abschnitt betrachtet und von dem Verfassungsentwurfe des neu zu gründenden Staates loslöst, hat nicht erkannt, dass

---

wesentlich gleiche Ausführungen desselben Themas vorlagen, sich diese Freiheit nahm, aber wir sind völlig ausser Stande, dies zu beweisen, während seine Versuche, aus Bruchstücken verwandten Inhaltes ein Ganzes herzustellen, mehr oder minder leicht erkennbar sind. Gerade in dieser Richtung bleibt für spätere Untersuchungen noch viel zu thun.

auch hier disparate Elemente lose mit einander verbunden sind. In dem Schlusstheile erblickt Bruns, wie es scheint (denn er spricht sich darüber nicht aus), einen früheren Entwurf von Platos Hand, aber sowohl hier als auch bei anderen Anlässen wird eine befriedigende Erklärung und Rechtfertigung des abweichenden Standpunktes vermisst. Philippos soll diese Partie an den Schluss des XII. Buches gestellt haben, um so seine Zuthat, die Epinomis, mit den Platonischen Gesetzen zu verknüpfen; aber Philippos konnte gar nicht anders verfahren, da in diesem Abschnitte wiederholt bemerkt wird, die Gesetzgebung sei jetzt abgeschlossen, s. 960 B. 962 B. Dies sind nicht etwa Zusätze des Herausgebers, falls man nicht eine durchgreifende Überarbeitung des Platonischen Entwurfes annehmen will. Bruns ignorirt diese Stellen, weil sie mit seiner sehr zuversichtlich vorgetragenen, aber unbegründeten Hypothese streiten, die Einsetzung des nächtlichen Rathes sei in dem Verfassungsentwurfe für die kretische Colonie an einer früheren Stelle verfügt worden. Doch ich verzichte auf die Missverständnisse und falschen Schlüsse von Bruns weiter einzugehen.

Die Reformvorschläge der πρότεροι Νόμοι hielten sich offenbar im Allgemeinen; Plato entwirft das Bild der πολιτεία δευτέρα im Anschluss an die spartanische und kretische Verfassung, um anderen, welche Hand an die Verbesserung einer bestehenden Verfassung zu legen berufen waren, den rechten Weg zu zeigen. Auch in dieser Epoche wurden vielfach Verfassungsänderungen eingeführt, ebenso entstanden neue Städte, wie Messene und Megalopolis im Peloponnes; ebenso gab sich ein Theil der arkadischen Landschaft eine Bundesverfassung, wahrscheinlich unter Mitwirkung des Platonikers Aristonymos. Denn es ist sehr bezeichnend, dass auch andere Schüler Platos in dieser Richtung thätig waren: Phormio gab den Eleern, Menedemos den Pyrrhaeern Gesetze. Plato selbst soll aufgefordert worden sein, für Kyrene und dann für Megalopolis (dies ist ganz unglaubwürdig) eine Verfassung zu entwerfen, lehnte aber ab. Galt nun auch der Verfassungsentwurf der πρότεροι Νόμοι nicht einer bestimmten Stadt, so muss man doch voraussetzen, dass Plato im Prooemium auf einen Reformversuch, der gerade in dieser Zeit beabsichtigt wurde, Bezug nahm, um zu motiviren, wie gerade das Gespräch der drei Wallfahrer sich dieses Thema wählte. Hatte Plato wirklich den Antrag erhalten, Kyrene eine Verfassung zu geben, so bot seine ablehnende Antwort einen schicklichen Anlass, mit den Geführten über die Gesetzgebung zu verhandeln.

Das Gespräch der Νόμοι δεύτεροι kann nicht unmittelbar den Dialog der ersten Abtheilung wieder aufgenommen haben, denn es ist nicht denkbar, dass Kleinias seinen Reisegefährten die Mittheilung über die neu zu gründende Colonie, welche er ihnen Buch III zu Ende macht, so lange vorenthalten haben sollte. Die Gespräche beider Abtheilungen sind offenbar durch einen längeren oder kürzeren Zwischenraum getrennt. Vielleicht waren die drei Greise, nachdem der Athener die δευτέρα πολιτεία in ihren Grundzügen dargestellt hatte, übereingekommen, im nächsten Jahre ihre Wallfahrt zum Heiligthume des Zeus zu wiederholen und bei dieser Gelegenheit sich mit der τρίτη πολιτεία, deren Besprechung bereits in dem ersten Theile in Aussicht gestellt war, zu beschäftigen. Dies wird Plato im Prooemium des zweiten Theiles erwähnt haben, um die Fortsetzung des Gespräches zu motiviren.

Verweisungen auf frühere Erörterungen kommen in den Platonischen Gesetzen ungemein häufig vor, es hängt dies zusammen mit der behaglichen Breite der Darstellung, die nicht selten hart an das Pedantische streift; zum Theil mag es Absicht sein: die Personen des Gespräches sind namentlich Greise, daher auch der Dialog den Charakter des λόγος πρεσβυτικός an sich trägt. Dann aber macht sich unwillkürlich bei dem greisen Philosophen die dem höhern Alter eigene Redeweise geltend: bei einem Entwurfe, dem die letzte Hand fehlt, kann dies nicht auffallen.

Zuweilen sind solche Verweisungen entbehrlich, wie I, 629 D ὡς ἔφαμεν ἡμεῖς νῦν δή [1]) mit Bezug auf die Bemerkung über den Bürgerkrieg I, 628 B, die noch jedem gegenwärtig sein musste; dagegen ist I, 633 D εἰ γοῦν μεμνήμεθα τοὺς ἔμπροσθεν λόγους, womit die längere Erörterung I, 626 D ff. ins Gedächtnis gerufen wird, durchaus zweckmässig [2]). Zumal in den δεύτεροι Νόμοι waren solche Citate ganz an der Stelle, da hier das frühere Thema

---

1) Diese nachdrucksvollen Worte scheinen auf eine ausführliche Erörterung oder einen eigenthümlichen Gedanken, den der Schriftsteller besonders betonen zu müssen glaubte, hinzuweisen: aber keins von beiden trifft hier zu. Ich hebe dies Beispiel hervor, weil es für die Beurtheilung anderer Selbstcitate in dieser Schrift wichtig ist.

2) Diese Stelle zeigt, dass οἱ ἔμπροσθεν λόγοι auch ein früheres Studium der eben schwebenden Verhandlung bezeichnen kann.

wieder aufgenommen und, obwohl in anderer Weise, doch mit stetem Hinblick auf die Discussion der πρότεροι Νόμοι ausgeführt wird. Für die Untersuchung über die ursprüngliche Form des Werkes sind diese Selbstcitate von entschiedener Bedeutung; dass wir öfter ausser Stande sind, dieselben zu verificiren, hat bei einer Schrift, welche nicht vollständig erhalten ist, nichts Befremdliches, auch konnte Plato ab und zu auf einen Abschnitt verweisen, den er noch gar nicht ausgearbeitet hatte und erst bei der Revision einzuschalten beabsichtigte: Plato wird eben gerade so wie wir gearbeitet haben. Auf keinen Fall darf man, wozu Bruns hinneigt, diese Citate ohne Weiteres verdächtigen. Philippos hat hier und da solche Zusätze sich erlaubt, wie auch die Herausgeber der Aristotelischen Schriften ähnlich verfahren, aber es bedarf in jedem einzelnen Falle der umsichtigsten Prüfung.

Buch III, die Einleitung für den Verfassungsentwurf der kretischen Colonie, schildert die Anfänge und die weitere Entwickelung des staatlichen Lebens unter den Menschen, wobei wiederholt auf eine frühere Erörterung über die Ursachen der Blüthe und des Verfalles der Staaten Bezug genommen wird, welche sich an die dorische Staatengründung anlehnte. Diesen Abschnitt, der nicht mehr vorhanden ist, betrachtet Bruns als den verlorenen Eingang von Buch III. Aber abgesehen davon, dass dadurch die Einleitung über Gebühr ausgedehnt würde, darf man dem Philosophen eine so fehlerhafte Disposition nicht zutrauen. Plato würde ja die theoretische Erörterung der den Staat erhaltenden und auflösenden Principien durch die Frage nach dem Ursprunge des Staates (ἀρχὴ πολιτείας) und die Schilderung der politischen Zustände von der Urzeit bis auf die Gegenwart unterbrechen, um, bei den dorischen Staaten angelangt, von denen er ausgegangen war, jene erste Untersuchung wieder aufzunehmen, während der naturgemässe Gang war, mit der historischen Skizze zu beginnen und dann zu der theoretischen Erörterung sich zu wenden. Diese Untersuchung, an welche Plato hier wieder anknüpft, gehörte vielmehr den πρότεροι Νόμοι an, welche vorzugsweise der Besprechung principieller Fragen gewidmet waren; diese jetzt verlorene Verhandlung gehörte dem Eingange der πρότεροι Νόμοι an, hat also ihre Stelle vor Buch I. Auf die dort gewonnenen Resultate greift Plato in der Einleitung der δεύτεροι Νόμοι Buch III, 682 E zurück mit den Worten:

Ὅθεν δὴ κατ᾽ ἀρχὰς ἐξετραπόμεθα περὶ νόμων διαλεγόμενοι, περιπεσόντες μουσικῇ τε καὶ ταῖς μέθαις, νῦν ἐπὶ τὰ αὐτὰ πάλιν ἀφίγμεθα ὥσπερ κατὰ θεόν· καὶ ὁ λόγος ἡμῖν ὥσπερ λαβὴν ἀποδίδωσιν· ἥκει γὰρ ἐπὶ τὴν εἰς Λακεδαίμονα κατοίκισιν αὐτήν, ἣν ὑμεῖς ὀρθῶς ἔφατε κατοικεῖσθαι καὶ Κρήτην ὡς ἀδελφοῖς νόμοις. νῦν οὖν δὴ τοσόνδε πλεονεκτοῦμεν τῇ πλάνῃ τοῦ λόγου, διὰ πολιτειῶν τινῶν καὶ κατοικισμῶν διεξελθόντες· ἐθεασάμεθα πρώτην τε καὶ δευτέραν καὶ τρίτην πόλιν, ἀλλήλων ὡς οἰόμεθα ταῖς κατοικίσεσιν ἐχομένας ἐν χρόνου τινὸς μήκεσιν ἀπλέτοις· νῦν δὲ δὴ τετάρτη τις ἡμῖν αὕτη πόλις, εἰ δὲ βούλεσθε, ἔθνος ἥκει κατοικιζόμενόν τε ποτε καὶ νῦν κατῳκισμένον. ἐξ ὧν ἁπάντων εἴ τι ξυνεῖναι δυνάμεθα, τί τε καλῶς ἢ μὴ κατῳκίσθη, καὶ ποῖοι νόμοι σῴζουσιν αὐτῶν τὰ σῳζόμενα καὶ ποῖοι φθείρουσι τὰ φθειρόμενα [1]), καὶ ἀντὶ ποίων ποῖα μετατεθέντα εὐδαίμονα πόλιν ἀπεργάζοιτ᾽ ἄν, ὦ Μέγιλλέ τε καὶ Κλεινία, ταῦτα δὴ πάλιν οἷον ἐξ ἀρχῆς ἡμῖν λεκτέον, εἰ μή τι τοῖς εἰρημένοις ἐγκαλοῦμεν λόγοις.

Mit κατ᾽ ἀρχάς bezeichnet Plato eben jene grundlegende Erörterung im Eingange der πρότεροι Νόμοι, wo der Einfluss der conservativen Elemente an der Verfassung Spartas und Kretas nachgewiesen war [2]). Dabei wird ausdrücklich auf Äusserungen der beiden Mitunterredner Bezug genommen. Indem jetzt in der Einleitung der δεύτεροι Νόμοι das Gespräch von neuem auf Sparta und die Wirkung der erhaltenden wie zerstörenden Kräfte

---

1) Dieser Ausdruck erinnert an die Worte des Komikers ἦν τῶν τυράννων τίς τινα τῶν τεθνηκότων ἀποκτείνῃ, τάλαντον λαμβάνειν. Plato wird vielmehr σῴζουσι τὰ σωσόμενα geschrieben haben. Σωσόμενον ist das, was erhalten zu werden verdient; anderwärts gebraucht Plato σωθησόμενος, aber auch bei Theognis ist statt σῳζόμενος σωσόμενος oder vielmehr die dorische Form σῳξούμενος herzustellen. Demgemäss müsste man nun auch φθείρουσι τὰ φθερούμενα schreiben, aber diese Formel ist hier überhaupt schief, obwohl Ähnliches vorkommt, aber ich kann nicht glauben, dass Plato der rhetorischen Figur die Folgerichtigkeit des Gedankens aufgeopfert habe. Ich streiche daher τὰ φθειρόμενα, was von einem Abschreiber hinzugefügt ist. Nun ist die Fassung ähnlich wie 686 C, πολιτείας σῳζούσης καλὰ καὶ μεγάλα πράγματα ἢ καὶ τοὐναντίον διαφθειρούσας τὸ παράπαν.

2) Gleich darauf 683 E wird nochmals auf diese Erörterung Bezug genommen: ἢ νῦν δὴ μὲν ὀλίγον ἔμπροσθεν τούτοις περιτυχόντες τοῖς λόγοις οὕτω ταῦτ᾽ ἐτίθεμεν ..... περιτυχόντες γὰρ ἔργοις γενομένοις, ὡς ἔοικεν, ἐπὶ τὸν αὐτὸν λόγον ἐληλύθαμεν. Ferner 689 C τῷ λόγῳ, ὃν ὀλίγον ἔμπροσθε προυθέμεθα.

kommt, wird alles, was zwischen diesen beiden Punkten liegt, was den eigentlichen Inhalt der ersten Abtheilung bildete, als ἐκτροπή bezeichnet. Davon ist die πλάνη τοῦ λόγου wohl zu unterscheiden, denn hier ist von der historischen Skizze die Rede, womit die zweite Abtheilung eröffnet wird; jedem Missverständnisse ist vorgebeugt durch den Zusatz διὰ πολιτειῶν τινῶν καὶ κατοικισμῶν διεξελθόντες, und in den folgenden Sätzen wird der wesentliche Inhalt des unmittelbar vorausgegangenen Gespräches recapitulirt[1]). Zum Schluss heisst es, man müsse die frühere Unterredung wieder aufnehmen, sofern man mit den seiner Zeit gewonnenen Resultaten auch jetzt einverstanden sei (τὰ εἰρημένα ist gleichbedeutend mit οἱ ἔμπροσθεν λόγοι, d. h. die Einleitung der ersten Abtheilung).

Die Worte περιπεσόντες μουσικῇ τε καὶ ταῖς μέθαις, welche sich schon durch ihre Stellung als ein fremdes Emblem verrathen[2]), sind als Zusatz des Herausgebers auszuscheiden. Jenen grundlegenden Abschnitt über die erhaltenden und zerstörenden Kräfte im Staatsleben fand schon Philippos nicht mehr vor, er bezog daher irrthümlich diese Stelle des Buches III auf den Eingang von Buch I. Da auch dort von Sparta und spartanischen Institutionen gehandelt wird, glaubte er eben in diesem Buch I den Anfang des ganzen Werkes zu finden und versuchte nun demgemäss die Platonische Schrift wiederherzustellen. Nach dieser Redaction giebt Plato, nachdem er die Mängel der spartanischen und kretischen Einrichtungen aufgedeckt hatte, die wirksamsten Mittel an, welche der Gesetzgeber anwenden müsse, um die rechte Bildung der Bürger zu fördern. Die ausführliche Verhandlung über die Organisation der Trinkgelage und die Musik (Buch I, zweite Hälfte, und Buch II), welche in sehr ungehöriger Weise Buch I, erste Hälfte, und Buch III trennt[3]), ist dem Herausgeber eben ein Excurs, den, wie er vermeinte, Plato selbst

---

1) Weil dieses Gespräch mit den Anfängen der Menschheit begann und weite Strecken der Geschichte wie im Fluge zurücklegte, redet Plato von einer πλάνη τοῦ λόγου. Platos Darstellung in dieser Schrift nimmt die volle Aufmerksamkeit des Lesers in Anspruch; wer nicht sorgfältig dem Gedankengange folgt, wird nicht selten den Philosophen missverstehen.

2) Plato würde geschrieben haben: κατ' ἀρχὰς περὶ νόμων διαλεγόμενοι ἐξετραπόμεθα περιπεσόντες μουσικῇ τε καὶ ταῖς μέθαις.

3) Sofern man eben mit Philippos diese Bücher als Theile eines einheitlichen Werkes betrachtet.

an anderer Stelle durch ἐξετραπόμεθα angedeutet und gleichsam entschuldigt hatte. Es ist klar, dass eben diese missverstandene Stelle den Philippos zu seinem ungeschickten Restitutionsversuch veranlasste, und um nun auch den Leser genügend zu orientiren, schaltete er hier auf eigene Hand die Worte περιπεσόντες μουσικῇ τε καὶ ταῖς μέθαις ein, welche für die Redaction des Lokrers passen, aber durchaus mit den Intentionen Platos streiten[1]).

Noch bedeutsamer ist, was unmittelbar folgt. Der Spartaner[2]) ergreift mit Freuden den Vorschlag des Atheners:

Εἰ γοῦν, ὦ ξένε, τις ἡμῖν ὑπόσχοιτο θεός, ὡς, ἐὰν ἐπιχειρήσωμεν τὸ δεύτερον τῇ τῆς νομοθεσίας σκέψει, τῶν νῦν εἰρημένων λόγων οὐ χείρους οὐδ' ἐλάττους ἀκουσόμεθα, μακρὰν ἂν ἔλθοιμι ἔγωγε, καί μοι βραχεῖ' ἂν δόξειεν ἡ νῦν παροῦσα ἡμέρα γίγνεσθαι[3]).

Die drei Greise sind also hier im Buch III im Begriff, die Untersuchung über Gesetzgebung zum zweiten Male vorzunehmen. Diese unzweideutigen Worte bestätigen in erwünschter Weise, dass mit Buch III die δεύτεροι Νόμοι beginnen und dass in dem Verfassungsentwurf für die kretische Colonie ein Bild der τρίτη πολιτεία gezeichnet werden soll. Vorliegende Stelle ist mit der anderen Buch V, [733 D], welche mir zumeist Aufschluss über Plan und Anlage der Platonischen Arbeit gewährte, durchaus im Einklange; jenes Bruchstück gehört den πρότεροι Νόμοι an; nach deren Vollendung beginnt Plato hier die Darstellung der Verfassung dritter Ordnung, welche er dort verheissen hatte. Wenn der Spartaner die Zuversicht äussert, die Untersuchungen über Gesetzgebung, welche nun beginnen, würden nicht minder wichtig und fruchtbringend sein, als die eben beendeten Dis-

---

1) Auch Bruns S. 155 und 165 tilgt jene Worte; da er aber der verlorenen theoretischen Erörterung ihre Stelle B. III zu Anfang anweist, verdächtigt er den ganzen Eingang dieser Stelle ὅθεν ... λαβὴν ἀποδίδωσιν. Dies ist ein Schnitt in das gesunde Fleisch; auch hat Bruns nicht beachtet, dass in Folge dieser Athetese der Rest ἥκει γὰρ ἐπὶ κτλ. völlig in der Luft schweben würde.

2) Dem Spartaner wird mit Fug diese Rolle zugetheilt; er hatte auch schon vorher τί μήν gesagt, eine Formel, die sonst gewöhnlich der Kreter gebraucht (es war dies wohl eine auf der Insel besonders beliebte Redewendung), die aber auch zuweilen der Lakone im Munde führt; die Megarenser sagten σά μάν, was vielleicht auch bei anderen Stammgenossen üblich war, Epicharm τί μάν.

3) Diese Stelle giebt auch Aufschluss über die Jahreszeit, in welche das Gespräch verlegt wird; es war einer der längsten Tage, da die Sonnenwende nahe bevorstand; wahrscheinlich war dies für Kreta ein hoher Festtag.

cussionen [1]), so geht daraus zur Genüge hervor, dass Plato auf die Darstellung der τρίτη πολιτεία nicht geringeren Werth legt, als auf die der δευτέρα πολιτεία. Beide sollten gewissermassen mit dem Idealstaate der Πολιτεία verbunden eine grosse Trilogie bilden, welche das gesammte System der Platonischen Staatslehre, wie es allmählich fortgebildet und zur Reife gelangt war, umfasste [2]).

Verweisungen und Beziehungen auf die πρότεροι Νόμοι finden sich auch sonst in den δεύτεροι Νόμοι, ein deutlicher Beweis, dass beide nur als Theile eines einheitlichen Werkes zu betrachten sind, wie ja auch die Träger des Gespräches in beiden Abtheilungen dieselben sind, an der Scenerie nichts geändert ist. Wenn wir III, 685 B lesen διελθεῖν τὴν ὁδὸν ἀλύπως, ὡς ἔφαμεν, ἡνίκα ἠρχόμεθα πορεύεσθαι, so weist dies auf I, 625 A zurück προςδοκῶ οὐκ ἂν ἀηδῶς περὶ πολιτείας τὰ νῦν καὶ νόμων τὴν διατριβὴν λέγοντάς τε καὶ ἀκούοντας ἅμα κατὰ τὴν πορείαν ποιήσεσθαι. Dies bestätigt, dass Buch I, obschon im Eingange eine wichtige Erörterung verloren ist, auf welche eben die angezogenen Worte 625 A folgten, den Anfang der πρότεροι Νόμοι bildete. Damit stimmt vollkommen III, 688 A, wo die Erinnerung an τὰ κατ' ἀρχὰς λεχθέντα auf das I, 625 D ff. erörterte Thema zurückweist. Bruns' Verdächtigung und Nörgeleien S. 168 f., der die ganze Stelle nach Inhalt wie Form des Plato unwürdig

---

[1]) In den Worten τῶν νῦν εἰρημένων λόγων ist νῦν zu tilgen, denn es sind die Erörterungen der πρότεροι Νόμοι gemeint, die gleiche Beziehung treffen wir unmittelbar vorher τοῖς εἰρημένοις ἐγκαλοῦμεν λόγοις. Den Ausdruck zu variiren wäre in diesem Falle unstatthaft, man darf also nicht νῦν δὴ schreiben, obwohl an sich passend (vergl. 683 E ὀλίγον ἔμπροσθεν τούτοις περιέχοντες τοῖς λόγοις von derselben Verhandlung). Nach der überlieferten Lesart νῦν müsste man darunter den Anfang der historischen Skizze B. III, 676—683 B verstehen, aber diese noch nicht einmal abgeschlossene Schilderung kann in keiner Weise mit der nachfolgenden δευτέρα σκέψις τῆς νομοθεσίας zusammengestellt werden.

[2]) Bruns (S. 173) dehnt die Athetese auch auf diese Stelle aus: „In breiter Exposition einen Gesprächsplan motiviren, mit vorbereitenden Excursen weit ausholend einsetzen, dann alles aufgeben, mit völlig veränderten Voraussetzungen von neuem beginnen und nur einmal gelegentlich bemerken, dass dieser zweite Versuch wohl auch gute Reden zu Tage führen werde, so legt kein primärer Autor ein Werk, geschweige einen Dialog an." Folglich ist diese Stelle von Philippos eingeschaltet. Was aus der Platonischen Darstellung wird, wenn man diesen Satz streicht, darüber geht Bruns vollständig mit Stillschweigen hinweg: ἔστι γὰρ σιγᾶς ἀκίνδυνον γέρας.

Bergk, Abhandlungen.

nennt, dürfen besonnene und vorurtheilsfreie Leser nicht beirren; der Standpunkt Platos in der δεύτεροι Νόμοι, welche sich mit der Untersuchung über den Staat dritter Ordnung beschäftigen, ist ein anderer, als in den πρότεροι Νόμοι, welche nicht so sehr den Bedürfnissen des wirklichen Lebens als idealen Forderungen entsprechen [1]). Diese Differenz ist auch Bruns anderwärts nicht entgangen, man vergl. S. 222, wo er eben aus diesem Grunde einzelne Partien aus dem Verfassungsentwurfe der kretischen Colonie ausscheidet. Wenn Bruns in den Worten 688 B εἰ μὲν βούλεσθε, ὡς παίζων, εἰ δ', ὡς σπουδάζων ein Platos unwürdiges Spielen mit dem Gegensatze des Ernstes und Scherzes findet und deshalb hier wie in ähnlichen Stellen die Hand des Herausgebers wahrzunehmen glaubt, so will ich nur daran erinnern, dass Plato unmittelbar vorher 685 A diese Unterhaltungen der Greise als παίζειν παιδιὰν πρεσβυτικὴν σώφρονα bezeichnet hatte. Und wenn Philippos in der Epinomis denselben Ton anschlägt, so wird er eben dem Vorgange seines Meisters gefolgt sein, und wir sind nicht berechtigt, darauf hin ihn als Fälscher platonischer Schriften zu verdächtigen. Nicht nur in den Gesetzen, sondern auch in anderen Werken Platos stösst man auf gar manches Wunderliche, an einen so eigenartigen Geist darf man nicht den landläufigen Massstab legen. — Gleichfalls auf die πρότεροι Νόμοι weisen zurück die Worte III, 702 A ἔτι δὲ τοὺς ἔμπροσθεν τούτων γενομένους ἡμῖν λόγους περί τε μουσικῆς καὶ μέθης καὶ τὰ τούτων ἔτι πρότερα, nur muss man περί τε μουσικῆς καὶ μέθης καὶ τὰ τούτων ἔτι πρότερα als Zusatz des Herausgebers ausscheiden: οἱ ἔμπροσθεν τούτων λόγοι sind die gesammten Verhandlungen des ersten Theiles. Philippos, der den ursprünglichen Plan des Platonischen Werkes nicht erkannte, schloss doch aus dieser Stelle, dass dem III. Buch noch andere Erörterungen vorausgegangen sein mussten. Diese Beobachtung wie andere Gründe bestimmten ihn, Buch I und II, die er aus verschiedenen Bruchstücken zusammenfügte, voranzustellen, und so benutzt er die Gelegenheit, um durch diesen erläuternden Zusatz Buch III mit Buch I und II seiner Redaction zu verknüpfen und dem Verständnis seiner Leser, wie er wohl meinte, nachzuhelfen. Philippos' Hand hat auch Bruns S. 170 erkannt, aber er irrt ent-

---

[1]) Bei einer anderen Gelegenheit III, 693 B findet es Plato selbst nöthig, sich gegen Missverständnisse, gegen den Vorwurf der Inconsequenz zu verwahren.

schieden, wenn er zugleich die echten Worte Platos ἔτι δὲ τοὺς ἔμπροσθεν τούτων γενομένους ἡμῖν λόγους tilgen will, welche ja eben zu dieser Interpolation Anlass gaben: Philippos würde schwerlich hier einen Zusatz gemacht haben, hätte er nicht jene Verweisung vorgefunden. Dieselbe ist unbedingt nothwendig, da gleich darauf Plato fortführt: ταῦτα γὰρ πάντα εἴρηται τοῦ κατιδεῖν ἕνεκα, πῶς ποτ᾽ ἂν πόλις ἄριστα οἰκοίη καὶ ἰδίᾳ πῶς ἄν τις βέλτιστα τὸν αὑτοῦ βίον διαγάγοι. Tilgt man mit Bruns jene Verweisung, dann würden sich diese Worte auf Buch III beziehen, dessen Inhalt eben recapitulirt worden war; allein durch die historische Übersicht der staatlichen Entwickelung in Buch III wird nimmermehr die umfassende und schwierige Aufgabe, welche hier bündig formulirt ist, erfüllt. Diese Worte bezeichnen so bestimmt als möglich das hohe Ziel, welches sich Plato in den πρότεροι Νόμοι gesteckt hatte, die eben der Darstellung des zweitbesten Staates gewidmet waren. Gleichfalls auf den gesammten ersten Theil bezieht sich unmittelbar darauf 702 B τὰ τῶν λόγων τούτων πάντων ὧν διεξήλθομεν und D ἐκ τῶν εἰρημένων ἐκλέξαντες. Kleinias war ermächtigt, bei der Constituirung der neuen Ansiedelung nicht nur die heimische Gesetzgebung zu benutzen, sondern auch εἴ τινες ἑτέρωθεν (νόμοι) μηδὲν ὑπολογιζομένοις τὸ ξενικὸν αὐτῶν, ἂν βελτίους φαίνωνται. In diese Kategorie gehört auch des Atheners Verfassungsentwurf für die δευτέρα πολιτεία, von dem sich Kleinias auch für die ihm gestellte Aufgabe wesentlichen Nutzen verspricht. — Ebenso verdächtigt Bruns ohne allen Grund III, 699 C ἣν αἰδῶ πολλάκις ἐν τοῖς ἄνω λόγοις εἴπομεν, ᾗ καὶ δουλεύειν ἔφαμεν δεῖν τοὺς μέλλοντας ἀγαθοὺς ἔσεσθαι; Hier hat Plato offenbar eine bestimmte nicht mehr vorhandene Stelle der πρότεροι Νόμοι im Sinne [1]).

---

[1]) Der ehrfurchtsvollen Scheu vor dem Gesetz zu erwähnen hatte Plato mehrfach Anlass, aber unverkennbar hebt er eine Stelle hervor, die er genauer bezeichnet; dadurch ist III, 698 B ausgeschlossen, ebenso I, 647 A (auf diese Stelle könnte II, 671 D zurückweisen). Philosophen und Grammatiker pflegen Sätze, auf welche sie besonders Gewicht legen, häufig zu wiederholen, und ein hinzugefügtes πολλάκις dient dazu, die Aufmerksamkeit der Zuhörer wach zu rufen: aus dem Lehrvortrage geht die Formel in die schriftliche Darstellung über. In Platos Gesetzen finden sich mehrfach Belege dafür (z. B. IV, 711 A), und so trifft es sich zuweilen, dass πολλάκις in einer Schrift vorkommt, welche für die Sache selbst keinen weiteren Beleg darbietet.

Auch Buch IV bezeugt, wie bei den Verhandlungen über die τρίτη πολιτεία Plato fortwährend die Ergebnisse der ersten Abtheilung im Auge behält; so fragt 705 D der Kreter: εἰς δὴ τί τῶν εἰρημένων βλέψας εἶπες ὃ λέγεδ; [Hier] wird auf das κατ' ἀρχὰς εἰρημένον περὶ τῶν Κρητικῶν νόμων verwiesen, d. h. auf die Erörterungen Buch I. Wie Bruns den betreffenden Satz als Interpolation des Herausgebers ansehen konnte, ist mir unverständlich; denn wenn man ihn entfernt, zerstört man diesen Theil des Dialoges vollständig. Die Frage des Kreters erfordert eine Erwiderung, und die folgenden Worte τοῦτον γὰρ δὴ τίθεσθαι τὸν νόμον setzen voraus, dass unmittelbar vorher dieses Gesetz näher charakterisirt war. — Die Bemerkung IV, 707 D εἴρηται δ' ἡμῖν, οἶμαι, καὶ τοῦτο ἐν τοῖς πρόσθεν bezieht Bruns wohl richtig auf die nicht mehr vorhandene Discussion über die den Staat erhaltenden Principien. — In Betreff der Beschränkung der dichterischen Redefreiheit wird 719 B σμικρῷ δὴ πρόσθεν ἆρα οὖν ἠκούσαμεν auf eine frühere Verhandlung verwiesen; wegen σμικρῷ könnte man geneigt sein, dies auf III, 700 A ff. zu beziehen, allein direkt wird dort kein solches Verbot ausgesprochen, und bei Verweisungen auf unmittelbar Vorausgehendes darf man voraussetzen, dass das Citat genau zutrifft, während bei Beziehungen auf die erste Abtheilung Plato sich nicht immer genau erinnern mochte, was er früher über dasselbe Thema gesagt hatte. Wir haben eben hier ein Werk vor uns, dem die abschliessende Revision des Autors fehlt. Ich beziehe daher das Citat auf die verwandten Erörterungen in Buch II, welche den πρότεροι Νόμοι angehören. Bruns, der jenen Abschnitt dem Buch VII zuweist, kann selbstverständlich auch hier nur eine Bemerkung des Herausgebers finden (S. 172).

ÜBER DIE ECHTHEIT DER ΔΙΑΛΕΞΕΙΣ.

III.

Über die Echtheit der διαλέξεις.

Pro captu lectoris habent sua fata libelli.

Bei der einseitigen Richtung der modernen Kritik, welche vorzugsweise darauf ausgeht, Unechtes und Gefälschtes zu beseitigen, während die wahre Kritik vor allem auch dem Echten gebührende Anerkennung zu verschaffen strebt, ist es nicht zu verwundern, wenn heut zu Tage in den weitesten Kreisen das Bestreben herrscht, jede pseudepigraphe Schrift ohne Weiteres zu discreditiren. Die Schrift, auf welche ich die Aufmerksamkeit lenken möchte, ist anonym überliefert, aber da sie unglücklicher Weise unter die Fragmente der Pythagoreer gerathen ist, so haftet auch an ihr ganz unverdient der Makel der Fälschung. Nicht ohne triftige Gründe betrachtet man diesen Nachlass der Pythagoreischen Schule, soweit er der Zeit vor der römischen Kaiserherrschaft angehört, mit Misstrauen, aber es ist nicht gerechtfertigt, wenn man diese litterarische Thätigkeit der Pythagoreer auf das erste Jahrhundert vor Christus beschränkt; die herrschende Vorstellung, welche Archytas und seine Zeitgenossen als die letzten Vertreter der Pythagoreischen Philosophie betrachtet und die Wiederbelebung dieser Studien der Jugendzeit des Cicero zuweist, ist irrig; sie gründet sich lediglich auf eine missverstandene Äusserung des Aristoxenos, die nicht mehr zu bedeuten hat, als wenn heutiges Tages einer sagen würde, Schelling, Hegel und Herbart waren die letzten deutschen Philosophen. Die Pythagoreische Schule ist niemals erloschen, hinsichtlich der langen Dauer des Bestandes kann keine andere sich mit ihr messen. Jene litterarische Thätigkeit vertheilt sich auf den langen Zeitraum zwischen Platos Tod und Augustus, und jetzt wird manches in anderem Lichte erscheinen. Doch dies näher auszuführen ist hier nicht der Ort, denn die Schrift, welche ich der unverdienten Nichtachtung entreissen möchte, gehört einem ganz anderen Kreise an.

H. Stephanus hat im Anhange seiner Ausgabe des Diogenes Laertios, Paris 1570 [p. 470—482], zum ersten Male diese kleine aus fünf Abschnitten bestehende und im dorischen Dialekt verfasste Abhandlung unter dem Titel $\Delta\iota\alpha\lambda\acute{\epsilon}\xi\epsilon\iota\varsigma$ nebst den Fragmenten der Pythagoreer veröffentlicht, ohne anzugeben, woher dieselbe in seine Hände gelangte. Die dorische Mundart mag ihn veranlasst haben, die $\delta\iota\alpha\lambda\acute{\epsilon}\xi\epsilon\iota\varsigma$ mit dem Nachlasse der Pythagoreer zu verbinden, und diese Verbindung ist von den späteren Herausgebern Thomas Gale (opuscula Mythologica etc., S. 704 ff., Amsterdam 1687), C. Orelli (opusc. Graec. vet. sententiosa II, p. 209 ff., Lipsiae 1821) und Mullach (Fragm. Philos. Gr. I, S. 544 ff., Paris 1860) beibehalten worden. Joh. North, der die $\delta\iota\alpha\lambda\acute{\epsilon}\xi\epsilon\iota\varsigma$ genauer sich angesehen, da er sie ins Lateinische übersetzt und commentirt hat (in der Ausgabe von Gale), bemerkt sehr richtig, dass die Schrift sich unverkennbar als ein Werk der klassischen Zeit ankündige, aber auch ihm ist der Verfasser ein Pythagoreer aus Unteritalien oder Sicilien. Dies begründet er hauptsächlich mit dem Gebrauch des dorischen Dialektes, und eben dieser falsche Schluss liess ihn auch den Zweck der Schrift völlig verkennen, er findet darin eine Bekämpfung der sophistischen Eristik, und so gilt denn Norths Nachfolgern die Schrift als eine dissertatio antisceptica[1]), während dieselbe doch ganz offen den Standpunkt des Scepticismus vertritt und schon deshalb nimmermehr von einem Pythagoreer verfasst sein kann. Zuletzt hat Gruppe (Fragmente des Archytas, Berlin 1840) die hergebrachte Ansicht mit einer Willkür und Leichtfertigkeit, die selbst bei einem Dilettanten unzulässig ist, fortzubilden versucht; er findet (S. 126) die

---

[1]) Um diese Auffassung zu rechtfertigen, müsste man annehmen, der Verfasser habe seine eigene Ansicht völlig zurückgehalten, das Ganze sei eine Satyre auf das Treiben der Sophisten, aber davon ist keine Spur wahrzunehmen. North begnügt sich einfach zu sagen: quae hic affert, et contra quae disputat, ieiunam sophistarum $\grave{\epsilon}\varrho\iota\sigma\tau\iota\varkappa\grave{\eta}\nu$ sapiunt et inanes captiunculas, quibus adversarios irretire conati sunt. Dies wäre ganz zutreffend, wenn man contra streicht, aber North geht eben von der falschen Praemisse aus, weil der Verfasser dorisch schreibt, ist er ein Pythagoreer und folglich ein Gegner der Sophisten.

grösste Ähnlichkeit zwischen diesen διαλέξεις und den Fragmenten des Archytas, namentlich dem Bruchstücke περὶ τοῦ ὄντος, beide müssen daher einen Verfasser haben; derselbe Fälscher, der unter Archytas' Namen seine eigenen Compositionen veröffentlichte, hat auch die διαλέξεις verfasst. Dass das Bruchstück περὶ τοῦ ὄντος an die διαλέξεις erinnert, geht sehr einfach zu; Archytas bekämpft hier den Scepticismus der Sophisten, den die διαλέξεις vertreten; heissen wir Gruppes Hypothese gut, dann hätte der Fälscher, indem er seinen Standpunkt wechselte, gegen sich selbst polemisirt, dies wäre in der That der Gipfel sophistischer Kunst. Aber Gruppe hat die Stelle des Archytas arg missverstanden, indem er S. 100 behauptet, mit den Worten παντᾷ μοι δοκοῦσιν ἁμαρτάνειν οἱ λέγοντες δύο λόγως περὶ παντὸς λέγεσθαι ἐναντίως ἀλλάλοις ναμαρτέας ἀμφοτέρως (bei Stob. Ekl. phys. II, 2, 4) werde den Philosophen vor Archytas eine Albernheit und Unmöglichkeit zugemuthet; aber eben diesen Satz stellten ja die Eristiker auf, den Archytas mit den Waffen des gesunden Menschenverstandes bekämpft[1]). Aber ebenso wenig hat Gruppe die διαλέξεις verstanden, indem er S. 144 Cap. 3 analysirt; wo der Satz, Lug und Betrug sei mit dem Begriff der Gerechtigkeit vereinbar, ausgeführt wird, macht er die naive Bemerkung, es sei dies ein sehr befremdliches Thema für einen Philosophen, man dürfe hier nicht die wahre Meinung des Schreibenden suchen. Da der Verfasser nach Gruppe ein Pythagoreer ist oder doch die Maske eines Pythagoreers trägt, muss hinter allem eine versteckte Ironie liegen[2]); wenn die Illusion in den Werken der tragischen Poesie und Malerei als der höchste Gipfel der Kunst bezeichnet wird, so gesteht damit der Verfasser seine eigene Fälschung ein. Gruppe geht aber noch weiter. Der Verfasser beruft sich zur Unterstützung seines Satzes auf einige Verse aus den Räthseln der Kleobuline; Gruppe behauptet, dies Distichon habe mit der Räthselpoesie nichts gemein, es sei gefälscht und enthalte eine versteckte Anspielung auf Flavius, den Präfecten von Aegypten, der sich den erbitterten Hass der Judenschaft zu Alexandria zugezogen hatte, weil er der

---

1) Archytas behauptet keineswegs, dass er einen neuen ihm eigenthümlichen Lehrsatz aufstelle, wie Gruppe meint, getäuscht durch die fehlerhafte Lesart πρᾶτον τοῦτ', wofür zu schreiben ist ἐγὼ δὲ περὶ πράγματος τωὑτῶ ἀδύνατον νομίζω κτλ.

2) Es ist dies, wie ich schon bemerkt habe, die letzte Ausflucht, zu der die irrige Voraussetzung über das Glaubensbekenntnis des Verfassers nöthigt.

antisemitischen Bewegung nicht energisch genug entgegengetreten war. Nach dieser Entdeckung ist es für Gruppe nicht mehr zweifelhaft, dass der Verfasser der Schriften des Archytas und der διαλέξεις ein Jude war und unter der Regierung des Kaisers Caligula schrieb; aus einer Stelle c. 4 wird gefolgert (S. 149), dass der Verfasser zu Alexandria lebte [1]), und so fällt es dem scharfsinnigen Ausleger nicht schwer, auch sonst mancherlei semitische Reminiscenzen aufzuspüren, welche für ein profanes Auge unsichtbar sind [2]). So hat sich das verjährte Vorurtheil, dessen Grundlosigkeit jeder aufmerksame und mit der Geschichte der griechischen Philosophie vertraute Leser durchschauen musste, mit wunderbarer Zähigkeit bis auf den heutigen Tag behauptet.

Über die Handschriften, in welchen die διαλέξεις überliefert sind, fehlt jede genauere Angabe, wir wissen nur, dass der Codex des Sextus Empiricus in der Zeitzer Stiftsbibliothek, sowie ein anderer in Königsberg diese Schrift enthält [3]); hier erscheint dieselbe in passender Gesellschaft als Anhang zu den Werken der namhaftesten Vertreter des Scepticismus in römischer Zeit. Ein

---

1) Die Worte τὰ γὰρ τῇδε ὄντα ἐν τᾷ Λιβύᾳ οὐκ ἔντι sollen zwar nach Gruppe den Leser glauben machen, die Schrift sei in Italien verfasst, aber durch den Zusatz οὐκ ἐν τᾷ Λιβύᾳ verrathe er sich selbst; auch hier wird der neupythagoreische Ursprung der Schrift festgehalten; Gruppe hat, wie ich nachher zeigen werde, die Stelle durchaus missverstanden.

2) In welchem Verhältnisse die Schrift des Archytas zu den διαλέξεις steht, habe ich bereits bemerkt; die Theorie der Sophisten war in jener Zeit allgemein bekannt: die Polemik braucht nicht an eine Schrift, am wenigsten eine secundäre Quelle wie die διαλέξεις, anzuknüpfen; dass die sophistische Doctrin hier wie dort gleichlautend bis auf die Beispiele herab dargestellt wird, ist ganz natürlich. Ob die Schrift des Archytas echt oder gefälscht sei, lässt sich schwer entscheiden, da nur dieses eine nicht gerade umfangreiche Bruchstück vorliegt, welches überhaupt dem Verfasser keine Gelegenheit bot, seine Eigenthümlichkeit zu bekunden. Die Undankbarkeit der Athener gegen ihre grossen Männer ist allerdings ein beliebtes Thema der späteren Zeit, aber recht wohl konnte auch der tarentinische Philosoph diesen Charakterzug hervorheben; dass derselbe gegen die Eristiker sich wendet, deren Lehren vielleicht auch in seiner Umgebung Eingang gefunden hatten, ist nicht auffallend; in einer gefälschten Schrift scheint mir diese Polemik weit befremdlicher; unmittelbar nach Archytas' Tode wird man nicht gewagt haben, ihm Schriften zu unterschieben; in späterer Zeit war eine Bekämpfung des Scepticismus der Sophisten zwecklos, und die Pythagoreischen Fälscher verfolgen in der Regel eine bestimmte Tendenz.

3) Die Breslauer Handschrift ist unvollständig; ob die Schrift in der Oxforder (codex Saviliamus) sich findet, ist unbekannt.

Anhänger dieser Richtung oder auch ein eifriger Büchersammler wird in einer Bibliothek das Bruchstück aufgefunden und seinem Exemplare des Sextus angefügt haben; sollte dasselbe auch in Verbindung mit anderen fremdartigen Schriften sich finden, so dürfte dies nicht befremden, da man diese Beobachtung auch anderwärts macht.

Was wir über die Eristik der Sophisten wissen, geht hauptsächlich auf die Mittheilungen Platos und Aristoteles' zurück. Plato führt uns im Euthydemos das Treiben der Eristiker unmittelbar vors Auge; die Schilderung ist höchst anschaulich und reich an charakteristischen Zügen, aber mit lässlicher Freiheit behandelt. Aristoteles, der im IX. Buche der Topik die σοφιστικοὶ ἔλεγχοι eingehend bespricht, geht nicht sowohl darauf aus, die Theorie und Praxis der sophistischen Dialektik darzustellen, sondern giebt eine Kritik dieser Methode, indem er lehrt, wie man verfahren müsse, um diese Trugschlüsse zu erkennen und zurückzuweisen. Diese Schilderungen sind von Augenzeugen, aber von entschiedenen Widersachern der sophistischen Richtung entworfen: da verlohnt es sich wohl der Mühe, die Aufmerksamkeit auf eine Schrift hinzulenken, welche bisher keine Beachtung gefunden hat, die sie vor allen in Anspruch nehmen darf, da sie aus dem Kreise der Sophisten selbst hervorgegangen ist, und zwar veranschaulichen diese verschollenen διαλέξεις die Methode der älteren Sophisten, während Plato und Aristoteles die jüngere Generation der vorgeschrittenen Eristiker vor Augen haben[1]). Diese authentische Urkunde, die überhaupt gar manches werthvolle und interessante Detail darbietet, vervollständigt in erwünschter Weise jene Berichte und bestätigt zugleich ihre Treue und Wahrhaftigkeit; denn unser Urtheil über die Sophisten wird dadurch in keinem wesentlichen Punkte modificirt, und diese Rechtfertigung der beiden grossen Philosophen . . . . .

[Hier bricht die Ausarbeitung mitten auf der Seite ab.]

Die Schrift zeigt durchaus das Gepräge der klassischen Zeit; der Gedanke, als ob hier ein litterarischer Betrug vorliege, ist fern zu halten, eine solche Fälschung, wenn auch noch so geschickt durchgeführt, verräth sich regelmässig; ein Fälscher, gleichviel ob er eine bestimmte litterarische Tendenz verfolgte oder nur pecuniären Gewinn bezweckte, hätte sein Machwerk unter einem

---

1) Platos Euthydemos . . .

bestimmten Namen eingeführt; ebenso wenig war es möglich, ein anonymes Werk jüngerer Zeit, dem man einen wohlbekannten Namen vorsetzte, auf den Büchermarkt zu bringen, denn der Verfasser hat seine Zeit ausreichend gekennzeichnet und hält seinen Namen nicht zurück. Wenn der Verfasser c. 2 in Betreff der Lakedaemonier behauptet: καὶ τὼς παῖδας μὴ μανϑάνειν μωσικὰ καὶ γράμματα καλόν· "Ιωσι δ' αἰσχρὸν μὴ ἐπίστασϑαι ταῦτα¹), so wird vielleicht mancher diesen Vorwurf für unberechtigt oder übertrieben halten, da insbesondere die Pflege der musischen Kunst in Sparta seit alter Zeit heimisch und auch damals keineswegs erloschen war. Allein in Betreff der γράμματα ist das Urtheil des Isokrates Panath. § 209 vollkommen gleichlautend: τοσοῦτον ἀπολελειμμένοι τῆς κοινῆς παιδείας καὶ φιλοσοφίας εἰσίν, ὥστ' οὐδὲ γράμματα μανϑάνουσιν κτλ. Hinsichtlich der Musik verweise ich auf die Bemerkung des Aristoteles Polit. VIII, 5, 6, auch ohne die Musik gelernt zu haben, könne man doch durch Anhören anderer sich ein musikalisches Urtheil aneignen: ὥσπερ οἱ Λάκωνες· ἐκεῖνοι γὰρ οὐ μανϑάνοντες ὅμως δύνανται κρίνειν ὀρϑῶς, ὥς φασί, τὰ χρηστὰ καὶ τὰ μὴ χρηστὰ τῶν μελῶν. Die Ausübung der musischen Kunst werden die Lakonier auch damals nicht vernachlässigt haben, aber ein methodischer Unterricht, wie er in Athen und anderwärts stattfand, war unbekannt, daher erschienen sie den übrigen Hellenen als ungebildet, und indem sie gegen alle Neuerungen in der Musik sich ablehnend verhielten, wollte man auch ihr Urtheil nicht mehr wie ehedem gelten lassen; andere freilich meinten, selbst hier habe dieses neumodische Unwesen Eingang gefunden ²).

Ebenso wenig giebt die Sprache der Schrift irgendwie begründeten Anlass zu Verdächtigungen. Der Accent, welchen Aristoteles und alle Späteren προσῳδία nennen, wird hier ἁρμονία genannt, dies ist die ältere Bezeichnung, die sich nur noch bei Plato nachweisen lässt ³). Wenn der Sophist c. 2 vier Verse

---

1) Die Handschrift ταῦτα πάντα; dies ist in παρὰ zu verändern und mit dem folgenden Satze zu verbinden.

2) Aristoxenos, den Plutarch de musica 31 ausschreibt, vermisste die frühere Tüchtigkeit: οἱ συνετοὶ τὸ εἰκῆ ἀποδοκιμάζουσιν, ὥσπερ Λακεδαιμόνιοι τὸ παλαιὸν καὶ Μαντινεῖς καὶ Πελληνεῖς. ἕνα γάρ τινα τρόπον ἢ παντελῶς ὀλίγους ἐκλεξάμενοι, οὓς ᾤοντο πρὸς τὴν τῶν ἠϑῶν ἐπανόρϑωσιν ἁρμόττειν, αὐτῇ τῇ μουσικῇ ἐχρῶντο.

3) Plato Kratyl. 416 B, wo Sokrates seine Etymologie des Wortes καλόν mit

eines Tragikers mit den Worten einführt παρεξοῦμαι δὲ καὶ ποίημά τι und c. 3 schreibt ϑέλω δὲ καὶ ποιήματα τῶν παλαιοτέρων μαρτύριον ἐπαγαγέσθαι, so stimmt dies durchaus mit dem Sprachgebrauche der klassischen Zeit, welche eine Dichterstelle ποίημα, Verse ποιήματα nennt[1]). Dass ἐνταφιοπώλας (c. 1, d. h. wohl ein Steinmetz oder Bildhauer, der Grabdenkmäler feil hat), sowie καϑεξῆς (von mir c. 4 hergestellt) sonst nur bei Späteren sich finden, ist rein zufällig. Auch als eines der ältesten Denkmäler

den Worten einleitet: τοῦτο χαλεπώτερον κατανοῆσαι· καίτοι λέγει [Hermann: ὀλίγῃ] γε αὐτὸ ἁρμονίᾳ μόνον καὶ μήκει τοῦ οὐ παρῆκται. Wie nachher οὐκοῦν τὸ καλέσαν τὰ πράγματα καὶ τὸ καλὸν ταὐτόν ἐστι τοῦτο, διάνοια beweist, wird καλόν von καλοῦν abgeleitet, nur darf man καλέσαν, was Plato absichtlich wählt, nicht mit Stephanus in καλοῦν ändern. Der einleitende, offenbar verdorbene Satz lautete wohl κατανοῆσαι, τί λέγει · καίτοι γε αὐτὸ κτλ., d. h. nur durch den Accent und die Quantität der Endsylbe unterscheidet sich καλόν von καλοῦν. Μῆκος bezeichnet hier das Silbenmass im Allgemeinen, während Rep. III, 400 C μήκη τε καὶ βραχύτητες lange und kurze Silben unterschieden werden. An anderen Stellen Platos ist ἁρμονία von der Musik im Allgemeinen zu verstehen, so Leg. II, 665 A (man vergl. die Definition der ἁρμονία Sympos. 187 B), wo Schanz, Sophisten S. 158, unrichtig eine Beziehung auf den Ton der Worte findet. Ebenso wenig gehören hierher die Stellen über Hippias; dieser Sophist begann den Unterricht in der Musik nach hergebrachter Weise mit Erörterungen über die Laute und Silben und ging dann zur Rhythmik und Harmonik über; auch die Betonung der Worte wird er berücksichtigt haben, da man diese auf musikalische Principien zurückführte. Auch die Stelle im Sophisten 253 A περὶ τοὺς τῶν ὀξέων καὶ βαρέων φθόγγους, welche Classen de Gr. gr. primordiis p. 35 auf die Accentlehre bezieht, ist von der Harmonik zu verstehen.

1) Kratinos in der Pytine ἅπαντα ταῦτα κατακλύσει ποιήμασιν, Aeschines gegen Ktesiphon § 183 bemerkt, es sei dem Kimon und seinen Collegen nicht gestattet worden, ihre Namen auf die Hermen zu setzen, ἵνα τοῦ δήμου δοκῇ εἶναι τὸ ἐπίγραμμα· ὅτι δ᾽ ἀληθῆ λέγω, ἐξ αὐτῶν τῶν ποιημάτων εἴσεσθε, und nun folgen die Verse, welche auf den Hermen standen und zusammen ein Epigramm bilden, daher auch Demosthenes gegen Leptines § 112 wiederholt den Ausdruck ἐπίγραμμα gebraucht. Wenn Diodor XVI, 92 die Dichterstellen, welche ein Schauspieler am Hofe Alexanders des Grossen recitirte, ποιήματα nennt, hat er den Ausdruck der gleichzeitigen Quelle beibehalten. Dem Sprachgebrauche der Älteren folgt Dionysios von Halikarnass de comp. verb. c. 3 δηλώσει τὰ ποιήματα παρατεθέντα, indem er die längeres Citat aus Homer beifügt. Damit fällt nicht zusammen die Theorie der Späteren (Lucilius, Varro u. s. w.), welche für kürzere Gedichte, wie ein Epigramm (eine Tragödie oder Rhapsodie fügen jüngere Quellen hinzu) die Bezeichnung poema in Anspruch nimmt, während sie grössere Gedichte, wie Homers Ilias oder Ennius' Annalen, poesis nennt: denn poema ist hier immer ein in sich abgeschlossenes Gedicht, nicht eine Stelle, die man aus einem Gedicht aushebt. Diese Theorie ist eben gegen den der Zeit herrschenden Sprachgebrauch gerichtet, welcher jedes Gedicht ohne Unterschied poema nannte.

der dorischen Prosa, welche uns vorliegen, verdient die Schrift
Beachtung [1]). Dass wir hier auf manches Ungewöhnliche und
Befremdliche stossen, ist erklärlich; unsere Kenntnis der dorischen
Mundart ist viel zu mangelhaft, um überall ein entscheidendes
Urtheil zu fällen; man muss sich hüten, bei einem Dialekte, der
in zahlreiche örtliche Varietäten zerfällt und im Laufe der Zeit
bedeutende Veränderungen erfahren hat, alles auf eine allgemein
gültige Norm zurückzuführen. Am wenigsten darf man an eine
Schrift dieser Kategorie den fremdartigen Massstab der auf Inschriften erhaltenen Urkunden anlegen. Der Sophist steht begreiflicher Weise . . . . .

[Leider fehlt hier das Blatt, welches die Fortsetzung enthielt.]

Die Zeit, welcher der Verfasser der Schrift angehört, lässt
sich mit Sicherheit ermitteln; wenn derselbe c. 1 Siege und Niederlagen von dem Ende des peloponnesischen Krieges bis zur Gigantomachie aufzählt und ausdrücklich bemerkt, er beginne mit dem
Falle Athens als dem jüngsten Ereignisse (τὰ νεώτατα πρῶτον
ἐρῶ), so muss dieses Ereignis damals in frischem Andenken gewesen sein; nach der Schlacht bei Chaeronea, welche über das
Schicksal von Athen und ganz Griechenland entschied, kann der
Sophist nicht geschrieben haben; dass das Perserreich [nicht] nur
bestand, sondern auch noch als eine drohende Gefahr für Griechenland angesehen wurde, ist wiederholt ausgesprochen; von dem
Emporkommen der macedonischen Macht ist keine Spur wahrzunehmen. Der Sophist war also ein Zeitgenosse Platos. Die Zeit
der Abfassung der Schrift etwas genauer zu bestimmen dient
eine Bemerkung c. 3. Indem hier der Tempelraub gerechtfertigt
wird, heisst es: τὰ μὲν ἴδια τῶν πόλεων ἐῶ, τὰ δὲ κοινὰ τᾶς
Ἑλλάδος τὰ ἐκ Δελφῶν καὶ τὰ ἐξ Ὀλυμπίας, μέλλοντος τῶ βαρβάρῳ τὰν Ἑλλάδα λαβέν, καὶ τᾶς σωτηρίας ἐν χρήμασιν ἐοίσας,
οὐ δίκαιον λαβὲν καὶ χρῆσθαι εἰς πόλεμον. Diese Worte, in welchen ohne Scheu die Verwendung der Tempelschätze von Delphi
und Olympia zum Kriege gegen den Erbfeind für zulässig erklärt
wird, charakterisiren mehr als alles andere den Geist der Schrift
und zugleich die Stimmung der Zeit, wo man wagen konnte solche

---

1) Nur Koen berücksichtigt dieselbe hier und da, Ahrens ignorirt sie vollständig. Der grundlose Verdacht, dass man es mit einer gefälschten Pythagoreischen Schrift zu thun habe, stand der Benutzung im Wege; aber auch das Vorurtheil, welches man allgemein gegen den Nachlass der Pythagoreischen Schule hegt, wird hoffentlich einmal einer unbefangeneren Würdigung weichen.

Gedanken offen auszusprechen. Dass die griechischen Staaten, wenn sie in Geldverlegenheit waren, namentlich in Kriegszeiten, bei ihren Tempelkassen Anleihen machten, war ganz gewöhnlich; man zahlte einen meist geringfügigen Zins und erstattete das Capital, wenn die Finanzlage es gestattete, zurück; darin fand niemand etwas Unrechtes [1]. Aber an den Schätzen von Delphi und Olympia sich zu vergreifen, galt für einen Frevel, der nicht gesühnt werden konnte; diese Tempel waren die reichsten von allen, die kostbarsten Weihgeschenke aus allen Theilen Griechenlands und der Fremde waren hier aufbewahrt, eine mächtige Verlockung für rücksichtslose Habgier; aber diese Heiligthümer gehörten nicht der Ortsgemeinde, sondern der ganzen Nation und standen unter dem Schutze altehrwürdiger ungeschriebener Satzungen. Ein Raub an diesen Schätzen würde in früheren Zeiten das sittliche Bewusstsein des Volkes aufs Tiefste verletzt haben. Nur die sophistische Doctrin, welche von allen Rücksichten und Bedenken sich emancipirt hatte, konnte wagen einen solchen Gedanken in das Volk zu werfen. Es ist aber schwer zu glauben, dass der Verfasser dieser Schrift, ein untergeordneter Zögling der Sophistenschule, der, wie ich zeigen werde, in einer fernen Grenzmark dieses Schulbuch niederschrieb, gewagt haben sollte zuerst ein so kühnes Wort ungescheut auszusprechen; er wiederholt offenbar nur, was bereits eine gewaltigere Stimme an einem anderen Orte, wo Tausende aus allen Landschaften der Stimme des Redners lauschten, anrieth. Gorgias hat bekanntlich vor der Festversammlung zu Olympia die Hellenen aufgefordert, den verderblichen Fehden unter einander zu entsagen und die Kräfte der geeinten Nation gegen die persische Macht zu wenden [2]; für einen praktischen Mann lag es nahe, auch die Mittel und Wege anzudeuten, deren man zur Ausführung des grossartigen Unternehmens bedurfte, und so mag damals Gorgias darauf hingewiesen haben, dass man die der Nation gehörenden Tempelgüter für den nationalen Kampf verwenden könne. Die Zerrissenheit der Nation, das Ungenügende der bestehenden Verhältnisse mochten patriotisch gesinnte Männer längst erkannt haben und fühlen, dass etwas

---

1) Darauf zielen die Worte τὰ μὲν ἴδια τῶν πόλεων ἑῶ.
2) Auch der Πυθικὸς λόγος des Gorgias war eine panhellenische Demegorie, ihr Inhalt ist nicht bekannt, aber es ist nicht unwahrscheinlich, dass der Redner hier auf dasselbe Thema zurückkam.

geschehen müsse, um dem Unfrieden zu steuern; aber Gorgias bekundet einen echt staatsmännischen Blick, indem er erkannte, dass die Einigung nur möglich sei, wenn man die Blicke der Nation auf ein grosses Ziel hinlenke. Gorgias hat zuerst diesen Gedanken ausgesprochen, der nicht wirkungslos verhallte: andere wurden nicht müde, ihn immer wieder von neuem zu wiederholen, und noch vor Ablauf eines Jahrhunderts war die Idee verwirklicht. Aber auch jener bedenkliche Rath, die Tempelschätze für Staatszwecke zu verwenden, fiel nicht auf unfruchtbaren Boden, wenngleich er nicht in dem ursprünglichen Sinne zur Ausführung kam. Jason von Pherae; nachdem er sich zum Herrn von ganz Thessalien gemacht hatte und über ansehnliche Streitkräfte verfügte, trug sich mit hochfliegenden Plänen; er gedachte die vermittelnde Thätigkeit, die er bisher mit Erfolg ausgeübt hatte, in grossem Massstabe energisch fortzusetzen; an den Pythien Ol. 102,3 wollte er die Leitung der Festfeier in die Hand nehmen, sich zum Protector des nationalen Bundes ausrufen lassen und sofort den Kampf mit dem alten Erbfeinde beginnen. Die Mittel zum Kriege, wie man allgemein glaubte, sollten ihm die Tempelschätze Delphis gewähren; die besorgten Delphier hatten in ihrer Rathlosigkeit sich bereits an das Orakel gewandt. Die Antwort lautete, der Gott werde schon wissen, was zu thun sei (ἐμοὶ μελήσει), und noch vor der Festfeier fiel Jason durch Mörderhand [1]). Nicht dem Thessalier, sondern dem Macedonier war es beschieden, diesen Traum in einer Weise, der alle Erwartungen weit hinter sich liess, zu verwirklichen. Gorgias war wohl bereits todt, aber der berühmte Sophist, der die letzte Zeit seines langen Lebens in Thessalien zu Larissa zubrachte, stand bei Jason in hohem Ansehen [2]) und hat unzweifelhaft auf die Pläne jenes Fürsten entschiedenen Einfluss ausgeübt. Nicht lange nachher, Ol. 104, 2, entnahmen die Führer des arkadischen Aufgebotes, welche damals Olympia besetzt hatten, Gelder aus dem Tempelschatze für ihre Truppen, s. Xenoph. Hellen. VII, 4, 33 ff. Dies Verfahren wurde von Mantinea und anderen arkadischen Orten entschieden

---

1) Xenophon Hellen. VI, 4, 28 ff.
2) Pausanias VI, 17, 9. Wenn Pausanias berichtet, Jason habe den Gorgias dem Polykrates vorgezogen, so darf man wohl annehmen, dass dieser Sophist eine Zeit lang in Thessalien sich aufhielt und um die Gunst des Fürsten warb, der ihn vielleicht in Athen kennen gelernt hatte; Jason ist wohl öfter in Athen gewesen, nicht bloss Ol. 101, 4, wo er als Fürsprecher des Timotheos auftrat.

gemissbilligt. Diese erklärten vor der Landesgemeinde: ὡς οὐ χρὴ τοῖς ἱεροῖς χρήμασι χρῆσϑαι οὐδὲ καταλιπεῖν εἰς τὸν ἀεὶ χρόνον τοῖς παισὶν ἔγκλημα τοῦτο πρὸς τοὺς ϑεούς. Man schloss auch einen Waffenstillstand mit den Eleern, um über den Frieden zu verhandeln, und war bereit, Sühne zu leisten, als die Gegenpartei die Thebaner herbeirief. Weit schlimmer erging es dem delphischen Heiligthume. Nachdem die Phokenser Ol. 106, 1 Delphi besetzt hatten und die Acht über sie verhängt war, verwendeten sie alsbald die Tempelgüter zu Kriegszwecken, verschonten jedoch anfangs die Weihgeschenke; nach dem Tode des Philomelos, Ol. 106, 3, liessen die Führer jede Rücksicht fallen und hausten wie Räuber mit dem Tempelgute. Solche Vorgänge zeigen deutlich, wie die Doctrin der Sophisten in immer weiteren Kreisen auf die Begriffe des Volkes einwirkte.

Doch ich kehre zu dem Verfasser der διαλέξεις zurück. Nach Ol. 106, 1, wo Delphis Schätze vollständig aufgebraucht [waren], Olympia erhebliche Einbusse erlitten hatte, konnte er unmöglich den Vorschlag machen, die Mittel zum Perserkriege daher zu entnehmen. Man kann also die Abfassung der Schrift nicht in Ol. 106, 3 verlegen, wo des Artaxerxes Ochos' gewaltige Rüstungen, deren Zweck unbekannt war, wie wir aus Demosthenes ersehen, allgemein die Besorgnis wachriefen, die Perser möchten einen Angriff auf Griechenland planen. Wir müssen nothwendig weiter zurückgehen. Das persische Reich befand sich unter der Regierung des Artaxerxes Mnemon in der letzten Zeit notorisch in einem Zustande der Auflösung, der den Gedanken an einen solchen Plan nicht aufkommen liess. Anders lagen die Dinge vor dem Frieden des Antalkidas. Damals stand der Perserkönig nicht nur mit den Spartanern, sondern auch mit dem Tyrannen Dionysios von Syrakus in Einvernehmen. Auf die Gefahren, welche diese Verbindung der hellenischen Freiheit bereitet, weist die olympische Rede des Lysias hin, welche Ol. 98, 1 gehalten wurde[1]). Hier ermahnt der Redner gerade so wie einst Gorgias die Hellenen zur Eintracht, um den drohenden Gefahren zu begegnen; es gilt sowohl den Tyrannen in Sicilien zu beseitigen, als auch mit ver-

---

1) Die Frage, ob Lysias selbst die Rede hielt oder für einen anderen verfasste oder endlich ob sie nur irrthümlich dem Lysias beigelegt wird, lasse ich hier unerörtert; dass die Rede, deren Eingang noch erhalten ist, damals wirklich in Olympia gesprochen wurde, ist nicht zweifelhaft.

einten Kräften den Kampf gegen Persien aufzunehmen. Eben in dieser Zeit, Ol. 98, 1 oder 2 (aber noch vor Abschluss des Friedens), werden die διαλέξεις geschrieben sein, und zwar, wie ich zeigen werde, in Kypern. Hier wurde Euagoras, der Fürst von Salamis, von den Persern hart bedrängt; mit den Athenern befreundet, hatte er wiederholt dort um Hülfe nachgesucht; eine frühere Sendung war misslungen, jetzt wurde Chabrias ausgesandt, der glänzende Erfolge erzielte: Euagoras brachte den grössten Theil der Insel unter seine Botmässigkeit. Aber es war vorauszusehen, dass die Perser sich zu einem Angriff auf Euagoras und die Athener rüsten würden; es lag daher im Interesse der Verbündeten, ihre Sache als eine allgemeine nationale darzustellen, und jene olympische Rede, die sicherlich alsbald in Abschriften auch nach Kypern gelangte, musste dem Euagoras hochwillkommen sein. In diesem Sinne hat der Sophist in Kypern jene Worte niedergeschrieben, wenn auch die Ereignisse einen anderen Gang nahmen; denn der alsbald erfolgte Friedensschluss, Ol. 98, 2, isolirte den Euagoras, der jetzt allein den Kampf mit den Persern zu bestehen hatte und nur noch auf Unterstützung von den Aufständischen in Aegypten zu hoffen hatte. Mit der eben gewonnenen Zeitbestimmung harmoniren die übrigen Daten durchaus. Wenn c. 5 als Lehrer der Weisheit und Tugend neben den Sophisten die Anaxagoreer und Pythagoreer genannt werden [1]), so bezeichnet der Sophist diese Schulen nur als ältere, nicht als erloschene. Die Sophistik war nicht im Stande die älteren philosophischen Systeme zu verdrängen, hat vielmehr das Interesse dafür gefördert. Wer das Bedürfnis wissenschaftlicher Erkenntnis empfand und sich durch die Lehren der Sophisten nicht befriedigt fühlte, wandte sich den älteren Schulen zu; es gab Anhänger der Eleaten wie des Heraklit, aber den meisten Anhang fanden die Systeme der Pythagoreer und der Anaxagoreer [2]). Scheinbar im

---

1) Schon diese Stelle allein beweist, dass der Verfasser nicht der Pythagoreischen Schule, sondern den Sophisten angehört.

2) Der Pythagoreismus behauptet sich [nicht] nur in seinem alten Gebiete, sondern gewinnt auch in Griechenland, besonders in Theben und im Peloponnes, weite Verbreitung. Anaxagoras' Lehre hat eigentlich erst nach des Meisters Tode im Verlaufe des peloponnesischen Krieges in Athen festen Fuss gefasst; Euripides bekennt sich erst spät, nachdem er der sophistischen Doctrinen überdrüssig war, zu der Naturphilosophie des Anaxagoras. Der Vers auf dem Leichensteine der vor Potidaea Ol. 87, 1 gefallenen Athener αἰθήρ μὲν ψυχὰς ὑπεδέξατο.

Widerspruch mit Platos Urtheile im Protagoras 328 C οἱ Πολυκλείτου υἱεῖς οὐδὲν πρὸς τὸν πατέρα εἰσίν behauptet der Sophist, der c. 5 das gleiche Thema behandelt, ἐδίδαξε Πολύκλειτος τὸν υἱὸν ἀνδριάντας ποιέν, um den Satz zu beweisen, ὡς τοὶ ἐν τᾷ Ἑλλάδι γενόμενοι σοφοὶ ἄνδρες τὰ αὐτῶν τέκνα ἐδίδαξαν. Plato sagt nur, die Söhne des Polyklet hätten die Meisterschaft des Vaters nicht erreicht: der Dialog Protagoras, dessen Abfassungszeit die Neueren viel zu spät ansetzen, gehört zu den früheren Arbeiten des Philosophen; um Ol. 98, als der Sophist schrieb, kann recht wohl einer dieser Söhne des argivischen Meisters sich weiter entwickelt und unter den plastischen Künstlern dieser Zeit Anerkennung gefunden haben [1]), und vielleicht liegt in den Worten des Sophisten eine stillschweigende Polemik gegen Plato, dessen Dialog er sicherlich kannte [2]).

Über den Aufenthalt des Sophisten zur Zeit, als er diese Schrift verfasste, giebt c. 4 Aufschluss: καὶ ζώει ὁ αὐτὸς ἄνθρωπος καὶ οὐ ζώει, καὶ ταὐτὰ ἐντὶ καὶ οὐκ ἐντί· τὰ γὰρ τῇδε (lies τεῖδε) ἔντα ἐν τᾷ Λιβύᾳ οὐκ ἔστιν, οὐδέ γε τὰ ἐν Λιβύᾳ ἐν Κύπρῳ. Mit τεῖδε bezeichnet der Schriftsteller den Ort, wo er verweilt, und wenn er im zweiten Satzgliede, statt dieses Adverbium zu wiederholen, ἐν Κύπρῳ setzt, so beabsichtigte er eben seine Leser genau zu orientiren [3]). Man vergleiche ausserdem

---

σώματα δὲ χθὼν τῶνδε, offenbar von einem Dichter verfasst, der dem Kreise des Perikles nahe stand, bekundet zum ersten Male den Einfluss der Anaxagoreischen Philosophie; ähnlich hatte sich schon vierzig Jahre früher Epicharm in seinen Komödien geäussert; wenn aber hier auf einem öffentlichen Monumente eine Lehre, die mit der alten volksmässigen Anschauung entschieden bricht, verkündet wird, so muss man darin ein deutliches Zeichen der veränderten Geistesrichtung erkennen.

1) Die Namen von Polyklets Söhnen sind uns nicht bekannt, aber es ist möglich, dass unter den zahlreichen Vertretern der argivischen Schule in dieser Epoche auch ihre Namen sich befinden.

2) Anderes ist nicht entscheidend, wie z. B. wenn c. 3 die Räthselpoesie der Kleobuline zu den älteren litterarischen Denkmälern gerechnet und die Tragödien des Aeschylos gegenübergestellt werden.

3) Gruppe, der in τῇδε eine Beziehung auf Unteritalien findet, so dass neben Italien Libyen und Kypern genannt würden, hat die feste Form des Syllogismus gänzlich verkannt: es werden immer nur zwei Begriffe einander gegenübergestellt. Die abenteuerlichen Folgerungen, welche Gruppe aus diesem Missverständnisse zieht, habe ich schon oben S. 121 berührt und bemerke nur noch, dass in dieser Epoche gerade so wie früher Aegypten als zu Asien gehörig betrachtet und von

c. 5: αἴ τις εὐθὺς γενόμενον παιδίον εἰς Πέρσας ἀποπέμψαι καὶ τηνεὶ τράφοι, κωφὸν Ἑλλάδος φωνᾶς, πέρσίζοι κα· καὶ αἴ τις τηνόθεν τῇδε (lies τεῖδε) κομίζοι, ἑλλανίζοι κα. Dies setzt enge Verbindung und Nachbarschaft voraus; in Kypern lag dieses Beispiel sehr nahe, für Unteritalien wäre es sehr ungeschickt gewählt. Der Sophist übt also seine Kunst in einer der entlegensten Stätten hellenischer Sprache und Gesittung aus, die sich nur mühsam dem Semitenthum gegenüber zu behaupten vermochte. Nun versteht man auch, weshalb der Sophist überall mit unverkennbarer Absichtlichkeit die Ausdrücke Ἑλλάς und Ἕλλανες gebraucht, wie gleich im Eingange: δισσοὶ λόγοι λέγονται ἐν τᾷ Ἑλλάδι ὑπὸ τῶν φιλοσοφούντων. So drückt sich kein Grieche aus, der auf heimischem Boden zu seinen Volksgenossen redet [1]). Die griechischen Ansiedler in Kypern waren seit langer Zeit der alten Heimath entfremdet und gehörten dem persischen Reiche an, aber sie hielten mit Zähigkeit an der angeborenen Weise, an den alten Erinnerungen fest und versuchten gerade damals nicht nur das Joch der persischen Oberherrschaft abzuschütteln, sondern sich auch von dem Einflusse semitischer Cultur frei zu machen. Euagoras von Salamis, der dort der Botmässigkeit der Kitier ein Ende machte und sein väterliches Erbe wiedergewann, förderte auf alle Weise griechische Bildung, wohl erkennend, dass dies das sicherste Mittel war, um seine Unabhängigkeit zu behaupten. Bekannt ist, in welcher Gunst Isokrates bei ihm und seinem Nachfolger Nikokles stand; der Rhetor schildert im Euagoras § 47 ff. ausführlich die Verdienste des Fürsten in dieser Beziehung; als er die Regierung antrat, war die Stadt verkommen und in Barbarei versunken [2]); aber alsbald trat ein völliger Umschwung ein, Salamis hob sich unter dem Regiment des Euagoras rasch, so dass die Stadt keiner hellenischen nachstand; die Bürger wetteiferten sich die Ergebnisse hellenischer Cultur anzueignen [3]),

Libyen streng gesondert wird; an die Neugründung Alexandrias ist selbstverständlich noch weniger zu denken.

1) Auch der verständige North macht auf diesen solemnis et particularis mos aufmerksam, findet aber darin nur eine Bestätigung seiner Ansicht, dass der Verfasser Italiot und Pythagoreer sei, ohne sich an den stolzen Namen Ἑλλὰς μεγάλη zu erinnern, den die Italioten beanspruchten.

2) Παραλαβὼν τὴν πόλιν ἐκβεβαρβαρωμένην καὶ διὰ τὴν Φοινίκων ἀρχὴν οὔτε τοὺς Ἕλληνας προςδεχομένην οὔτε τέχνας ἐπισταμένην.

3) Isokrates nennt sie Φιλέλληνες, rühmt ihnen nach χαίρειν τοῖς κτήμασι καὶ τοῖς ἐπιτηδεύμασι τοῖς Ἑλληνικοῖς μᾶλλον ἢ τοῖς παρὰ σφίσιν αὐτοῖς.

daher waren wissenschaftlich gebildete Männer aus Griechenland, die sich dem Lehrerberufe gewidmet hatten, hochwillkommen und fanden sich zahlreich ein ¹). Dass dieser Wandel hauptsächlich dem Euagoras verdankt wurde, hebt Isokrates ausdrücklich hervor. Dass der Sophist Polykrates, den seine Armuth genöthigt hatte, diesen Beruf zu ergreifen, sich eine Zeit lang in Kypern aufhielt, ist bezeugt ²); so wird auch der Verfasser dieses Lehrbuches dort sein Glück versucht und sich eine Zeit lang in Salamis aufgehalten haben.

Auch seinen Namen hat uns der Verfasser nicht vorenthalten; doch ist die handschriftliche Überlieferung schwankend, so dass sich der Name nicht mit Sicherheit feststellen lässt. Wenn wir c. 4 lesen: $\dot{\epsilon}\pi\epsilon\grave{\iota}$ $\tau o\grave{\iota}$ $\varkappa \alpha \tau \epsilon \xi \tilde{\eta} \varsigma$ $\varkappa \alpha \vartheta \acute{\eta} \mu \epsilon \nu o \iota$ $\ddot{\alpha}\nu$ $\lambda \acute{\epsilon} \gamma o \iota \mu \epsilon \nu$ ³) $M\acute{\iota}\mu\alpha\varsigma$ $\epsilon\grave{\iota}\mu\acute{\iota}$, $\tau\grave{o}$ $\alpha\grave{\iota}\tau\grave{o}$ $\mu\grave{\epsilon}\nu$ $\pi\acute{\alpha}\nu\tau\epsilon\varsigma$ $\dot{\epsilon}\varrho o\tilde{\iota}\mu\epsilon\nu$, $\dot{\alpha}\lambda\alpha\vartheta\grave{\epsilon}\varsigma$ $\delta\grave{\epsilon}$ $\mu\acute{o}\nu o\varsigma$ $\dot{\epsilon}\gamma\acute{\omega}$, $\dot{\epsilon}\pi\epsilon\grave{\iota}$ $\varkappa\alpha\grave{\iota}$ $\epsilon\grave{\iota}\mu\acute{\iota}$, [so haben wir hier offenbar den Namen des Verfassers vor uns. Aber] $M\acute{\iota}\mu\alpha\varsigma$, Name eines Berges und eines Giganten, kommt als Personenname nicht vor; auch liest die Zeitzer Handschrift $\mu\acute{\iota}\sigma\tau\alpha\varsigma$. [Dies ist] als Eigenname bezeugt, aber an dieser Stelle wegen der Doppeldeutigkeit unzulässig, da man das Wort auch als Appellativum fassen könnte; denn ein Eigenname, der ein bestimmtes Individuum bezeichnet und zugleich von Amphibolie frei ist, muss hier genannt werden, nicht etwa ein Begriffswort, weil ja darauf auch andere Anspruch machen können ⁴). Da die Lesart schwankt und die handschriftliche Überlieferung der Schrift nur ungenü-

---

In Salamis hat Euagoras zuerst Münzen mit griechischer Schrift prägen lassen statt der früher üblichen eigenartigen Silbenschrift, deren sich die hellenischen Ansiedler auf Kypern bedienten.

1) $\pi\lambda\epsilon\acute{\iota}ov\varsigma$ $\delta\grave{\epsilon}$ $\varkappa\alpha\grave{\iota}$ $\tau\tilde{\omega}\nu$ $\pi\epsilon\varrho\grave{\iota}$ $\tau\grave{\eta}\nu$ $\mu o v\sigma\iota\varkappa\grave{\eta}\nu$ $\varkappa\alpha\grave{\iota}$ $\pi\epsilon\varrho\grave{\iota}$ $\tau\grave{\eta}\nu$ $\ddot{\alpha}\lambda\lambda\eta\nu$ $\pi\alpha\iota\delta\epsilon\nu\sigma\iota\nu$ $\dot{\epsilon}\nu$ $\tau o\acute{\nu}\tau o\iota\varsigma$ $\tau o\tilde{\iota}\varsigma$ $\tau \acute{o}\pi o\iota\varsigma$ $\delta\iota\alpha\tau\varrho\acute{\iota}\beta\epsilon\iota\nu$, $\ddot{\eta}$ $\pi\alpha\varrho'$ $o\tilde{\iota}\varsigma$ $\pi\varrho\acute{o}\tau\epsilon\varrho o\nu$ $\epsilon\grave{\iota}\omega\vartheta\acute{o}\tau\epsilon\varsigma$ $\tilde{\eta}\sigma\alpha\nu$.

2) Einleitung zu Isokrates' Busiris: $\tau o\tilde{\nu}\tau o\nu$ $\tau\grave{o}\nu$ $\lambda\acute{o}\gamma o\nu$ $\gamma\varrho\acute{\alpha}\varphi\epsilon\iota$ $\pi\varrho\grave{o}\varsigma$ $\Pi o\lambda \upsilon$- $\varkappa\varrho\acute{\alpha}\tau\eta\nu$ $\tau\iota\nu\grave{\alpha}$ $\sigma o\varphi\iota\sigma\tau\grave{\eta}\nu$ $\dot{\epsilon}\xi$ $\dot{\alpha}\nu\acute{\alpha}\gamma\varkappa\eta\varsigma$ $\dot{\epsilon}\lambda\vartheta\acute{o}\nu\tau\alpha$ $\dot{\epsilon}\pi\grave{\iota}$ $\tau\grave{o}$ $\sigma o\varphi\iota\sigma\tau\epsilon\acute{\nu}\epsilon\iota\nu$ $\delta\iota\grave{\alpha}$ $\pi\epsilon\nu\acute{\iota}\alpha\nu$, $\mathit{A}\vartheta\eta\nu\alpha\tilde{\iota}o\nu$ $\mu\grave{\epsilon}\nu$ $\tau\tilde{\omega}$ $\gamma\acute{\epsilon}\nu\epsilon\iota$, $\sigma o\varphi\iota\sigma\tau\epsilon\acute{\nu}o\nu\tau\alpha$ $\delta\grave{\epsilon}$ $\nu\tilde{\nu}\nu$ $\dot{\epsilon}\nu$ $K\acute{\nu}\pi\varrho\omega$.

3) So ist die Lesart der Handschrift $\dot{\epsilon}\pi\epsilon\acute{\iota}$ $\tau o\iota$ $\varkappa\alpha\grave{\iota}$ $\dot{\epsilon}\xi\tilde{\eta}\varsigma$ $\varkappa\alpha\vartheta\acute{\eta}\mu\epsilon\nu o\iota$ $\ddot{\alpha}\nu$ $\lambda\acute{\epsilon}\gamma o\iota\mu\iota$ zu verbessern; das überlieferte $\dot{\epsilon}\pi\epsilon\acute{\iota}$ $\tau o\iota$ $\varkappa\alpha\acute{\iota}$ passt hier nicht; $\dot{\epsilon}\pi\epsilon\grave{\iota}$ $\ddot{\alpha}\nu$ mit dem Optativ verbunden findet sich auch bei Homer II. IX, 304 und Aristoph. Ritter 1065 (wo man nicht ändern darf); $\varkappa\alpha\tau\epsilon\xi\tilde{\eta}\varsigma$ oder $\varkappa\alpha\vartheta\epsilon\xi\tilde{\eta}\varsigma$ ist zwar erst bei Späteren nachweisbar, aber ebenso gerechtfertigt wie $\dot{\epsilon}\varphi\epsilon\xi\tilde{\eta}\varsigma$; $\tau o\grave{\iota}$ $\varkappa\alpha\tau\epsilon\xi\tilde{\eta}\varsigma$ $\varkappa\alpha\vartheta\acute{\eta}\mu\epsilon\nu o\iota$ sind die Zuhörer; der Sophist behält dies Beispiel, dessen er sich beim mündlichen Vortrage bediente, auch im Lehrbuche bei.

4) Auch North erkannte, dass der Name des Verfassers der Schrift hier vorliegt, suchte aber natürlich ohne Erfolg den $M\acute{\iota}\mu\alpha\varsigma$ in dem Verzeichnisse der Pythagoreer bei Iamblichos.

gend bekannt ist, verzichte ich auf jede weitere Vermuthung [1]). Die Heimath des Sophisten lässt sich ebenso wenig ermitteln; wenn derselbe dorisch schreibt, so braucht er doch nicht nothwendig dem dorischen Stamme anzugehören. Das Lehrbuch war zunächst für seine Schüler in Kypern bestimmt; der aeolische Localdialekt der dortigen Ansiedler war für diesen Zweck nicht zu brauchen; fehlt doch überhaupt den Aeoliern eigentlich die schriftmässige Ausbildung der Prosa. Der Sophist bedient sich also des dorischen Dialektes, da dieser den Aeoliern verständlicher war als die Ias oder Atthis.

Da der Sophist das abgelegene Grenzland, dessen Bevölkerung für halb barbarisch galt, zum Schauplatze seiner Thätigkeit wählt, kann er nicht zu den namhafteren Vertretern dieser Richtung gehören; er war kein originaler Geist, aber ein wohl unterrichteter und gut geschulter Vertreter der neuen Lehre, wie seine Arbeit deutlich bekundet. Da die Schrift um Ol. 98 verfasst ist, gehört er der älteren Generation an, und damit steht auch die Schrift selbst vollkommen im Einklange: z. B. von den berufenen Fangschlüssen, der Hauptwaffe der jüngeren Sophisten, macht er nur ausnahmsweise Gebrauch, wie c. 4 $αἴ\ τις\ ἀπὸ\ τῶν\ δέκα\ ἓν\ ἀφέλοι,\ οὔ\ κα\ ἔτι\ δέκα\ οὐδὲ\ ἓν\ εἴη$, vergl. Aristot. Soph. El. c. 22 $εἰ\ ὅ\ τις\ ἔχων\ ὕστερον\ μὴ\ ἔχει\ ἀπέβαλεν·\ ὁ\ γὰρ\ ἕνα\ μόνον\ ἀποβαλὼν\ ἀστράγαλον\ οὐχ\ ἕξει\ δέκα\ ἀστραγάλους$ und c. 31 $καὶ\ γὰρ\ τὰ\ δέκα\ ἐν\ τοῖς\ ἑνὸς\ δέουσι\ δέκα$. Da der Verfasser ein Zeitgenosse der Koryphaeen der Sophistik war, wird er auch seine Bildung unmittelbar ihnen verdanken, und zwar ist er bei Gorgias in die Schule gegangen. Wie Gorgias sich selbst als Rhetor, nicht nach

---

[1]) Da das Prooemium der Schrift fehlt, ist auch der Name des Verfassers, der sicherlich genannt war, verloren gegangen. Früher habe ich auf *Miltas* gerathen (s. Griech. Litteraturgesch. Bd. I, S. 86. 90 A. 101); diesen Namen führt ein thessalischer Weissager, Genosse des Platonischen Kreises, der nebst dem Kyprer Eudemos, dem Freunde des Aristoteles, den Dio auf seiner Expedition nach Sicilien begleitete, s. Plutarch Dio 22 und 24. Wer weiter gehen wollte, könnte sogar diesen Thessalier und den Sophisten identificiren, unter der Annahme, dass der Sophist später seinem Berufe entsagt und sich an Plato angeschlossen habe. Dergleichen wird vorgekommen sein. Der Mathematiker Helikon, ein Schüler des Eudoxos, hatte die Unterweisung eines Isokrateers und des Sophisten Polyxenos genossen, steht aber auch zu Plato in einem näheren Verhältnisse, wie der XIII. Platonische Brief berichtet; denn der Brief, obwohl eine unzweifelhafte Fälschung, verwendet historisches Material, welches man als unglaubwürdig zu verwerfen nicht berechtigt ist.

Protagoras' Vorgange als Sophisten bezeichnete, so übt auch der Verfasser der Schrift diesen Beruf; der Redekunst ist die Eristik, wie alles andere Wissen dienstbar. Ich verweise nur auf die Erörterungen c. 5; insbesondere der Grundsatz ἀνδρὸς κατὰ τὰς αὐτὰς τέχνας νομίζω κατὰ βραχύ τε δίνασθαι καὶ διὰ μακρῶν διαλέγεσθαι stimmt vollkommen mit der Theorie des Tisias und Gorgias, welche nach Plato Phaedr. 267 B σιντομίαν τε λόγων καὶ ἄπειρα μῆκι, περὶ πάντων ἀνεῦρον, vergl. auch Gorg. 449 C [1]). Wenn der Sophist bemerkt, es genüge nicht die Regeln der Redekunst genau zu kennen (λόγων τέχνας ἐπίστασθαι), sondern auch das Studium der Naturphilosophie für unerlässlich erklärt (καὶ περὶ φύσιος τῶν ἁπάντων, ὥς τε ἔχει καὶ ὡς ἐγένετο, διδάσκεν), so werden die Schüler des Gorgias nicht nur die Schrift ihres Meisters περὶ φύσεως eifrig studirt haben, sondern Gorgias selbst wird ungeachtet seines ausgesprochenen Skepticismus nicht unterlassen haben seine Jünger aufzufordern, sich mit den Theorien der Physiker bekannt zu machen; denn der Sophist muss die gesammte Bildung sich aneignen; unter Umständen leisteten auch diese Ansichten gute Dienste, wie Gorgias unbedenklich sich einzelne Sätze des Empedokles und Anaxagoras angeeignet hat [2]). Mit dem bekannten Ausspruche des Gorgias τὴν τραγῳδίαν εἶναι ἀπάτην, ἣν ὅ τε ἀπατήσας δικαιότερος τοῦ μὴ ἀπατήσαντος, καὶ ὁ ἀπατηθεὶς σοφώτερος τοῦ μὴ ἀπατηθέντος stimmt vollkommen c. 3 des Lehrbuches: ἐν τραγῳδοποιίᾳ καὶ ζωγραφίᾳ ὅστις πλεῖστα ἐξαπατῇ ὅμοια τοῦ ἀληθινοῖς ποιέων, οὗτος ἄριστος. Gorgias war der Erste, der seiner Zeit die Hellenen aufforderte, den Kampf gegen das persische Reich wieder aufzunehmen; derselben Aufforderung begegnen wir in dieser Schrift (s. oben S. 127 f.). Eine Parallele zwischen thessalischer und sicilischer Sitte zu ziehen, wie c. 2 geschieht, lag niemandem näher als dem Gorgias. Wenn hier der Sophist, um die Identität des αἰσχρόν und καλόν zu beweisen, sich darauf beruft, dass, was in einem Lande für schicklich gilt, in dem anderen verpönt ist, und diese längst gemachte Beobachtung [3]) durch eine Reihe von Beispielen erläutert,

---

1) Auch Protagoras bekennt sich zu diesem Grundsatze, s. Plato Prot. 329 B. 334 E. 335 B, aber die sicilische Rhetorik hat offenbar zuerst diese Vorschrift aufgestellt. Andere Sophisten, wie Hippias und Prodikos, waren bemüht zwischen diesen Extremen eine gewisse Mitte inne zu halten.
2) Prodikos schrieb περὶ φύσεως, Hippias hielt Vorträge über Astronomie u.s.w.
3) Vergl. Pindar fr. 215 ἄλλα δ' ἄλλοισιν νόμιμα· σφετέραν δ' αἰνεῖ δίκαν ἕκαστος.

so mag manches nur Reminiscenz an das, was er früher von seinem Lehrer gehört hatte, sein [1]). [Wenn] der Sophist die Erörterung mit den Worten schliesst: ὡς δὲ τὸ σύνολον εἰπέν· πάντα καιρῷ μὲν καλά ἐντι, ἐν ἀκαιρίᾳ δ' αἰσχρά, so knüpft er, indem er die Entscheidung von dem rechten Moment abhängig macht, an die vorher citirten Verse eines Tragikers an, aber wir wissen, dass auch Gorgias περὶ καιροῦ geschrieben hatte; ähnliche Betrachtungen, wie wir hier vorfinden, waren wohl das hauptsächlichste Thema dieser Schrift, daher Dionysios von Halikarnass de comp. verb. c. 12 sich in der Erwartung, dort Belehrung über die Rhetorik zu finden, getäuscht sah [2]).

Der Sophist ist aber auch mit den Leistungen der anderen namhaften Sophisten vertraut; die Eristik des Protagoras hat sicherlich auf seine Methode Einfluss geübt. Schon Gorgias mag von ihrem Einflusse nicht unberührt geblieben sein, seine Schüler nahmen sicherlich davon Notiz, fand doch in dieser Zeit der regste geistige Verkehr und Austausch der Ideen statt. Auf Aussprüche der Dichter beruft sich der Verfasser wiederholt, wie dies Protagoras, Prodikos und Hippias thaten, während uns von Gorgias nichts der Art bekannt ist. Dass der Sophist c. 5 gegen Ende den Nutzen eines guten Gedächtnisses ἐς φιλοσοφίαν τε καὶ ἐς σοφίαν hervorhebt, ist erklärlich, da er vor allem die Ausbildung des künftigen Redners im Auge hat; aber die Mittel, welche er empfiehlt, um das Gedächtniss zu unterstützen, weisen unverkennbar auf Hippias hin; denn dieser Sophist hat, so viel ich weiss, zuerst nach dem Vorgange des Simonides ein eigenes System der Mnemonik aufgestellt, s. Plato Hipp. min. 368 D καί τοι τό γέ μνημονικὸν ἐπελαθόμην σου, ὡς ἔοικε, τέχνημα, ἐν ᾧ σὺ οἴει λαμπρότατος εἶναι und 369 A νυνὶ γὰρ ἴσως οὐ χρῇ τῷ μνημονικῷ τεχνήματι [3]). Die Methode dieser Erinnerungskunst, auf welche Hippias offenbar besonderen Werth legte, lernen wir

---

1) Die Beispiele sind unverkennbar zum Theil aus Herodot entlehnt; dieses Werk konnte Gorgias ebenso gut wie sein Schüler benutzen.

2) Wenn nach Gorgias (s. Plato Meno 71 D) die Tugend oder Tüchtigkeit insbesondere des praktischen Staatsmannes darin besteht, τοὺς μὲν φίλους εὖ ποιεῖν, τοὺς δ' ἐχθροὺς κακῶς καὶ αὐτὸν εὐλαβεῖσθαι μηδὲν τοιοῦτον παθεῖν, so stimmt damit der Ausspruch des Sophisten c. 2 καὶ τὼς μὲν φίλως εὖ ποιεῖν καλόν, τὼς δὲ ἐχθρὼς αἰσχρόν. Allein dieser Satz hat namentlich im politischen Leben schon lange vor der Zeit der Sophisten gegolten.

3) Maehly Rhein. Mus. XVI, S. 40.

eben durch die Anweisung zur Eristik kennen. Auch mit den grammatischen Theorien ist der Verfasser vertraut und versteht dieselben für seinen Zweck zu verwenden, wo er zeigt, wie dasselbe Wort durch eine geringe Veränderung der Betonung oder der Quantität oder der Stellung der Laute einen ganz anderen Sinn annehme. Man könnte auch hier den Einfluss des Hippias finden, der sich mit der γραμμάτων ὀρθότης eifrig beschäftigte, s. Hipp. min. a. a. St. und Hipp. mai. 285 D, allein wenn der Sophist, um zu beweisen, dass durch Veränderung des Tones τὰ πράγματα ἀλλοιοῦται sich auf den Lehrsatz beruft, dass Appellativa, wenn sie die Stelle eines Eigennamens vertreten, den Accent verändern, und als Belege anführt ὥσπερ Γλαῦκος καὶ γλαυκός, Ξάνθος καὶ ξανθός, Ξοῦθος καὶ ξουθός, so weist dies vielmehr auf die γραμμάτων τέχνη des Glaukos hin. Die Griechen pflegten bei ihren Lehrvorträgen die Beispiele meist aus unmittelbarer Nähe zu entnehmen; wenn Glaukos in seiner Grammatik diese Wirkung des Accentes besprach, so lag nichts näher, als seinen eigenen Namen zur Erläuterung zu benutzen, und Beispiele, welche ein namhafter Vertreter eines Faches gewählt hat, werden meist auch von seinen Nachfolgern beibehalten. Die τέχνη γραμμάτων, ἣν ἀνατιθέασι Γλαύκῳ Σαμίῳ, erwähnt der Scholiast zu Platos Phaedo 108 D, wo Sokrates sagt, die Erdkunde erfordere weit mehr Einsicht als die Γλαύκου τέχνη. Die alten Erklärer sind uneins, was darunter zu verstehen sei; es war dies gar kein Sprichwort, wenn es auch die Paroemiographen wie so manches Fremdartige aufgenommen haben [1]). Plato bezieht sich mit Vorliebe auf Thatsachen der unmittelbaren Gegenwart; wenn er bemerklich machen will, die Geologie sei eine sehr schwierige Aufgabe, so lag die Vergleichung mit einer Sprachlehre, die zur Zeit Aufsehen erregte, aber dem Philosophen als eine untergeordnete Leistung erscheinen musste, am allernächsten [2]). Dass Glaukos aus Samos sich be-

---

1) Daher gebrauchen auch die Litteraten der römischen Kaiserzeit, wie Libanios, sei es als Platonische Reminiscenz, sei es weil sie die Sammlungen der Paroemiographen fleissig benutzten, die Redensart Γλαύκου τέχνη, ohne eine klare Vorstellung zu haben.

2) Die Erklärer tragen nur schüchtern diese Deutung vor, ἀφ' ἧς ἴσως καὶ ἡ παροιμία διεδόθη. Daneben wird mit Berufung auf Aristoxenos berichtet, Hippasos habe ein Schallinstrument aus vier Scheiben von Bronze construirt, welche abgestimmt waren (κρουομένους ἐπιτελεῖν συμφωνίαν τινά), und Glaukos habe zuerst diese Wirkung erkannt: Γλαῦκον ἰδόντα τοὺς ἐπὶ τῶν δίσκων φθόγγους πρῶτον ἐγχειρῆσαι διὰ αὐτῶν χειρουργεῖν. Hippasos, offenbar der

sondern mit der Theorie der Betonung beschäftigte, berichtet Servius (Endlicher Anal. 532) nach Varro: Glaucus Samius, a quo sex prosodiae sunt sub hisce nominibus, ἀνειμένη, μέση, ἐπιτεταμένη, κεκλασμένη, ἀντανακλαζομένη, νήτη. Diese Terminologie beweist, dass Glaukos von der musikalischen Theorie ausging, und er war wohl von Haus aus Musiker [1]), identisch mit dem Glaukos, dessen Aristoxenos neben dem Hippasos gedachte; war es doch schon früher üblich, bei dem Unterrichte in der Musik mit Belehrungen über die Laute, Silben, Quantität und Accent zu beginnen; auch die älteste Bezeichnung des Accentes ἁρμονία, deren sich der Sophist ebenso wie wohl Glaukos bedient, geht auf die Musiker zurück [2]).

bekannte Pythagoreische Philosoph (der unwissende Scholiast setzt freilich τίς hinzu) war ein mit der Theorie der Musik wohl vertrauter Mann; wenn er ein solches Schallinstrument construirte, wird er auch die Wirkung desselben gekannt haben und bedurfte nicht erst fremder Belehrung. Dies ist Scholiastengeschwätz, dergleichen darf man einem Manne wie Aristoxenos, der auf diesem Gebiete unbedingt als Autorität betrachtet werden muss, nicht zutrauen; Aristoxenos wird gesagt haben, Glaukos habe später diese Erfindung des Hippasos vervollkommnet; den Erklärern Platos passte dies nicht, denn Glaukos musste etwas Neues erfunden haben, daher nehmen sie sich die Freiheit, den Bericht des Aristoxenos für ihren Zweck herzurichten. Andere endlich dachten an den alten Künstler Glaukos von Chios, der die Kunst, das Eisen zu löthen, erfunden hatte; aber diese Erfindung lag Platos Gesichtskreise fern, ausserdem ist die Vergleichung einer Vervollkommnung der künstlerischen Technik mit dem Fortschritte auf wissenschaftlichem Gebiete nicht recht zutreffend. Es ist lediglich Missverständnis, wenn dieser plastische Künstler aus Chios mit dem Samier aus Platos Zeit oder kurz vorher verwechselt wird; dieser Irrthum hat sowohl andere als auch Brunn, Geschichte der griechischen Künstler I, S. 28, zu allerlei verfehlten Combinationen veranlasst.

1) Servius nennt ihn Grammatiker, wohl nur weil er ihn mit Hermokrates von Jasos, dem Lehrer des Kallimachos, verbindet; aber der Verfasser einer γραμμάτων τέχνη hatte auch auf diesen Namen Anspruch.

2) [Die Anmerkung 2 fehlt. Hier bricht die Abhandlung ab.]

ARISTARCH VON SAMOS.

IV.

Aristarch von Samos [1]).

Aristarch war Schüler des Peripatetikers Strato [2]), des hervorragendsten Schülers von Theophrast, nach dessen Tode, Ol. 123, er die Leitung der Schule übernahm. Aristarch, der Ol. 125 in Alexandria astronomische Beobachtungen anstellt, muss früher die Vorträge des Strato gehört haben, wahrscheinlich zu Alexandria, wo sich der Peripatetiker eine Zeit lang aufhielt und unter den Lehrern des jungen Ptolemaeos Philadelphos genannt wird. Strato betrieb mit besonderem Eifer und Erfolg die Naturwissenschaften, daher er auch den Zunamen ὁ φυσικός führte; um so näher lag es, dass Aristarch, der künftige Mathematiker und Astronom, sich an den Philosophen anschloss, und dieses Verhältnis war sicher von Einfluss auf die physikalischen Ansichten des Samiers [3]). In wie weit die Lehren des Peripatetikers auf die kosmologischen

---

1) [Jedenfalls fehlt der Anfang dieser Abhandlung, zu dem wohl das lose Blatt gehören mag, das ich hier als Note folgen lasse.]

In Paris ist zwar im Jahre 1810 eine Histoire d'Aristarque de Samos par M. F[ortia d'Urban] erschienen, die jedoch, wenn man von dem Titel absieht, kein Wort über den Astronomen enthält; denn im 1. Capitel von nahezu 200 Seiten wird über die Männer gleichen Namens gehandelt, das 2. Capitel von mehr als 200 Seiten kündigt sich als eine Geschichte der Philosophen vor Aristarch an; man erwartet also einen Abriss der griechischen Philosophie von Thales an, aber der Verfasser holt weiter aus, er giebt eine histoire de la philosophie avant Homère, d. h. bei Indern und Chinesen, Chaldaeern und Aegyptern, dann folgt Sanchoniathon und Thaut-Hermes, schliesslich de la chimie égyptienne. Dass keine Fortsetzung dieses grossartig angelegten Werkes erschienen ist, wird man begreiflich finden. Nachträglich muss ich bemerken, dass einmal beiläufig auch des Aristarch von Samos gedacht wird; auf S. 170 erfahren wir, dass der aus dem Handel des Demosthenes mit Meidias bekannte Aristarchos, Sohn des Moschos, sich vraisemblement nach Samos zurückgezogen und dass der Astronom „conséquemment était très-vraisemblement son petit-fils."

2) Stob. Ekl. Phys. I, p. 98 ed. Mein. Ἀρίσταρχος Σάμιος μαθηματικός ἀκουστὴς Στράτωνος.

3) Johannes Dam. (Stob. Floril. IV, p. 173, 4) führt aus Aristagoras eine

Anschauungen des Astronomen einwirkten, steht dahin [1]); die Hypothese von der Bewegung der Erde, welche eine vollständige Umgestaltung der astronomischen Wissenschaft zu bewirken bestimmt schien, ist nicht aus dieser Quelle abzuleiten, denn Strato hielt mit dem Stifter der Schule an der Unbeweglichkeit der Erde fest, ja, er suchte diese Anschauung durch neue Gründe zu rechtfertigen [2]).

Ein besseres Anrecht auf Priorität scheint Herakleides Pontikos, der Schüler des Plato und Aristoteles, zu haben: s. Sim-

---

Definition der Farben an, welche mit der unmittelbar vorher (p. 173, 3) aus Strato mitgetheilten Erklärung fast vollständig stimmt: da Aristagoras völlig unbekannt ist, liegt die Vermuthung einer Verwechselung mit Ἀρίσταρχος sehr nahe, und was bei Stob. Ekl. Phys. I, p. 98 aus Aristarch excerpirt wird, lässt sich damit wohl vereinigen. In den Ekl. Phys. ebendaselbst wird auch noch die Ansicht des Aristarch über die Farbe bei Nacht mitgetheilt, welche an Epikur erinnert. Der Name des Aristarch ist auch anderwärts verdunkelt; Gellius III, 10, 6 bemerkt nach Varro (im I. Buche der Hebdomades), der Lauf des Mondes umfasse vier Heptaden: die duodetricesimo luna, ex quo vestigio profecta est, eodem redit, auctoremque opinionis huius Aristidem esse Samium, wo die Verbesserung Aristarchum schon von anderen vorgeschlagen ist: denn unzweifelhaft war hier der berühmte Astronom genannt; ihm gehört jedoch nicht die Heptadentheorie, von der Varro den ausgedehntesten Gebrauch macht, sondern nur die Bestimmung des Mondenumlaufes, und zwar ist die siderische Umlaufszeit gemeint, welche nach den Berechnungen der neueren Astronomen 27 Tage 7 h 43′ (und einen Bruchtheil) beträgt (s. Müller, Kosm. Physik S. 145). Aristarchs Berechnung wird sich vom Richtigen nicht eben weit entfernt haben, er mag 27¹/₃ Tage angegeben haben. Dies Resultat konnte Varro nicht brauchen, daher giebt er in runder Summe 28 Tage an und erhält so die gewünschten Heptaden. Die synodische Umlaufszeit, welche für den Kalender massgebend ist, beträgt nach Geminos S. 31 ed. Pet. 29 Tage 12 h 43′ (und einen Bruchtheil), nach der Berechnung der Neueren 29 Tage 12 h 44′ (und einen Bruchtheil). Die Stelle des Geminos zeigt, dass man den Unterschied der siderischen und synodischen Umlaufszeit sehr wohl kannte: ἐν δὲ τῷ μηνιαίῳ χρόνῳ ἡ σελήνη διαπορεύεται τόν τε τῶν ζῳδίων κύκλον καὶ ἔτι τὴν περιφέρειαν, ἣν ὁ ἥλιος ἐν τῷ μηνιαίῳ χρόνῳ εἰς τὰ ἑπόμενα τῶν ζῳδίων μεταβαίνει· αὕτη δέ ἐστιν ὡς ἔγγιστα ζῳδίου· ὥστε ἐν τῷ μηνιαίῳ χρόνῳ ιγ′ ζῴδια ὡς ἔγγιστα κινεῖσθαι τὴν σελήνην. Aristarch hat wohl zuerst diese Differenz berechnet, und eben deshalb beruft sich Varro auf ihn.

1) Nach Plutarch de plac. phil. II, 1 erklärte Seleukos, von dem wir wissen, dass er den Spuren des Aristarch treulich folgte, den Weltenraum für unbegrenzt: Ähnliches wird von Strato berichtet, s. Zeller, Gesch. d. gr. Phil. II, 2, S. 740. Auch von Aristarch konnte ein Berichterstatter recht wohl diesen Ausdruck gebrauchen, wenn schon der Astronom schwerlich den Satz in dieser Weise formulirt haben wird.

2) Cramer An. Ox. III, S. 413.

plikios, Schol. Arist. ed. Brandis S. 495 A: ὑποθέσεως ἠξίωσε καὶ τὸ ἀμφοτέρων ἠρεμούντων, καίτοι ἀπεμφαῖνον δοκοῦν τὸ σώζεσθαι τὴν φαινομένην αὐτῶν μετάβασιν ἀμφοτέρων ἠρεμούντων, διὰ τὸ γεγονέναι τινάς, ὧν Ἡρακλείδης τε ὁ Ποντικὸς ἦν καὶ Ἀρίσταρχος, νομίζοντας σώζεσθαι τὰ φαινόμενα, τοῦ μὲν οὐρανοῦ καὶ τῶν ἄστρων ἠρεμούντων, τῆς δὲ γῆς περὶ τοὺς τοῦ ἰσημερινοῦ πόλους ἀπὸ δυσμῶν κινουμένης ἑκάστης ἡμέρας μίαν ἔγγιστα περιστροφήν, τὸ δὲ ἔγγιστα πρόςκειται διὰ τὴν τοῦ ἡλίου τῆς μιᾶς μοίρας ἐπικίνησιν [1]). Darnach scheint es, als habe schon vor Aristarch Herakleides ganz dieselbe Theorie vorgetragen. Allein so bestimmt die Überlieferung bei Simplikios auftritt, so geht sie doch augenscheinlich nur auf das zurück, was derselbe Erklärer des Aristoteles aus dem Commentare des Geminos zu der Meteorologie des Poseidonios mittheilt, Schol. Arist. S. 348 B: Διὸ καὶ παρελθών τις, φησὶν Ἡρακλείδης ὁ Ποντικός, ἔλεγεν, ὅτι καὶ κινουμένης πως τῆς γῆς, τοῦ δ' ἡλίου μένοντος πως, δύναται ἡ περὶ τὸν ἥλιον φαινομένη ἀνωμαλία σώζεσθαι.

Das Verständnis dieser Stelle ist äusserst schwierig [2]). Simplikios scheint von der fortschreitenden Bewegung der Erde, von dem jährlichen Kreislaufe, der sich durch die tägliche Achsendrehung vollzieht, zu reden: denn περὶ τοὺς τοῦ ἰσημερινοῦ πόλους hat eigentlich keinen rechten Sinn oder ist mindestens sehr über-

---

1) Die neue Ausgabe von Simplikios' Commentar zu Aristoteles de coelo (von Karsten, Utrecht 1865) S. 200 B bietet keine Abweichung dar. Diese Ausgabe ist überhaupt völlig unbrauchbar, da weder die Varianten der verglichenen Handschriften, noch die Änderungen, welche Karsten und seine Nachfolger vorgenommen haben, verzeichnet sind. Wenn im Commentar zum 3. Buche S. 250 in dem Verse des Parmenides ἀλλ' ἔμπης καὶ ταῦτα μυθήσομαι im Texte steht, so mag dies sich in der zweiten Pariser Handschrift, welche zu Buch III und IV benutzt ist, [finden,] da man doch den Herausgebern eine so fehlerhafte Conjectur nicht zutrauen darf; seltsam ist es immer, dass die richtige und anderweitig wohl beglaubigte Lesart μαθήσεαι verschmäht wird, da die Herausgeber doch nicht einen blossen Abdruck der verglichenen Handschriften geben wollten. So steht z. B. ebendaselbst χρὴ δοκίμως σ' ἰέναι das Pronomen σ(ὲ) sicherlich in keiner Handschrift; in dem Verse οὕτω τοι κατὰ δόξαν ἔφυ τάδε, νῦν τε ἔασιν ist νῦν τε eine auch von Brandis aufgenommene Conjectur Peyrons, während das Richtige καὶ νῦν aus den Oxforder Handschriften herzustellen war. Diese beiden Codices sind nach den von Gaisford mitgetheilten Proben nicht zu verachten und mussten zum Behuf einer neuen Ausgabe nothwendig verglichen werden, aber nicht einmal die Benutzung der Turiner Handschriften scheint stattgefunden zu haben. Für die Orientirung der Leser hätten die Seitenzahlen der ed. Aldina beigefügt werden sollen, auch dies ist unterblieben.

2) Ungeschickt ist gleich die Weise, wie Simplikios diese Erörterung in Verbindung bringt mit dem Satze des Aristoteles: Himmel und Sterne können

flüssig, wenn nur von der Achsendrehung die Rede war[1]), zumal wenn hinzugefügt wird, dass die Erde sich von Abend gegen Morgen bewege, und wenn man, wie Herakleides thut, die Lage der Erde im Centrum des Kosmos festhält. Die Bestimmung μίαν ἔγγιστα περιστροφήν, die den Eindruck einer wortgetreuen Relation macht, erscheint, wenn sie sich auf die tägliche Bewegung der Erde bezieht, auffällig, da ja hier das Zeitmass durch die Umdrehung der Erde gegeben ist; wohl aber kann man, um den jährlichen Umlauf der Erde zu bestimmen, sagen, die Erde bewege sich täglich μίαν ἔγγιστα περιστροφήν oder vielmehr μιᾶς ἔγγιστα (μοίρας) περιστροφήν[2]), denn die Sonne legt die 360 Grade des Thierkreises in 365$\frac{1}{4}$ Tag zurück, daher sagt Geminos p. 2: ὥστε παρὰ μικρὸν ἐν μιᾷ ἡμέρᾳ μοῖραν κινεῖσθαι τὸν ἥλιον[3]). Allein mit dem jährlichen [Kreislaufe der Erde ist] eine Bewegung der Sonne, die in dem erläuternden Zusatze bei Simplikios genannt wird, unvereinbar. Entscheidend endlich ist, dass nach vollkommen glaubwürdigen Berichten Herakleides eine fortschreitende Bewegung der Erde nicht kannte. Plutarch Plac. phil. III, 13: ‛Ηρακλείδης ὁ Ποντικὸς καὶ ῎Εκφαντος ὁ Πυθαγόρειος κινοῦσι μὲν τὴν γῆν, οὐ μήν γε μεταβατικῶς, ἀλλὰ περιστροφικῶς τροχοῦ δίκην ἐν ἄξονι στρεφομένην ἀπὸ δυσμῶν ἐπ' ἀνατολὰς περὶ τὸ ἴδιον αὐτῆς κέντρον[4]). Damit stimmt auch Simplikios selbst, wenn er Schol. Arist. S. 506 A schreibt: ἐν τῷ κέντρῳ δὲ οὖσαν τὴν γῆν καὶ κύκλῳ κινουμένην, τὸν δὲ οὐρανὸν ἠρεμεῖν ‛Ηρακλείδης ὁ Ποντικὸς ὑποθέμενος, σώζειν ᾤετο …

---

nicht beide stillstehen, ἠρεμούσης γε τῆς γῆς (de coelo II, 8), denn dann steht alles still, und damit sind die Himmelserscheinungen gar nicht in Einklang zu bringen. Eine solche Theorie konnte daher kein vernünftiger Mensch aufstellen, sondern Herakleides und Aristarch setzten eben die Erde in Bewegung, erklärten sich gegen die Aristotelische Hypothese ἠρεμούσης γε τῆς γῆς.

1) περὶ τοὺς τοῦ ἰσημερινοῦ πόλους gilt übrigens nicht für Aristarch, der die Sonnenbahn, also die Ekliptik, der Erde überweist.

2) Man könnte um so eher versucht sein, diese Lesart als ursprüngliche vorauszusetzen, weil im folgenden τῆς μιᾶς μοίρας eine Rückverweisung zu liegen scheint.

3) ῎Εγγιστα, ungefähr nahezu, ist der von Mathematikern und Astronomen vorzugsweise gebrauchte Ausdruck.

4) Bei Eusebius XV, 58 ist der Text am besten überliefert, hier liest man ἀλλὰ τροπικῶς [Dindorf: ἀλλὰ τρεπτικῶς]; bei Galen fehlt das zweite, bei Plutarch beide Worte. Ich habe περιστροφικῶς geschrieben, noch leichter wäre ἀναστροφικῶς, auch περιτροπικῶς würde den gleichen Sinn geben. Der μεταβατικὴ κίνησις … Eusebius hat dann, um geringfügige Varianten zu übergehen, das Richtige ἐν ἄξονι στρεφομένην, Plutarch ἐνιζωνισμένην oder ἐνιζομένην [Reiske: ἐνηξονισμένην], Galen [ὡρισμένην, vergl. Diels Doxographi Graeci p. 378. 633].

φαινόμενα und S. 508 A εἰ δὲ κύκλῳ περὶ τὸ κέντρον, ὡς Ἡρακλείδης ὁ Ποντικὸς ὑπετίθετο, τῶν οὐρανίων ἠρεμούντων [1]). Hier wird diese Bewegung ausdrücklich der μεταβατικὴ κίνησις gegenübergestellt. Also Herakleides läugnet die tägliche Umdrehung des Himmels und lässt die Erde sich um ihre Achse bewegen und so den Wechsel zwischen Tag und Nacht erzeugen: aber die Erde behauptet ihre Stelle in der Mitte des Weltgebäudes; hier liegt also eine entschiedene Differenz zwischen Herakleides' und Aristarchs Hypothese vor. Und wenn dem Pontiker die Kenntnis der fortschreitenden Bewegung der Erde abgesprochen wird, dann muss er auch den jährlichen Kreislauf der Sonne festgehalten haben, kann also nicht das heliokentrische System schon vor Aristarch aufgestellt haben.

Doch kehre ich nochmals zu der oben S. 143 f. besprochenen Stelle des Simplikios zurück: hier wird offenbar eben die Theorie des Herakleides erörtert, und den Namen des Aristarch hätte Simplikios besser fortgelassen, da die Theorien dieser Männer trotz vielfacher Berührung doch nicht identisch sind.

An einer anderen Stelle, welche Brandis S. 508 A nur im Auszuge, Karsten S. 242 A vollständig mittheilt, vertheidigt Simplikios den Satz, dass die Erde inmitten des Weltgebäudes ruhig verharre. Er beruft sich auf die stets gleiche Grösse der Fixsterne, dadurch sei eine Bewegung (παραχωρεῖν) der Erde sowohl nach Morgen als nach Abend ausgeschlossen. Um zu zeigen, dass die Himmelserscheinungen mit der Bewegung der Erde unvereinbar sind, beruft er sich weiter auf die Mondenfinsternis, τοῦτο δὲ ἂν συνέβαινε, καὶ εἰ μεταβατικῶς ἐποιεῖτο τὴν κίνησιν ἡ γῆ· εἰ δὲ κύκλῳ περὶ τὸ μέσον, ὡς Ἡρακλείδης ὁ Ποντικὸς ὑπέθετο, τῶν οὐρανίων ἠρεμούντων, εἰ μὲν πρὸς δύσιν, ἐκεῖθεν ἂν ἐφάνη τὰ ἄστρα ἀνατέλλοντα, εἰ δὲ πρὸς ἀνατολήν, εἰ μὲν περὶ τοὺς τοῦ ἰσημερινοῦ πόλους, οὐκ ἂν ἀπὸ διαφόρων ὁρίζοντος τόπων ὁ ἥλιος καὶ οἱ ἄλλοι πλάνητες ἀνέτελλον· εἰ δὲ περὶ τοὺς τοῦ ζῳδιακοῦ, οὐκ ἂν οἱ ἀπλανεῖς ἀπὸ τῶν αὐτῶν ἀεὶ τόπων ἀνέτελλον, ὥσπερ νῦν· εἴτε δὲ περὶ τοὺς τοῦ ἰσημερινοῦ, εἴτε περὶ τοὺς τοῦ ζῳδιακοῦ, πῶς ἂν ἐσώθη τῶν

---

[1] Vergl. noch Schol. anon. S. 505 B: Ἡρ. ὁ Π. κινεῖσθαι περὶ τὸ μέσον τὴν γῆν, τὸν δὲ οὐρανὸν ἠρεμεῖν ὑποθέμενος, σώζειν ᾤετο τὰ φαινόμενα. Proklos zu Platos Tim. p. 40 Ἡρακλείδης μὲν οὖν ὁ Ποντικὸς [οὐ] Πλάτωνος ὢν ἀκουστής, ταύτην ἐχέτω τὴν δόξαν, Πλάτων δὲ ἀκίνητον αὐτὴν ἵστησιν. Es ist dies . . . . .

πλανωμένων ἡ εἰς τὰ ἑπόμενα ζῴδια μετάβασις, ἀκινήτων τῶν οὐρανίων ὄντων; ὃ δὴ λέγει καὶ ὁ Πτολεμαῖος κτλ [1]). Dass die neue Ausgabe hier gar keine Abweichung darbietet (nur δέ ist im Eingange hinzugefügt), nimmt Wunder. Denn der Commentar des Simplikios zu dieser Aristotelischen Schrift, wie er in der Aldina abgedruckt ist, gilt allgemein für eine Rückübersetzung aus der lateinischen Version von Wilhelm von Moerbecka, seitdem Amad. Peyron im Jahre 1810 Proben des echten Textes von Simplikios aus einer Turiner Handschrift mitgetheilt hat. Der wackere Peyron fällt ein äusserst ungünstiges Urtheil über diesen Graeculus, der, wie er meint, aus gemeiner Gewinnsucht den griechischen Text, den man damals nicht auftreiben konnte, herzustellen versuchte. Ich muss offen gestehen, dass ich dieser Ansicht nicht ohne Weiteres beitreten kann. Es tritt nämlich eine höchst auffallende Verschiedenheit zwischen der Fassung der poetischen Citate und dem Commentar des Simplikios uns entgegen. Die Rückübersetzung der von Simplikios angeführten Verse ist äusserst roh, z. B. das Homerische αὐτὰρ Ἀχιλλεὺς Ἕκτορος ἄντα μάλιστα λιλαίετο δῦναι ὅμιλον Υ 75 f. in der

lateinischen Übersetzung:	griechischen Übersetzung:
Ut Achilles summo desiderio flagravit cum Hectore habere colloquium.	ὥσπερ ὁ Ἀχιλλεὺς τοῦ Ἕκτορος μάλιστ' ἂν ἐπεθύμει εἰς ὁμιλίαν ἀφικέσθαι.

Der prosaische Commentar macht einen zwiespältigen Eindruck; zwar fehlt es auch hier nicht an mehr oder minder erheblichen Abweichungen von der Fassung der Turiner Handschrift, und diese dürfte im Allgemeinen den Vorzug verdienen, aber der Text der Aldina kann doch nicht geradezu schlecht genannt werden, er gleicht öfter einer ziemlich freien, willkürlichen Bearbeitung des Originales, sieht aber nicht wie eine Übersetzung aus dem Lateinischen aus, wenigstens heut zu Tage dürften nicht viele Philologen so geschickt eine solche Aufgabe lösen. Dann aber erinnern andere Stellen an Moerbeckas Übersetzung; man könnte vermuthen, dem Niederländer habe ein ähnlicher Text vorgelegen. Allein wenn z. B. das richtige τῆς φορᾶς τάχος (so Cod. Taur.) von dem Erzbischofe von Korinth durch lationis celeritas wiedergegeben wird und die Aldina τοῦ πλευροῖ τὸ

---

[1] Aristot. de coelo II, 14, 1: περὶ τὸν μέσον πόλον. Auch 240 A und B die Bewegung um die Pole des Äquators und des Thierkreises.

τάχος bietet, so sieht man, dass der Graeculus eine lateinische Übertragung zur Hand hatte und entweder lateris fand oder lationis missverstand. Zu den Latinismen rechne ich namentlich auch den genetivus absolutus, z. B. ἀνατραπείσης τῆς δόξης, Moerbecka eversa opinione, Cod. Taur. ἱστορήσας τὴν δόξαν (wo also Moerbecka στορήσας zu lesen glaubte) oder wenn das Platonische πηδαλίων οἴακος ἀφέμενος von Moerbecka dimisso gubernaculo, in der Aldina ἀφεθέντος τοῦ πηδαλίου wiedergegeben wird. Dagegen anderwärts bietet die Aldina einen Text dar, der . . . . . .

Auf S. 476 A der Berliner Ausgabe der Scholien wird eine Stelle aus Aristoteles' Physik I, c. 5 angeführt, welche Brandis nach dem Cod. Taur. giebt. Ich stelle zur Vergleichung den Text nach Bekkers Ausgabe des Aristoteles, nach Simplikios ed. Karsten (welche angeblich den Text nach Cod. Paris 1910 wiedergiebt), nach dem Cod. Taur. und der Aldina [hierher]:

Aristot. Phys. I, 5.
Καὶ Δημόκριτος τὸ στερεὸν καὶ κενόν, ὧν τὸ μὲν ὡς ὄν, τὸ δ' ὡς οὐκ ὄν εἶναί φησιν· ἔτι θέσει, σχήματι, τάξει· ταῦτα δὲ γένη ἐναντίων· θέσεως ἄνω κάτω, πρόσθεν ὄπισθεν, σχήματος γωνία εὐθὺ περιφερές.

Simpl. ed. K. p. 59 B.
Καὶ Δημόκριτος τὸ στερεὸν καὶ κενόν, ὧν τὸ μὲν ὡς ὄν, τὸ δ' ὡς οὐκ ὄν εἶναί φησιν· ἔτι θέσει, σχήματι, τάξει· ταῦτα δὲ γένη ἐναντίων· θέσει, ὡς ἄνω, κάτω, ὄπισθεν, σχήματι γεγωνιωμένον, εὐθύ, περιφερές.

Cod. Taurin.
Καὶ δὴ Δημόκριτος στερεὸν καὶ κενόν, ὧν τὸ μὲν ὄν, τὸ δὲ ὡς οὐκ ὄν φησιν· ἔτι θέσει, σχήματι, τάξει· ταῦτα δὲ γένη ἐναντίων· θέσεως ἄνω, κάτω, πρόσθεν, ὄπισθεν· σχήματος γωνία, τὸ εὐθύ, περιψερές.

Ed. Ald.
Καὶ Δημόκριτος τὸ στερεὸν καὶ κενόν, ὧν τὸ μὲν ὄν, τὸ δὲ ὡς μὴ ὄν φησιν· ἔτι τάξει, ῥυσμῷ, διαθιγῇ· τὰ δὲ γένη τῆς θέσεως τῶν ἐναντίων· ἄνω, κάτω, ἔμπροσθεν, ὄπισθεν· σχῆμα δὲ γεγωνιωμένον, ἀγώνιον, ὀρθόν, κυκλοτερές.

Seltsam: hier verhilft uns der Graeculus zu einer Verbesserung des Aristotelischen Textes, denn γεγωνιωμένον ἀγώνιον erfordert der Gegensatz, und diese Ergänzung wird durch ein Scholion S. 338 A, 9 Brandis bestätigt, ja schon die Ausgabe von Duval I, S. 321 B, Paris 1619 liest so; bei Bekker findet sich keine Spur von ἀγώνιον, wohl aber aus zwei Handschriften die Variante γεγωνιωμένον für γωνία. Κυκλοτερές (περιφερές) bildet keinen rechten Gegensatz zu ὀρθόν (εὐθύ), sondern würde eher ὀρθογώνιον verlangen, doch ist wohl ὀρθὸν (εὐθὺ) καμπύλον nach Anleitung jenes Scholions zu schreiben, ausserdem muss man $\vartheta\acute{\varepsilon}\sigma\varepsilon\iota$, $\dot{\omega}\varsigma\ldots$ $\sigma\chi\acute{\eta}\mu\alpha\tau\iota$, $\dot{\omega}\varsigma$ herstellen. Dann bietet die Aldina die eigenthümlichen Ausdrücke des Demokrit dar: $\delta\iota\alpha\vartheta\iota\gamma\acute{\eta}$ (denn $\delta\iota\alpha\vartheta\iota\gamma\acute{\eta}$ ist nur der regelmässig wiederkehrende Schreibfehler, den man nicht in Schutz nehmen darf) und $\acute{\varrho}\upsilon\sigma\mu\acute{o}\varsigma$; damit stimmt das vulgäre $\tau\acute{\alpha}\xi\varepsilon\iota$ nicht, was ja ausserdem identisch ist mit $\delta\iota\alpha\vartheta\iota\gamma\acute{\eta}$; man muss $\tau\varrho o\pi\acute{\eta}$ substituiren (vergl. Arist. Met. I, 4, wo $\tau\grave{o}\ \delta\grave{\varepsilon}$ Z $\tau o\tilde{v}$ H statt $\tau o\tilde{v}$ N verbessert werden muss, d. h. Z unterscheidet sich nur durch $\tau\varrho o\pi\acute{\eta}$ von H). Wahrscheinlich fanden sich in den Handschriften des Aristoteles die synonymen Ausdrücke vereinigt

$$\vartheta\acute{\varepsilon}\sigma\varepsilon\iota\ \sigma\chi\acute{\eta}\mu\alpha\tau\iota\ \tau\acute{\alpha}\xi\varepsilon\iota$$
$$\tau\varrho o\pi\tilde{\eta}\ \acute{\varrho}\upsilon\sigma\mu\tilde{\omega}\ \delta\iota\alpha\vartheta\iota\gamma\tilde{\eta},$$

indem entweder die gemeinen Ausdrücke zur Erläuterung darüber geschrieben waren oder ein gelehrter Leser die Terminologie des Demokrit hinzugefügt hatte. Ausserdem muss man auch den Ausfall einer Zeile bei Aristoteles annehmen:

$$\delta\iota\alpha\varphi\acute{\varepsilon}\varrho\varepsilon\iota\nu\ \delta\grave{\varepsilon}\ \tau\grave{o}\ \ddot{o}\nu\ \varphi\eta\sigma\iota\nu$$
$$\ddot{\varepsilon}\tau\iota\ \varkappa\tau\lambda.$$

Man sieht, wie complicirt die Untersuchung über die Gestalt des Textes des Simplikios in der Aldina ist: das Material, was Peyron bietet, reicht natürlich nicht aus, um das Problem befriedigend zu lösen; die neue Ausgabe ist für diesen Zweck völlig unbrauchbar. Die niederländische Akademie der Wissenschaften verdient alle Anerkennung, dass sie die Nothwendigkeit einer neuen kritischen Ausgabe von Simplikios' Commentar zu den Büchern $\pi\varepsilon\varrho\grave{\iota}\ o\grave{v}\varrho\alpha\nu o\tilde{v}$ erkannte und förderte, aber die Ausführung macht der holländischen Philologie keine Ehre.

Wenn sich Herakleides begnügte, die Achsendrehung der Erde an die Stelle der täglichen Umdrehung des Himmelsgewölbes zu setzen, so scheint doch sein Scharfblick erkannt zu haben, dass das astronomische System noch einer weiteren Reform in dieser Richtung bedürftig sei. Dies ist angedeutet in den eigenen Worten des Herakleides, welche uns Simplicius in seinem Commentar zur Aristotelischen Physik mittheilt S. 64 B ed. Aldina (denn Brandis giebt S. 348 B, 9 von dieser wichtigen Stelle leider nur Bruchstücke). Die betreffende Notiz, obwohl nicht direkt, sondern auf mehrfach vermitteltem Wege überliefert, ist durchaus authentisch. Simplikios entnimmt sie aus Alexander von Aphrodisias, dieser aus dem Commentar des Astronomen Geminos zur Meteoro-

logie des Poseidonios: ὁ δὲ Ἀλέξανδρος φιλοπόνως λέξιν τινὰ τοῦ Γεμίνου παρατίθησιν ἐκ τῆς ἐπιτομῆς τῶν Ποσειδωνίου Μετεωρολογικῶν ἐξηγήσεως [1]), τὰς ἀφορμὰς παρὰ Ἀριστοτέλους λαβοῦσαν· ἔχει δὲ ὧδε.
Geminos spricht von den Hypothesen, welche die Astronomen aufstellen, um die Erscheinungen befriedigend zu erklären. Dann heisst es weiter: διὸ καὶ παρελθών τις, φησὶν Ἡρακλείδης ὁ Ποντικός, ἔλεγεν ὅτι καὶ κινουμένης πως τῆς γῆς, τοῦ δ' ἡλίου μένοντός πως δύναται ἡ περὶ τὸν ἥλιον φαινομένη ἀνωμαλία σώζεσθαι.
Boeckh hat über diese Stelle in seiner Schrift über das kosmische System des Plato S. 137 ff. ausführlich gehandelt: indem er die abenteuerlichen Missverständnisse beseitigt, erklärt er scharfsinnig die Worte des Einganges: es trat einer auf, wie Herakleides erzählt, und sagte. Nach Boeckh sind παρελθών τις ἔλεγεν Worte des Herakleides, welche Geminos anführt, und zwar aus einem Dialoge, wahrscheinlich der Schrift περὶ τῶν ἐν οὐρανῷ, in welcher Herakleides eben jene Lehre von der Achsendrehung der Erde vorgetragen haben werde. Ich trage jedoch Bedenken, dieser Auffassung beizutreten: denn παρελθών, παριὼν ἔλεγεν wird von dem gesagt, der öffentlich vor einer Versammlung auftritt [2]). Ich kenne keinen Fall, wo diese Formel von dem Theilnehmer an einem Gespräche gebraucht

---

1) Es muss eigentlich heissen ἐκ τῆς ἐπιτομῆς (τῆς) τῶν Ποσειδωνίου Μετεωρολογικῶν ἐξηγήσεως. Dass nicht von einem Auszuge aus der Meteorologie des Poseidonios, sondern aus dem Commentar des Geminos zu dieser Schrift die Rede ist, bemerkt Boeckh (Sonnenkreise S. 12) sehr richtig. Auffallend ist jedoch, dass Geminos selbst diesen Commentar in einen Auszug brachte. Auch im Alterthume hat nicht selten der Verfasser einer Schrift eigenhändig einen Auszug veranstaltet; besonders geschieht dies bei Lehrbüchern und dergleichen: in diese Kategorie gehört aber der vorliegende Fall nicht. Lag dem Alexander eine Epitome des Commentars vor, dann wird dieselbe von anderer Hand, nicht von Geminos ausgeführt worden sein. Möglicherweise liegt aber ein Versehen des Simplikios vor: wenn Alexander sagte, er wolle im Auszuge (ἐπιτετμημένως) mittheilen, was Geminos in seinem Commentar sage, so konnte ein flüchtiger Leser sehr leicht daraus eine ἐπιτομὴ τῆς ἐξηγήσεως machen. Etwas Ähnliches ist dem Simplikios gleich nachher begegnet, wenn er am Schluss sagt: οὕτω μὲν οὖν Γεμῖνος ἤ τοι ὁ παρὰ τῷ Γεμίνῳ Ποσειδώνιος, denn hier mischt sich die falsche Vorstellung ein, als habe Geminos den Poseidonios epitomirt; Poseidonios kommt überhaupt hier gar nicht in Betracht.
2) Dies beweisen sämmtliche Beispiele, welche Boeckh anführt, die sich leicht vermehren liessen.

wird. Dann aber wäre die hier vorliegende Fassung kaum verständlich; Geminos würde, wenn er den Nebenumstand, dass in einem Dialoge ein Unterredner eine Hypothese aufgestellt habe, sich vielmehr so ausgedrückt haben: διὸ καὶ παρ' Ἡρακλείδῃ τῷ Ποντικῷ ἐν τῷ περὶ τῶν ἐν οὐρανῷ παρελθών τις ἔλεγεν. Die Worte bedürfen der kritischen Nachhülfe, es ist zu lesen: διὸ καὶ προελθών φησιν· Ἡρακλείδης ὁ Ποντικὸς ἔλεγεν, ὅτι κτλ. Alexander theilt nur auszugsweise die Ansichten des Geminos mit, διὸ καὶ προελθών φησι sind Worte Alexanders, mit denen er ein neues Excerpt aus Geminos einleitet; folglich liegt kein direktes Citat aus einer Schrift des Herakleides vor, sondern Ἡρακλείδης ὁ Ποντικὸς ἔλεγεν κτλ. ist eine Bemerkung des Geminos, welche Alexander wortgetreu mittheilt. Denn προελθών ist der gewöhnliche Ausdruck, wenn man eine Schrift wörtlich excerpirt und Einzelnes übergeht; so schreibt Simplikios selbst zu Arist. de coelo p. 138 ed. Karsten: Πλάτων ἐν τῷ Πολιτικῷ... λέγει ἐν ἐκείνοις — εἶτα προελθών φησιν — καὶ προελθών πάλιν.

Durch diese Berichtigung gewinnt die Stelle selbst ein wesentlich anderes Aussehen. Wenn ein direktes Citat aus Herakleides vorläge, dann hätte dieser Philosoph der künftigen Forschung nur den Weg vorgezeichnet, auf Lösung des Problems wenigstens vorläufig verzichtend. Liegt dagegen nur ein Bericht des Geminos vor über das, was Herakleides gesagt hat, dann könnte der Philosoph selbst eine Hypothese zur Erklärung des Phaenomens aufgestellt haben, die der Berichterstatter übergeht, da ihm für seinen Zweck nichts darauf ankam und [er] sich abkürzend mit dem unbestimmten κινουμένης πως, μένοντος πως begnügt. Gleichwohl glaube ich, dass Geminos den Gedanken des Pontikers vollständig wiedergiebt: indem er fortfährt, es sei nicht Sache der Astronomen, festzustellen, was von Natur bewegt, was unbewegt sei, indem er diese Untersuchungen den Philosophen überlässt, ist man zu der Annahme berechtigt, dass eben Herakleides, indem er in einer philosophischen Schrift von der Bewegung handelte, bei dieser Gelegenheit auch ein astronomisches Problem berührte und sich dahin aussprach, die Erscheinungen liessen sich wohl auch alsdann rechtfertigen, wenn man im Wider-

---

1) Nachdem προελθών mit παρελθών vertauscht war (die Abkürzung πρ̊ konnte leicht mit π̅ verwechselt werden), fügte ein Abschreiber, der sich nicht zurecht zu finden wusste, oder Simplikios τὶς hinzu.

spruch mit der gemeinen Ansicht die Sonne als ruhend, die Erde als bewegt sich denke, jedoch ohne diesen hingeworfenen Gedanken im Einzelnen zu begründen.

Die an der Sonne beobachtete Unregelmässigkeit ($\dot{\eta}$ περὶ τὸν ἥλιον φαινομένη ἀνωμαλία) ist offenbar auf die bald langsamere, bald schnellere Bewegung zu beziehen, mit welcher die Sonne ihren jährlichen Lauf zurücklegt; wegen dieser Anomalie weichen auch die griechischen Astronomen in der Berechnung der Jahreszeiten mehrfach von einander ab. Da man nun aber seit Pythagoras an der Vorstellung festhielt, dass die Himmelskörper mit gleichförmiger Geschwindigkeit ihre Bahnen durchlaufen, suchte man eben die Erscheinungen mit dieser Hypothese in Einklang zu bringen; vergl. Geminos Einl. S. 3 C, Uranologion ed. Petavius, Paris 1630: ἐπιζητεῖται οὖν ἐν τούτοις, πῶς ἴσων ὄντων τῶν τεσσάρων μορίων τοῦ ζωδιακοῦ κύκλου ὁ ἥλιος ἰσοταχῶς κινούμενος διὰ παντὸς ἐν ἀνίσοις χρόνοις διαπορεύεται τὰς ἴσας περιφερείας · .... Ε δι' ἥν τινα αἰτίαν προέτειναν (οἱ Πυθαγόρειοι) οὕτω, πῶς ἂν δι' ἐγκυκλίων καὶ ὁμαλῶν κινήσεων ἀποδοθείη τὰ φαινόμενα. In seinem Commentar zu Poseidonios spricht Geminos kurz vorher, ehe er sich auf Herakleides bezieht, ebenfalls von der Unregelmässigkeit in der Bewegung der Sonne, des Mondes und der Planeten, die sich nur durch die Voraussetzung ekkentrischer Kreise oder Epikyklen beseitigen lasse. Eben dies Problem hatte Herakleides berührt und bei diesem Anlasse die Idee, welche dem heliokentrischen Systeme des Aristarch zu Grunde liegt, bereits angedeutet [1]).

Herakleides, indem er die tägliche Bewegung des Himmels von Osten nach Westen aufhebt und die Erde sich von Westen nach Osten drehen lässt, hat nicht zuerst diese Hypothese aufgestellt, sondern, wie er sich auch sonst an die Pythagoreer anlehnt, ist er dem Hiketas und Ekphantos gefolgt [2]); denn Hiketas

---

[1]) Mit der Lehre von der Achsendrehung der Erde hängt dies nicht zusammen, kann auch nicht als Praemisse dieses Satzes gefasst werden, wie Boeckh S. 137 meint, dessen Auffassung (S. 136) der von Geminos dem Herakleides selbst, nicht einem „jemand" zugeschriebenen Meinung, nicht das Rechte trifft.

[2]) Hiketas wird zuerst diese Theorie aufgestellt haben; dafür spricht das Zeugnis des Theophrast bei Cicero Ac. II, 39, vergl. auch Diog. VIII, 85. Ekphantos, wohl ein Freund oder Schüler des Hiketas (vergl. Boeckh, Kosm. Syst. S. 126), schloss sich an und wird daher als Vorgänger des Herakleides genannt, s. die Stelle bei Plutarch oben S. 144, wohl deshalb, weil nur er, nicht Hiketas, Schriftliches hinterlassen hatte. Auch die beiden Syrakusaner lehrten, wie Hera-

war der Erste, welcher die Achsendrehung der Erde lehrte, während gleichzeitig oder auch schon vorher Philolaos eine kreisende Bewegung der Erde um das Centralfeuer annahm [1]). Aristarch, der als Schüler des Peripatetikers Strato mit den Lehren der Naturphilosophen wohl bekannt war, nahm nach Herakleides' Vorgange die Theorie jener jüngeren Pythagoreer von der Achsendrehung der Erde wieder auf, da dieselbe die einfachste und naturgemässeste der kosmischen Erscheinungen darbot[2]), wenn sie auch der unmittelbaren sinnlichen Wahrnehmung widersprach. Gerade ein Mathematiker und Astronom musste bei fortschreitender Erkenntnis der Natur und ihrer Gesetze inne werden, wie unwahrscheinlich die tägliche Rotation des Himmels sei, da bei der weiten Entfernung der Fixsternsphäre eine alles Mass überschreitende Schnelligkeit der Bewegung voraussetzen würde. Gerade Aristarch, der wie keiner vor ihm die unendliche Grösse des Universums begriffen hatte, war berufen, diese Hypothese zur Geltung zu bringen.

Aber Aristarch ging in dieser Richtung weiter; der Gedanke, den Herakleides ausgesprochen hatte, dass die Anomalie der Sonnenbewegung sich wohl auch befriedigend erklären lasse, wenn die Sonne still steht, die Erde sich bewegt, mag die erste Anregung gegeben haben, aber die weitere Ausführung dieses Gedankens ist unbestritten das Verdienst des Aristarch. Er fügt

---

kleides, dass die Erde im Mittelpunkt des Weltgebäudes sich befinde, s. Hippolyt. adv. Haer. p. 19 Miller vom Ekphantos: τοῦ μὲν νοῦ τὸν κόσμον (ἀπείκασμα) εἶναι, δι' ὃ καὶ σφαιροειδῆ (καὶ ἕνα) ὑπὸ μιᾶς δυνάμεως γεγονέναι, τὴν δὲ γῆν (κατὰ) μέσον κόσμου κινεῖσθαι περὶ τὸ αὑτῆς κέντρον ὡς πρὸς ἀνατολήν (ich habe νοῦ statt οὐν verbessert, ἀπείκασμα und καὶ ἕνα eingeschaltet, sowie εἶναι statt εἰδέναι ἰδεῖν, einer doppelten fehlerhaften Lesart, gesetzt, dann κατὰ zugefügt und αὑτῆς statt αὐτῆς geschrieben) [Diels Doxographi Graeci S. 566, 16 ff.]. Wenn Cicero schreibt: Hicetas Syracosius, ut ait Theophrastus, caelum, solem, lunam, stellas, supera denique omnia stare censet, neque praeter terram rem ullam in mundo moveri, so hat er in rhetorischer Weise die einfache Darstellung seines Gewährsmannes nicht gerade sachgemäss ausgeschmückt: denn durch die Achsendrehung der Erde wurde ja nur der tägliche Umschwung des Himmelsgewölbes aufgehoben.

1) Diog. C. VIII, 85 vom Philolaos: καὶ τὴν γῆν κινεῖσθαι κατὰ κύκλον πρῶτος εἰπεῖν, οἱ δ' Ἱκέταν τὸν Συρακόσιόν φασιν, wo aber der Unterschied beider Lehren nicht beachtet ist.

2) Cicero a. a. O. von der Hypothese des Hiketas nach Theophrast: quae (terra) quum circum axem se summa celeritate convertat et torqueat, eadem efoci omnia, quae si stante terra caelum moveretur.

zu der täglichen Rotation der Erde um ihre Achse den jährlichen Kreislauf um die Sonne hinzu: nicht nur der Himmel, sondern auch die Sonne steht still, und zwar im Centrum des Weltgebäudes, während man bisher diese Stelle der Erde angewiesen hatte.

Die Hypothese des Aristarch, welche den bisher gültigen Anschauungen vollständig widersprach, wurde sofort von Kleanthes bekämpft. Dem stoischen Philosophen erschien es geradezu als ein Frevel am Heiligsten, die ruhende Erde in Bewegung zu setzen, des Himmels Umschwung und der Sonne Kreislauf zu hemmen. Wenn Kleanthes erklärte, Aristarch verdiene wegen seiner Heterodoxie vor Gericht gestellt zu werden, so darf man in der pathetischen Redewendung nicht eine ernstlich gemeinte Aufforderung zu gerichtlicher Verfolgung finden, die ohnedies in jener Zeit wirkungslos geblieben wäre: von dieser Seite hatte Aristarch nichts zu fürchten. Kleanthes, indem er die neue Theorie des Astronomen rücksichtslos angriff, handelte nur im Geiste seiner Schule. Der streng conservative Sinn der Stoa scheute sich an dem zu rütteln, was durch sein Alter ehrwürdig, durch den Glauben früherer Geschlechter geheiligt war. Dem Kleanthes war die gleichmässige Bewegung des Himmels, die feste Ordnung im Kreislaufe der Himmelskörper ein Hauptbeweis für die Existenz der Götter[1]): umsomehr musste ihm jede Neuerung auf dem Gebiete der kosmischen Physik zuwider sein. Kleanthes wird in seiner Schrift gegen Aristarch[2]) nicht nur die

---

1) Cicero de nat. deor. II, 5. In dem Hymnus auf Zeus sagt Kleanthes V. 7: Σοὶ δὴ πᾶς ὅδε κόσμος ἑλισσόμενος περὶ γαῖαν Πείθεται ᾗ κεν ἄγῃς, καὶ ἑκὼν ὑπὸ σεῖο κρατεῖται.

2) Die Schrift πρὸς Ἀρίσταρχον ist in dem Katalog des litterarischen Nachlasses von Kleanthes bei Diog. L. VII, 3, 6 verzeichnet. Sie war offenbar veröffentlicht, ehe Aristarch starb. Kleanthes schloss sich treulich an Zeno an, doch fehlt es gerade auf diesem speciellen Gebiete nicht an Verschiedenheiten zwischen Lehrer und Schüler. Die Ansichten des Kleanthes über die Sonne, ihre Bewegung u. s. w. sind summarisch zusammengefasst bei Stob. Ekl. Phys. I, S. 145 ed. M.: Die Definition des ἥλιος — ἄναμμα νοερὸν τὸ ἐκ θαλάττης, welche auf Herakleitos zurückgeht, findet sich auch bei Chrysippos und stimmt in der Hauptsache mit Zenos Auffassung. Bedeutender ist die Abweichung, dass Kleanthes die Sonne als den Sitz der Weltseele betrachtet, wie er überhaupt der Sonne eine weitreichende Wirkung zuschrieb, vergl. Krische, Forschungen I, 427 ff. Dem Kleanthes ausschliesslich eigen ist die Neuerung, der Welt und den Gestirnen Kegelgestalt zu geben statt der sphärischen Form,

neue Lehre zu widerlegen versucht, sondern auch seine eigenen Ansichten über den Kosmos dargelegt haben.

Wenn Plutarch in der Schrift de facie in orbe lunae c. 6 schreibt: μόνον, ὦ τάν, μὴ κρίσιν ἡμῖν ἀσεβείας ἐπαγγείλῃς, ὥσπερ Κλεάνθης ᾤετο δεῖν Ἀρίσταρχον τὸν Σάμιον ἀσεβείας προςκαλεῖσθαι τοὺς Ἕλληνας, ὡς κινοῦντα τοῦ κόσμου τὴν ἑστίαν, ὅτι τὰ φαινόμενα σώζειν ἀνὴρ ἐπειρᾶτο, μένειν τὸν οὐρανὸν ὑποτιθέμενος, ἐξελίττεσθαι δὲ κατὰ λοξοῦ κύκλου τὴν γῆν, ἅμα καὶ περὶ τὸν αὑτῆς ἄξονα δινουμένην[1]), so führt er unzweifelhaft zunächst die eigenen Worte des Stoikers an; dieser hatte dabei die bekannten Worte Platos Phaedr. 247 A μένει γὰρ Ἑστία ἐν θεῶν οἴκῳ μόνη vor Augen. Dies deutet auch der Platoniker Derkyllides in seiner Polemik gegen die Neuerungen des Aristarch an[2]) bei Theon Smyrn. de astron. S. 328 Martin: φησὶ δὲ (Δερκυλλίδης), ὡς γῆν μὲν χρὴ οἴεσθαι μένειν, ἑστίαν τοῦ θεῶν οἴκου κατὰ Πλάτωνα, τὰ δὲ (ἀπλανῆ τε καὶ τὰ) πλανώμενα σὺν τῷ πάντα περιέχοντι οὐρανῷ κινεῖσθαι· τοὺς δὲ τὰ κινητὰ στήσαντας, τὰ δὲ ἀκίνητα φύσει καὶ ἑδραῖα κινήσαντας, ὡς παρα(βάντας) τὰς τῆς μαντικῆς ὑποθέσεις, ἀποδιοπομπεῖται[3]). Der-

---

welche alle anderen annahmen: Kleanthes begründete diese Abweichung damit, dass auch das Feuer eine konische Form habe; ich verweise auf Krische a. a. O. 434 ff.

1) Die verkehrte Lesart der Handschriften ὥσπερ Ἀρίσταρχος ... Κλιάνθην τὸν Σάμιον ist längst verbessert, ausserdem liest man gewöhnlich προκαλεῖσθαι, sowie φαινόμενα und ἀνήρ ohne den Artikel.

2) Aristarch wird zwar nicht genannt, aber nur er und der Chaldaeer Seleukos können gemeint sein, da die neue Theorie sonst keinen Vertheidiger gefunden hat.

3) Der fehlerhafte Text des Theon bedurfte mehrfache Berichtigung; so hat die Handschrift τὰ γὰρ πλανώμενα, dies sieht aus, als müsse die Erde deshalb ruhen, weil die Planeten mit dem Himmel sich bewegen: ausserdem durften die Fixsterne nicht unerwähnt bleiben, die ja, wenn man die Bewegung des Himmels annimmt, nothwendig daran Theil haben. Dann habe ich πάντα statt παντί, ἑδραῖα statt ἕδρα geschrieben und ὡς παρα(βάντας) ergänzt, denn in der Lesart ὡς παρὰ τὰς ist ὡς ungehörig, also entweder zu tilgen oder der Ausfall eines Particips anzunehmen. Bedenken erregt auch der Ausdruck μαντική; der gelehrte und scharfsinnige Herausgeber S. 128 versteht darunter die ἀποτελεσματικὴ ἀστρολογία, jedoch ohne einen Beleg für diese Erklärung beizubringen: ausserdem wäre die Beziehung auf die Sterndeuterkunst, selbst wenn Derkyllides diesem Wahne gehuldigt hätte, ganz ungehörig. Es wird dem Aristarch zum Vorwurf gemacht, den Grundprincipien der astronomischen Wissenschaft (ὑποθέσεις) untreu geworden zu sein, welche Plato sorgfältig gewahrt

kyllides wird die Schrift des Kleanthes noch gekannt haben; er folgt hier sichtlich den Spuren des Stoikers, nennt ihn aber nicht, sondern citirt den Plato, weil Kleanthes diesem jenen feierlichen Ausdruck entlehnt hatte.

Die Darstellung des heliokentrischen Systems mag Plutarch selbst hinzugefügt haben, denn es fragt sich, ob ihm die Schrift des 'Kleanthes gegen Aristarch zur Hand war. An dem hier gebrauchten Ausdrucke σώζειν τὰ φαινόμενα ἐπειρᾶτο hat ein Kritiker Anstoss genommen und dafür τὰ φαινόμενα ἀφανίζειν zu lesen vorgeschlagen [1]). Dieser Vorschlag ist in jeder Hinsicht verfehlt: er muthet ernsten Philosophen ein Wortspiel zu, was vielleicht dem deutschen Kritiker geistreich schien, aber mit dem ἦθος hellenischer Männer wie Kleanthes und Plutarch unvereinbar ist. Ausserdem vermag wohl eine falsche Theorie das richtige Verständnis der Himmelserscheinungen zu verwirren und zu verdunkeln, aber die λαμπροὶ δυνάσται ἐμπρέποντες αἰθέρι vollbringen Tag und Nacht ihr Werk, unberührt von den Speculationen menschlichen Scharfsinnes oder Vorwitzes. Nicht der Versuch τὰ φαινόμενα σώζειν wird getadelt, sondern Kleanthes warf dem Aristarch vor, dass er zu diesem Zwecke die Erde in Bewegung setzte und so die feste Weltordnung störte [2]). Τὰ φαινόμενα σώζειν ist eine feststehende Formel, der technische Ausdruck der griechischen Astronomen, wenn die Hypothese, welche aufgestellt wird, um die Himmelserscheinungen zu erklären, mit

---

habe, wie es S. 332 heisst: καὶ ταύτας σωζομένας καὶ παρὰ Πλάτωνι ἀποδείκνυσι τὰς ὑποθέσεις. Ich möchte τὰς τῆς Ἀνάγκης ὑποθέσεις empfehlen, denn Derkyllides ging von der Erklärung der berühmten Stelle bei Plato Rep. X, 614 ff. aus, hier gaben die Ἀνάγκης θυγατέρες Μοῖραι, Ἀνάγκης ἄτρακτος, Ἀνάγκης [Λαχέσεως] γόνατα Anlass zu dem Ausdrucke Ἀνάγκης ὑποθέσεις. Diese Fundamentalsätze, welche Theon S. 326 nach Derkyllides aufzählt, haben mit der sogenannten Astrologie nichts gemein: die einleitenden Worte sind von Martin, der an der Richtigkeit der überlieferten Lesart nicht zweifelte, missverstanden. Ich schreibe: πρὸς πάντων δέ, φησί, σχεδὸν τῶν περὶ τὰ μαθηματικὰ τὴν πραγματείαν ἐχόντων, ὁμολογούμενόν πως ἐστι, πρῶτον μὲν κτλ. (die Handschrift πρὸ πάντων .... ἐχόντων ἡ λῆψις τῶν ἀρχῶν, ὡς ὁμολογουμένως ἐστίν, völlig sinnlos, der Fehler rührt daher, dass ein Abschreiber die Randbemerkung ἀντίληψις τῶν ἀρχῶν in den Text aufnahm und zur Verbindung ὡς einschaltete: später ward ἀντίληψις in ἡ λῆψις verderbt. Man sieht daraus, wie viel noch für die Reinigung des Textes bei Theon zu thun ist.

1) Teuffel in Paulys Realenc. I, 2, 1931. Ob der Tübinger Kritiker versucht hat, anderwärts seine Conjectur zu rechtfertigen, weiss ich nicht.

2) ἀκίνητα κινεῖ· ἄνω κάτω ποιεῖ.

den Phaenomenen vollkommen stimmt. Den Thatsachen gerecht zu werden ist die Aufgabe jeder wissenschaftlichen Forschung auf diesem Gebiete [1]), und den Astronomen, der dies Ziel unverrückt festhält, kann kein Tadel treffen. So sagt Geminos in seinem Commentar zu Poseidonios' Meteorologie bei Simplikios zur Arist. Physik S. 65 B ed. Ald.: τρόπους τινὰς ἀποδιδούς, ὧν ὑπαρχόντων σωθήσεται τὰ φαινόμενα, ebendaselbst (vergl. auch die Schol. S. 348 der Berl. Ausg.): Ἡρακλείδης ὁ Ποντικὸς ἔλεγεν, ὅτι καὶ κινουμένης πως τῆς γῆς, τοῦ δ' ἡλίου μένοντός πως δύναται ἡ περὶ τὸν ἥλιον φαινομένη ἀνωμαλία σώζεσθαι, wahrscheinlich hatte Herakleides eben diesen Ausdruck gebraucht [2]). Simplikios sagt S. 495 eben vom Aristarch und Herakleides: νομίζοντες σώζεσθαι τὰ φαινόμενα, τοῦ μὲν οὐρανοῦ καὶ τῶν ἄστρων ἠρεμούντων, τῆς δὲ γῆς... κινουμένης, und nachher vom Aristoteles νῦν δὲ ὡς ὑπόθεσιν ἔλαβεν, ἀδύνατον τοῦ οὐρανοῦ καὶ τῶν ἄστρων φαινομένων (lies μὴ κινουμένων) σώζεσθαι τὰ φαινόμενα, vergl. auch 495 B 13, 498 A 34, 502 B 7 und 11 (διασῶσαι), 503 B 10 (ἀποσώζειν), 504 A 34, B 38, 505 B 47, 506 A 3 u. öfter. Vergl. auch Simplikios S. 17 B ed. K. vom Eudoxos und Kallippos und den ἀνελίττουσαι σφαῖραι, δι' ἐκείνων ἐπειρῶντο σώζειν τὰ φαι-

---

1) Aristoteles tadelt nicht mit Unrecht die Pythagoreer wegen der Willkür, mit der sie phantastische Vorstellungen vom Universum, unbekümmert um die Realität, ausbildeten, s. de coelo II, 13: οὐ πρὸς τὰ φαινόμενα τοὺς λόγους καὶ τὰς αἰτίας ζητοῦντες, ἀλλά πρός τινας λόγους καὶ δόξας αὐτῶν τὰ φαινόμενα προςέλκοντες καὶ πειρώμενοι συγκοσμεῖν, und gleich darauf τὸ πιστὸν οὐκ ἐκ τῶν φαινομένων ἀθροῦσιν, ἀλλὰ μᾶλλον ἐκ τῶν λόγων. Ebenso III, 7: συμβαίνει δὲ περὶ τῶν φαινομένων λέγουσι μὴ ὁμολογούμενα λέγειν τοῖς φαινομένοις· τούτου δὲ αἴτιον τὸ μὴ καλῶς λαβεῖν τὰς πρώτας ἀρχάς, ἀλλὰ πάντα βούλεσθαι πρός τινας δόξας ὡρισμένας ἀνάγειν.

2) In der Einleitung zur Astr. S. 3/4 ed. Petav. schreibt Geminos προέτεινα, πῶς ἂν δι' ἐγκυκλίων καὶ ὁμαλῶν κινήσεων ἀποδοθείη τὰ φαινόμενα, d. h. sich erklären lassen, ebenso Simpl. 501 B 9 εἰ μέλλοι ἀποδοθήσεσθαι τὰ φαινόμενα. Anderwärts gebraucht Geminos den Ausdruck συμφωνεῖν und Ähnliches, z. B. Einleitung S. 38 B: ἐν δὲ τῇ περιόδῳ ταύτῃ δοκοῦσιν οἱ μὲν μῆνες καλῶς εἰλῆφθαι καὶ οἱ ἐμβόλιμοι συμφώνως τοῖς φαινομένοις συντετάχθαι. Verschieden ist dagegen das Aristotelische συμβαίνει τὰ φαινόμενα, z. B. de coelo II, 14: τὰ γὰρ φαινόμενα συμβαίνει μεταβαλόντων τῶν σχημάτων, οἷς ὥρισται τῶν ἄστρων ἡ τάξις, ὡς ἐπὶ μέσου κειμένης τῆς γῆς. Wie dies zu verstehen ist, zeigt eine andere Stelle ebendaselbst II, 13: οὐδὲν κωλύειν οἴονται τὰ φαινόμενα συμβαίνειν ὁμοίως μὴ κατοικοῦσιν ἡμῖν ἐπὶ τοῦ κέντρου. Wie Aristoteles das μὴ σώζειν τὰ φαινόμενα bezeichnet, lehren die oben A. 1 angeführten Stellen.

νόμενα, und nachher wiederholt, wie ἄλλοι ἐξ ἄλλων ὑποθέσεων ἐπειρῶντο σώζειν τὰ φαινόμενα. Ich setze aus Simplikios nur noch einen Beleg her 498 A, 43 ff.: ἐζήτησαν εὑρεῖν, τίνων ὑποτεθέντων δι' ὁμαλῶν καὶ τεταγμένων καὶ ἐγκυκλίων κινήσεων δυνήσεται σωθῆναι τὰ περὶ τὰς κινήσεις τῶν πλανᾶσθαι λεγομένων φαινόμενα. καὶ πρῶτος τῶν Ἑλλήνων Εὔδοξος ὁ Κνίδιος, ὡς Εὔδημός τε ἐν τῷ δευτέρῳ τῆς Ἀστρολογικῆς ἱστορίας ἀπεμνημόνευσε, καὶ Σωσιγένης παρ' Εὐδήμου τοῦτο λαβὼν ἅψασθαι λέγεται τῶν τοιούτων ὑποθέσεων Πλάτωνος, ὥς φησι Σωσιγένης, πρόβλημα τοῦτο ποιησαμένου τοῖς περὶ ταῦτα ἐσπουδακόσι, τίνων ὑποτεθεισῶν ὁμαλῶν καὶ τεταγμένων κινήσεων διασωθῇ τὰ περὶ τὰς κινήσεις τῶς πλανωμένων φαινόμενα. Ebenso Theon de astron. und seine Quellen, so S. 212: περὶ δὲ τῆς θέσεως τῶν σφαιρῶν ἢ κύκλων τοιαύτης, ἥ τις σώσει τὰ φαινόμενα, διέξεισι ταῦτα (i. e. Adrastos), S. 226: καὶ οὕτω πάντα σωθήσεται τὰ φαινόμενα, S. 228: πραγματείαν παραδίδωσι σώζουσαν τὰ φαινόμενα, S. 234: ὁ ἥλιος ... ἐνεχθήσεται ἐπὶ τὰ αὐτὰ τῷ παντὶ καὶ σώσει τὰ φαινόμενα, S. 240: ὥστε κατὰ τήνδε τὴν ὑπόθεσιν σωθήσεται τὰ φαινόμενα, S. 244: ἀλλ' ὅτι μὲν καθ' ἑκατέραν τὴν ὑπόθεσιν σώζεται τὰ φαινόμενα, δείκνυσιν ἐκ τούτων (d. h. Adrastos) [1]). Cicero überträgt ganz schicklich diesen Ausdruck auf die Sphaera des Archimedes de Rep. I, 14: excogitavit, quemadmodum in dissimillimis motibus inaequalibus et varios cursus servavit una conversio; dasselbe ist Quaest. Tusc. I, 25 nur mit anderen Worten gesagt: effecit, ut dissimillimos motus una regeret conversio.

Archimedes fand bekanntlich den Tod bei der Eroberung von Syrakus im Jahre 212; König Hiero starb im Jahre 216 (Clinton Fasti II, S. 281 der Krügerschen Bearbeitung, Fischer Röm. Zeittafeln S. 89), nachdem er kurz vorher seinen Sohn Gelon verloren hatte, der in demselben Jahre unmittelbar nach der Schlacht bei Cannae im Begriff war, sich mit den Karthagern gegen Rom zu verbinden. Gelon, der bei seinem Tode bereits das 50. Lebensjahr überschritten hatte (Polyb. VII, 8), stand in der letzten Zeit

---

1) Um die Übereinstimmung zwischen Theorie und Thatsache zu bezeichnen, gebraucht Theon auch andere Wendungen, so S. 272: προθύμως ἀρχάς τινας καὶ ὑποθέσεις ἀνεζήτουν, αἷς ἐφαρμόζοι τὰ φαινόμενα, S. 208: ὑποθέσεις, αἷς ἕπεται τὰ φαινόμενα. Ähnlich, nur mit anderer Wendung, Proklos bei Simplikios 285 B K.: οἱ μεταβάλλοντες τὴν γῆν καὶ τὰ ἀκίνητα κινοῦντες οὐχ ἕπονται τοῖς φαινομένοις.

dem Vater als Mitregent zur Seite [1]): wenn Polybius V, 88 berichtet, Hiero und Gelon hätten den Rhodiern nach dem grossen Erdbeben reiche Geschenke gesandt, so erscheint Gelon hier bereits als Mitregent; leider lässt sich das Jahr, in welchem Rhodos von jener Calamität betroffen wurde, nicht genau feststellen. Da Archimedes den Gelon im Eingange und Schluss seiner Schrift [$\Psi\alpha\mu\mu\iota\tau\eta\varsigma$] als $\beta\alpha\sigma\iota\lambda\varepsilon\dot{\upsilon}\varsigma$ anredet, so fällt die Abfassung derselben eben in die Zeit der Mitregentschaft. Dass Archimedes dem Fürsten diese Schrift [widmet], darf man nicht mit ähnlichen Huldigungen in alter und neuer Zeit auf gleiche Linie stellen: Archimedes war vermöge seiner günstigen äusseren Verhältnisse und seines Charakters völlig unabhängig: mit König Hiero war er verwandt und befreundet [2]); Gelon, von dem nur Günstiges gemeldet wird, war sicherlich kein Fremdling auf dem Gebiete der Mathematik und Astronomie, die damals in höchster Blüthe standen und das Interesse aller Gebildeten in Anspruch nahmen. So kann es nicht auffallen, wenn ein Meister in diesen Fächern eine Schrift einem Fürsten zueignet.

Archimedes sagt gleich im Eingange seiner Schrift, die einen hielten die Zahl der Sandkörner für unbegrenzt, während andere meinten, dass nur die Zahlen nicht ausreichten, um die Menge des Sandes zu messen; dass dies gleichwohl möglich sei, verspricht er I, § 3 durch geometrische Beweise zu zeigen: '$E\gamma\dot{\omega}\ \delta\dot{\varepsilon}\ \pi\varepsilon\iota\rho\alpha\sigma\sigma\tilde{\upsilon}\mu\alpha\iota\ \tau\sigma\tilde{\upsilon}\tau\sigma\ \delta\varepsilon\iota\kappa\nu\dot{\upsilon}\varepsilon\iota\nu\ \delta\iota'\ \dot{\alpha}\pi\sigma\delta\varepsilon\dot{\iota}\xi\varepsilon\omega\nu\ \gamma\varepsilon\omega\mu\varepsilon\tau\rho\iota\kappa\tilde{\alpha}\nu$ (Torelli $\gamma\varepsilon\omega\mu\varepsilon\tau\rho\iota\kappa\tilde{\omega}\nu$), $\alpha\tilde{\iota}\varsigma\ \pi\alpha\rho\alpha\kappa\sigma\lambda\sigma\upsilon\vartheta\dot{\eta}\sigma\varepsilon\iota\varsigma,\ \ddot{\sigma}\tau\iota\ \tau\tilde{\omega}\nu\ \dot{\upsilon}\varphi'\ \dot{\alpha}\mu\tilde{\omega}\nu\ \kappa\alpha\tau\omega\nu\sigma\mu\alpha\sigma\mu\dot{\varepsilon}\nu\omega\nu\ \dot{\alpha}\rho\iota\vartheta\mu\tilde{\omega}\nu\ \kappa\alpha\dot{\iota}\ \dot{\varepsilon}\kappa\delta\varepsilon\delta\sigma\mu\dot{\varepsilon}\nu\omega\nu$ (Torelli $\dot{\varepsilon}\nu\delta\varepsilon\delta\sigma\mu\dot{\varepsilon}\nu\omega\nu$) $\dot{\varepsilon}\nu\ \tau\sigma\tilde{\iota}\varsigma\ \pi\sigma\tau\dot{\iota}\ Z\varepsilon\dot{\upsilon}\xi\iota\pi\pi\sigma\nu\ \gamma\varepsilon\gamma\rho\alpha\mu\mu\dot{\varepsilon}\nu\sigma\iota\varsigma\ \dot{\upsilon}\pi\varepsilon\rho\beta\dot{\alpha}\lambda\lambda\sigma\nu\tau\iota\ \tau\iota\nu\dot{\varepsilon}\varsigma\ \sigma\dot{\upsilon}\ \mu\dot{\sigma}\nu\sigma\nu\ \tau\dot{\sigma}\nu\ \dot{\alpha}\rho\iota\vartheta\mu\dot{\sigma}\nu\ \tau\sigma\tilde{\upsilon}\ \psi\dot{\alpha}\mu\mu\sigma\upsilon\ \tau\sigma\tilde{\upsilon}\ \mu\dot{\varepsilon}\gamma\varepsilon\vartheta\sigma\varsigma\ \dot{\varepsilon}\chi\sigma\nu\tau\sigma\varsigma\ \tilde{\iota}\sigma\sigma\nu\ \tau\tilde{\alpha}\ \gamma\tilde{\alpha}\ \pi\varepsilon\pi\lambda\eta\rho\omega\mu\dot{\varepsilon}\nu\alpha,\ \kappa\alpha\vartheta\dot{\alpha}\pi\varepsilon\rho\ \varepsilon\tilde{\iota}\pi\alpha\mu\varepsilon\nu,\ \dot{\alpha}\lambda\lambda\dot{\alpha}\ \kappa\alpha\dot{\iota}\ \tau\dot{\sigma}\nu\ \tau\sigma\tilde{\upsilon}\ \mu\dot{\varepsilon}\gamma\varepsilon\vartheta\sigma\varsigma\ \tilde{\iota}\sigma\sigma\nu\ \dot{\varepsilon}\chi\sigma\nu\tau\sigma\varsigma\ \tau\tilde{\omega}\ \kappa\dot{\sigma}\sigma\mu\omega$. Hier nehme ich an dem Ausdrucke $\alpha\tilde{\iota}\varsigma\ \pi\alpha\rho\alpha\kappa\sigma\lambda\sigma\upsilon\vartheta\dot{\eta}\sigma\varepsilon\iota\varsigma$ Anstoss: dieser schulmeisternde Ton erscheint dem Gelon gegenüber nicht angemessen; ausserdem ist der Relativsatz überhaupt störend, Archimedes würde in diesem Falle die Worte so geordnet haben: $\dot{\varepsilon}\gamma\dot{\omega}\ \delta\dot{\varepsilon}\ \pi\varepsilon\iota\rho\alpha\sigma\sigma\tilde{\upsilon}\mu\alpha\iota\ \delta\iota'\ \dot{\alpha}\pi\sigma\delta\varepsilon\dot{\iota}\xi\varepsilon\omega\nu\ \gamma\varepsilon\omega\mu\varepsilon\tau\rho\iota\kappa\tilde{\alpha}\nu,\ \alpha\tilde{\iota}\varsigma\ \pi\alpha\rho\alpha\kappa\sigma\lambda\sigma\upsilon\vartheta\dot{\eta}\sigma\varepsilon\iota\varsigma,\ \tau\sigma\tilde{\upsilon}\tau\dot{\sigma}\ \delta\varepsilon\iota\kappa\nu\dot{\upsilon}\varepsilon\iota\nu,\ \ddot{\sigma}\tau\iota\ \kappa\tau\lambda.$ Allein an der Wortfolge ist nichts zu ändern, sondern $\alpha\tilde{\iota}\ \kappa\alpha\ \pi\alpha\rho\alpha\kappa\sigma\lambda\sigma\upsilon\vartheta\dot{\eta}\sigma\eta\varsigma$ zu

---

1) Diodor XXVI, 24: $\Gamma\dot{\varepsilon}\lambda\omega\tau\sigma\varsigma\ \kappa\alpha\dot{\iota}\ \dot{\iota}\dot{\varepsilon}\rho\omega\nu\sigma\varsigma\ \tau\tilde{\omega}\nu\ \beta\alpha\sigma\iota\lambda\dot{\varepsilon}\omega\nu\ \kappa\alpha\tau\dot{\alpha}\ \tau\dot{\eta}\nu\ \Sigma\iota\kappa\varepsilon\lambda\dot{\iota}\alpha\nu\ \tau\varepsilon\tau\varepsilon\lambda\varepsilon\upsilon\tau\eta\kappa\dot{\sigma}\tau\omega\nu\ \dot{\varepsilon}\nu\ \Sigma\upsilon\rho\alpha\kappa\sigma\dot{\upsilon}\sigma\alpha\iota\varsigma.$
2) Plutarch Marcell. c. 14.

schreiben, d. h. wenn du mir aufmerksam folgen willst. [Vgl. §8]: καίπερ τῶν πειραμένων ἀποδεικνύειν, καθὼς καὶ τὺ παρακολουθεῖς, ἐοῦσαν αἰτὰν ὡς λ᾿ μυριάδων σταδίων. Ich habe καὶ τὺ statt καίτοι geschrieben [1]).

Archimedes führt § 4 fort: Κατέχεις δέ, ὅτι καλεῖται κόσμος ὑπὸ μὲν τῶν πλειόνων (πλείστων Cod. Flor.) ἀστρολόγων ἁ σφαῖρα, ἇς ἐστὶ κέντρον (μέτρον Paris D) μὲν τὸ τᾶς γᾶς κέντρον, ἁ δὲ ἐκ (ob ἐκ handschriftliche Gewähr hat, ist nicht klar), τοῦ κέντρου ἴσα (ἴσα scheint in den Handschriften zu fehlen) τᾷ εὐθείᾳ (αἱ εὐθεῖαι Cod. Flor., Par. A B C D) τᾷ μεταξὺ τοῦ κέντρου τοῦ ἁλίου καὶ τοῦ κέντρου τᾶς γᾶς. Ταῦτα γὰρ ἐν ταῖς γραφομέναις παρὰ τῶν ἀστρολόγων διακρούσας Ἀρίσταρχος ὁ Σάμιος ὑποθεσίων (ὑποθεσίων τινῶν Cod. Flor., Paris C, ὑπόθεσιν τινὰ Par. A, ὑπόθεσιν Par. D) ἐξέδωκεν γράψας, ἐν αἷς ἐκ τῶν ὑποκειμένων συμβαίνει τὸν κόσμον πολλαπλάσιον εἶμεν τοῦ νῦν εἰρημένου. Hier ist πλείστων unbedingt aufzunehmen, denn dies entspricht den thatsächlichen Verhältnissen, die zu verdunkeln Archimedes keinen Grund hatte. Der folgende Satz ist vollkommen unverständlich, γὰρ ist ungehörig, da Aristarchs Ansicht der der anderen Astronomen entgegengestellt wird; bei ἐν ταῖς vermisst man ein Substantivum, die lateinische Übersetzung scheint ὑποθέσεσι aus dem Folgenden zu ergänzen, was unstatthaft ist; statt γραφομέναις erwartet man γεγραμμέναις, statt ὑποθεσίων verlangt man einen Accusativ, aber die Lesart ὑπόθεσιν ist nur Correctur, und zwar eine ungeschickte, denn es müsste ὑποθέσιας heissen: endlich γράψας ist neben ἐξέδωκεν ein müssiger oder vielmehr störender Zusatz. Den Sinn haben die Übersetzer ungefähr errathen, so sagt Nizze: „Dieses sucht nun Aristarchos von Samos in seiner Schrift wider die Sternkundigen zu widerlegen, wo er zu dem Ende gewisse Annahmen aufgestellt hat,

---

[1]) Auch der Eingang dieses Satzes ist sinnwidrig; es ist zu verbessern: καὶ γὰρ τῶν (προτέρων) πειραμένων ἀποδεικνύειν. Unter den Vorgängern, deren Ansicht über den Umfang der Erde dem Gelon bekannt sein soll, kann nur Eratosthenes verstanden werden: allerdings beträgt nach Eratosthenes' Berechnung der Umfang nur 252000 Stadien, aber Archimedes, statt wie andere die Zahl in 250000 abzurunden, vergrössert dieselbe seinem Zwecke gemäss und findet sich durch den Zusatz ὡς (ungefähr) mit der historischen Thatsache ab. Die Notiz bei Marcianus Capella VIII, 858 p. 316. Eyssenh., Eratosthenes und Archimedes hätten den Umfang auf 406010 Stadien festgesetzt, ist werthlos.

aus deren Bedingungen hervorgeht, die Welt sei ein Vielfaches der eben bezeichneten."

Ich weiss der arg verderbten Stelle nur durch folgenden Versuch aufzuhelfen: ταῦτα δέ ἐν τοῖς (ἐπι)γραφομένοις Περὶ τῶν ἀστρολόγων διακρούσας Ἀρίσταρχος ὁ Σάμιος ὑποθεσίων τινῶν ἐξέδωκε γραφάς, ἐν αἷς κτλ. Περὶ τῶν ἀστρολόγων war die Schrift betitelt, in welcher Aristarchos nicht nur die Systeme seiner Vorgänger einer eindringlichen Kritik unterwarf, sondern zugleich die Grundzüge seiner Theorie vom Weltgebäude mittheilte und dabei eine Weite des Blickes und Grossheit des Geistes bekundete, welche selbst Archimedes, obwohl der neuen Theorie seine Zustimmung versagend, stillschweigend anerkennt: denn eben die Idee des Aristarchos gab ihm Anlass, die Messbarkeit des Unendlichgrossen durch Zahlen nachzuweisen. Der Gebrauch von ἐπιγραφόμενος ist bekannt, so sagt Achilles Tatius Vita Arati I [Uranolog. ed. Petav. S. 269 D]: προετράπη τὰ φαινόμενα γράψαι, τοῦ βασιλέως Εὐδόξου ἐπιγραφόμενον βιβλίον κάτοπτρον δόντος αὐτῷ, und unzählige Mal bei Athenaeus und anderen Grammatikern. Γραφάς darf man nicht für gleichbedeutend mit γράμματα halten, dies wäre eine ziemlich müssige Umschreibung, sondern es bezeichnet den Umriss, wie καταγραφή. Archimedes wählt diesen Ausdruck, weil Aristarch seine Hypothesen mehr angedeutet als ausgeführt und begründet hatte: ebenso giebt Archimedes durch τινῶν, was sicherlich kein Abschreiber auf eigene Hand hinzugefügt hätte, deutlich zu verstehen, was er von dem neuen Weltsysteme hält.

Archimedes skizzirt dann in aller Kürze das heliokentrische System des Aristarch und giebt das proportionelle Verhältnis an, durch welches jener die Grösse der Welt anschaulich zu machen gesucht hatte; Aristarch gab der Sphäre der Fixsterne eine solche Grösse, dass der Kreis, in welchem sich die Erde bewegt, sich zur Entfernung der Fixsterne so verhalte, wie der Mittelpunkt der Sphaera zur Oberfläche. Archimedes tadelt diesen Ausdruck, da der Mittelpunkt einer Kugel keine Grösse haben, könne auch von einem Verhältnis zur Oberfläche nicht die Rede sein, und sucht dann § 6 zu zeigen, was Aristarch eigentlich habe sagen wollen: Ἐκδεκτέον δὲ τὸν Ἀρίσταρχον διανοεῖσθαι τόδε· ἐπειδὴ τὰν γᾶν ὑπολαμβάνομεν ὥσπερ μὲν τὸ κέντρον τοῦ κόσμου, ὃν ἔχει λόγον ἁ γᾶ ποτὶ τὸν ὑφ' ἁμῶν εἰρημένον κόσμον, τοῦτον ἔχειν τὸν λόγον τὰν σφαῖραν, ἐν ᾇ ἐστιν ὁ κύκλος, καθ' ὃν τὰν γᾶν ὑποτίθεται περιφέρεσθαι, ποτὶ τὰν τῶν ἀπλανέων ἄστρων σφαῖραν. Hier ist μέν hinter ὥσπερ ganz unstatthaft; der Fehler lässt sich mit Sicherheit verbessern: τὰν γᾶν ὑπολαμβάνομεν ὥσπερ μένον τὸ κέντρον τοῦ κόσμου. Archimedes hält eben die hergebrachte Anschauung von der Ruhe der Erde fest und erläutert von diesem Standpunkte aus die Hypothese des Aristarch, nicht bloss mit Rücksicht auf das Verständnis seiner Leser, die eben an diese Vorstellung gewöhnt waren, sondern auch um seinen Standpunkt gegenüber der neuen Theorie klar und bestimmt zu bezeichnen.

Nicht minder bedarf das Folgende kritischer Nachhülfe § 7: τὰς (ed. Torelli τᾶς, offenbar Druckfehler) γὰρ ἀποδείξιας, τῶν φαινομένων οὕτως ὑποκειμένων, ἐναρμόζει· καὶ μάλιστα φαίνεται, τὸ μέγεθος τᾶς σφαίρας, ἐν ᾇ ποιεῖται τὰν γᾶν κινουμέναν, ἴσον ὑποτίθεσθαι τῷ ὑφ' ἁμῶν εἰρημένῳ κόσμῳ. Das Verbum ἐναρμόζειν ist ungehörig, dann müsste noch eine nähere Bestimmung durch den Dativ eines Substantivs hinzutreten. Die Übersetzer helfen sich, so gut es geht, aus der Verlegenheit, Torelli: nam demonstrationes suas, phaenomenis ita positis, conficit, Nizze: „denn werden die Verhältnisse der Himmelskörper also angenommen, so passen seine Erklärungen." Jede Schwierigkeit verschwindet, sobald man die Interpunktion berichtigt und liest: τὰς γὰρ ἀποδείξιας τῶν φαινομένων, οὕτως ὑποκειμένων, εὖ ἁρμόζει, d. h. Aristarchs Erklärungen der Himmelserscheinungen sind unter diesen Voraussetzungen im Einklange. Damit ist zugestanden, dass Aristarch, indem er die Erscheinungen auf die Bewegung der Erde zurückführt, der Forderung, dass die Theorie mit den Thatsachen stimmen müsse, vollkommen Genüge leiste.

Beachtenswerth ist die Bemerkung am Schlusse der Schrift IV, § 14: Archimedes sagt, den der Mathematik Unkundigen werde seine Auseinandersetzung unglaublich erscheinen, während die Kundigen, welche über die Entfernungen und Grössen der Erde, der Sonne, des Mondes und des ganzen Weltgebäudes nachgedacht, seine Beweise als gültig anerkennen würden: Διόπερ ᾠήθην (Cod. Par. A ᾠήθων, D ᾠήθεν) καί τινας οὐκ ἀνάρμοστον (A D ἂν ἄρμον) εἴη ἔτι ἐπιθεωρῆσαι (so Cod. Flor. und D, vulgo ἐπιθεωρῆται) ταῦτα, was Nizze nach Torellis Vorgange übersetzt: „deshalb habe ich geglaubt, es sei nicht unangemessen, dass jemand dies genauer untersuche." Die Fehlerhaftigkeit des überlieferten Textes nachzuweisen ist unnöthig. Archimedes wendet sich wie üblich an Gelon, für den zunächst die Schrift bestimmt war: διόπερ ᾠήθην καὶ τὶν οὐκ ἀνάρμοστον εἶμεν ἐπιθεωρῆσαι ταῦτα. Vielleicht ist ἄναρμον statt ἀνάρμοστον aufzunehmen, ἔτι ist irrthümlich wegen des folgenden ἐπὶ wiederholt.

[Archimedes skizzirt das System des Aristarchs mit den Worten I, § 5: ὑποτίθεται γὰρ τὰ μὲν ἀπλανέα τῶν ἄστρων καὶ τὸν ἅλιον μένειν ἀκίνητον, τὰν δὲ γᾶν περιφέρεσθαι περὶ τὸν ἅλιον κατὰ κύκλου περιφέρειαν, ὅς ἐστιν ἐν μέσῳ τῷ δρόμῳ κείμενος, τὰν δὲ τῶν ἀπλανέων ἄστρων σφαῖραν περὶ τὸ αὐτὸ κέντρον τῷ ἁλίῳ κειμέναν τῷ μεγέθαι ταλικαύταν εἶμεν, ὥστε τὸν κύκλον, καθ' ὃν τὰν γᾶν ὑποτίθεται περιφέρεσθαι, τοιαύταν ἔχειν ἀναλογίαν ποτὶ τὰν τῶν ἀπλανέων ἀποστασίαν, οἵαν ἔχει τὸ κέντρον τᾶς σφαίρας ποτὶ τὰν ἐπιφάνειαν.] Die Worte: ὅς ἐστιν ἐν μέσῳ τῷ δρόμῳ κείμενος bezieht man auf ἅλιος, und eine andere Beziehung ist nicht möglich; dann befremdet aber die ungewöhnliche Stellung des Relativsatzes, zumal in einer mathematischen Definition, welche plan und einfach zu sein pflegt, jede Zweideutigkeit sorgfältig fern hält. Man findet in diesen Worten die heliokentrische Hypothese unzweideutig ausgesprochen. Mir erscheint dieser Zusatz überflüssig; denn wenn die Erde sich im Kreise um die Sonne bewegt, so ist selbstverständlich die Sonne der Mittelpunkt des Kreises [1]): allein daraus folgt nicht nothwendig, dass die Sonne auch der Mittelpunkt des Weltgebäudes sei. Es wird niemand dem Aristarch die Absicht zutrauen, durch einen solchen Trugschluss die Zustimmung erschleichen zu wollen, ebenso wenig darf man den Berichterstatter für diese schiefe Darstellung verantwortlich machen: wir haben es hier nur mit einem Versehen der Abschreiber zu thun. Archimedes hat nicht δρόμῳ, sondern ὅς ἐστιν ἐν μέσῳ τῷ οὐρανῷ geschrieben, und dieser Satz ist nicht auf ἅλιος, sondern wie die Folge der Satzglieder verlangt, auf κύκλος zu beziehen. Wenn die Erde sich im Kreise um die Sonne bewegt und diese Kreisbahn mitten in den Himmelsraum fällt und die Sphäre der Fixsterne mit der Sonne den gleichen Mittelpunkt hat, so ist die

---

1) Κύκλου περιφέρεια bezeichnet sonst gewöhnlich einen Abschnitt der Kreisbahn, z. B. Geminos S. 61: ἡ σελήνη ἀνωμάλως φαίνεται διαπορευομένη τὸν ζῳδιακὸν κύκλον, καὶ περιφέρειάν τινα ἐνεχθεῖσα ἐν τῇ ἐχομένῃ ἡμέρᾳ μείζονα ταύτῃ ποιεῖται. Aber Aristoteles de coelo II, 8 sagt ähnlich: συμβαίνει οὖν ἅμα τό τε ἄστρον διεληλυθέναι καὶ τὸν κύκλον ἐνηνέχθαι τὴν αὑτοῦ φοράν, διεληλυθότα τὴν αὑτοῦ περιφέρειαν.

neue Lehre, dass die Sonne, nicht aber die Erde das Centrum des Weltgebäudes ist, klar und bestimmt ausgesprochen[1]). Die tägliche Bewegung der Erde um ihre Achse übergeht Archimedes, während Plutarch de facie in orbe lunae c. 6 (s. oben S. 154) diesen wichtigen Punkt ausdrücklich hervorhebt, indem er berichtet, Kleanthes habe den Aristarch der Impietät beschuldigt: ὡς κινοῦντα τοῦ κόσμου τὴν ἑστίαν, ὅτι φαινόμενα ἀνὴρ σώ͞ζειν ἐπειρᾶτο, μένειν τὸν οὐρανὸν ὑποτιθέμενος, ἐξελίττεσθαι δὲ κατὰ λοξοῦ κύκλου τὴν γῆν, ἅμα καὶ περὶ τὸν αὑτῆς ἄξονα δινουμένην. Plutarch hebt das Stillstehen der Sonne nicht ausdrücklich hervor, sondern begnügt sich mit dem allgemeinen Ausdrucke τὸν οὐρανόν, die Kreisbahn der Erde bezeichnet er bestimmter als Ekliptik[2]); die Bahn, welche die Sonne am Himmel scheinbar durchläuft, ward der Erde überwiesen[3]). Dasselbe drückt das Sammelwerk des Areios Didymos, welches uns unter Plutarchs Namen erhalten ist, mit den Worten aus plac. philos. II, 24: Ἀρίσταρχος τὸν ἥλιον ἵστησι μετὰ τῶν ἀπλανῶν, τὴν δὲ γῆν κινεῖ περὶ τὸν ἡλιακὸν κύκλον, καὶ κατὰ τὰς ταύτης ἐγκλίσεις σκιά͞ζεσθαι τὸν δίσκον (τοῦ ἡλίου)[4]); nur ist περὶ τὸν ἡλιακὸν κύκλον ein schiefer Ausdruck für τὸν ἡλ. κ. oder κατὰ τὸν ἡ. κ., den jedoch der Berichterstatter verschuldet

---

1) Sonst finden sich in den Handschriften nur folgende Abweichungen: statt ταλικαύταν hat Cod. Par. B ταλίκαν; für ὥστε τὸν κύκλον, καθ᾽ ὃν τὰν γᾶν ὑποτίθεται περιφέρεσθαι hat die ed. Basil. ἐστὶν ὥστε τὸν, noch mehr weichen die Handschriften ab: Cod. Flor. ἔστω τὸν κύκλον καθ᾽ αὐτάν, Par. A ἔστω τὸν κύκλον καθ᾽ ἂν τάν, B ἐν ᾧ τὸν κύκλον καθ᾽ αὐτᾶν, C ἐς τῷ τὸν κύκλον καθ᾽ αὐτάν, D ἔστω τὸν κύκλον καθ᾽ αὐτάν.

2) Die Construction κατὰ λοξοῦ κύκλου ist befremdlich, doch kehrt dieselbe wieder bei Plut. plac. phil. III, 13: κύκλῳ περιφέρεσθαι κατὰ κύκλου λοξοῦ, und mag eben der Begriff von λοξός diese Abweichung veranlasst haben; denn sonst ist der Accusativ gebräuchlich, wie bei Archimedes κατὰ κύκλου περιφέρειν. Der Accusativ ebendaselbst nachher τὸν κύκλον, καθ᾽ ὃν τὰν γᾶν ὑποτίθεται περιφέρεσθαι, vergl. auch Aristot. de coelo II, 8: ἕκαστον γὰρ ὁμοταχές ἐστιν τῷ κύκλῳ, καθ᾽ ὃν φέρεται. Aber Simplikios zu Arist. de coelo p. 200 ed. Karst.: τὸν κύκλον, καθ᾽ οὗ φέρεται ὁ ἀστήρ.

3) Die Ausdrücke ἐξελίττεσθαι und δινεῖσθαι sind passend gewählt; das erstere bezeichnet die fortschreitende (vergl. Geminos S. 61), das andere die rotirende Bewegung (Aristot. de coelo II, 8).

4) τοῦ ἡλίου, was bei Plutarch und Euseb. Praep. Ev. XV, 50 fehlt, habe ich aus Galen [hist. phil. c. 66 fin.] hinzugefügt. Stob. Ekl. Phys. I, S. 145 ed. Mein. lässt auch τὸν δίσκον fort; ebendaselbst ist κινεῖσθαι statt κινεῖ überliefert. Um ein Missverständnis zu beseitigen, bemerke ich, dass μετὰ τῶν ἀπλανῶν gleichbedeutend ist mit καὶ τὰ ἀπλανῆ. [Vgl. Diels Doxographi Graeci S. 355, 627, 10].

haben mag[1]). Ein weit schlimmeres Missverständnis ist ihm begegnet, indem er in dem Abschnitte von der Sonnenfinsternis die Hypothese des Aristarch erwähnt; denn die Verfinsterung der Sonnenscheibe wird durch den Mond, eine Mondenfinsternis durch die Erde verursacht: Aristarch kennt vollkommen die Ursachen dieser Erscheinungen, wie die noch vorhandene Schrift, wo gerade die Finsternisse benutzt werden, um die Grösse der Himmelskörper zu bestimmen, [beweist]; an der Erklärung dieser Phaenomene konnte die neue heliokentrische Theorie im Wesentlichen nichts ändern. Dass hier eine Verwechselung der Mond- und Sonnenfinsternis vorliegt, ist auch denen, welche diese Auszüge im Alterthume benutzten, nicht entgangen: bei Galen und Eusebius liest man σελήνην statt γῆν, allerdings eine ganz verfehlte Änderung; auch die Auslassung von ἡλίου mag nicht zufällig sein. Wie jene Confu[sion] entstand, lässt sich nicht ermitteln [2]).

In der unter Plutarchs Namen überlieferten Schrift de placitis philosophorum werden III, c. 17 verschiedene Ansichten über Ebbe und Fluth zusammengestellt: Aristoteles und Herakleides führten diese Erscheinung auf den Einfluss der Sonne, dagegen Pytheas von Massilia auf den Mond zurück; dann folgen die Hypothesen Platos [3]) und des Historikers Timaeos, den Beschluss macht Seleukos.

---

1) Die Erde legt die Sonnenbahn zurück: κινεῖται κύκλον, nicht περὶ κύκλον, vergl. Aristot. Meteor. I, 8: οἱ δὲ τὸν ἥλιον τοῦτον τὸν κύκλον φέρεσθαί ποτέ φασιν und die oben S. 162, A. 1 aus Geminos und Aristoteles angeführten Stellen.

2) Aristarch kann auch in seiner Schrift περὶ τῶν ἀστρολόγων dies Phaenomen besprochen haben, indem er genauer bestimmte, in welchen Fällen eine Finsterniss eintritt. Vielleicht aber war in der Darstellung des Aristarchischen Systemes, die dem Sammler vorliegen mochte, der schwerlich die Schriften des Aristarch selbst studirt hat, gar nicht von Finsternissen die Rede, sondern von dem Wechsel zwischen Tag und Nacht, der durch die Achsendrehung der Erde hervorgerufen wird, und der Epitomator hat seine Quelle gröblich missverstanden.

3) Die hier dem Plato zugeschriebene Erklärung des Phaenomens (bei Stob. Ekl. Phys. 636 in etwas anderer Fassung) beruht offenbar nur auf einer Deutung des Mythus im Phaedo c. 60 und gehört jüngeren Platonikern an. Die schwierige Stelle des Plato bedarf noch mehrfach kritischer Nachhülfe. Ἀετάων ποταμῶν ἀμήχανα μεγέθη 111 D) scheint mir gegen den Sprachgebrauch, der ἀμήχανα ὅσα μεγέθη empfiehlt, [zu verstossen], denn δεινούς τινας ἀνέμους καὶ ἀμηχάνους ist anderer Art. 111 E: ὧν δὴ καὶ ἑκάστοις τοὺς τόπους πληροῦσθαι, ὧν ἂν ἑκάστοις τύχῃ ἑκάστοτε ἡ περίῤῥοὴ γιγνομένη. Die Verbesserung C. Fr. Hermanns ἐκεῖ-

Joh. Damasc. (Stob. Flor. IV, p. 245 ed. Mein.) vervollständigt dies Excerpt durch den beachtenswerthen Zusatz: Σέλευκος ὁ μαϑηματικὸς ἀντιγεγραφὼς Κράτητι und bietet dann die richtige Lesart κινῶν καὐτὸς τὴν γῆν [1]). Diese Bemerkung κινῶν καὐτὸς τὴν γῆν weist mit aller Bestimmtheit darauf hin, dass auch der vorher genannte Physiker die Bewegung der Erde annahm und Ebbe und Fluth irgend wie damit in Verbindung brachte [2]). Dies kann

νους τοὺς τόπους ist noch nicht ausreichend; man muss ausserdem ὡς ἂν ἑκάστοις schreiben und vielleicht ἐξ ὧν statt ὧν. Für περιῤῥοή mögen jene Platoniker παλιῤῥοή vorgefunden haben; man vergleiche den Vers des Sophokles bei Plutarch Mor. p. 17: στενωπὸς Ἅιδου καὶ παλιῤῥοία βυϑοῦ. Die Worte 112 A : γίγνονται δὲ τοιοῦτοι (οἱ ποταμοί), δι' οἵας ἂν καὶ τῆς γῆς ῥέωσι sind zu vervollständigen: τοιοῦτοι τὴν χρόαν, δι' οἵας κτλ., wie Aristoteles Meteor. II, 2, der diesen Abschnitt des Phaedo einer eingehenden Kritik unterwirft, beweist, indem er in seiner Relation sagt: τοὺς δὲ χυμοὺς καὶ τὰς χρόας ἴσχειν τὸ ὕδωρ, δι' οἵας ἂν τύχωσι ῥέοντα γῆς. Die Incorrektheit des Ausdrucks (ὕδωρ — τύχωσι ῥέοντα) darf man dem Aristoteles zu gute halten. Wenn wir dann bei Plato lesen 112 B : ὅταν τε οὖν ὁρμήσαν ὑποχωρήσῃ τὸ ὕδωρ εἰς τὸν τόπον τὸν δὴ κάτω καλούμενον, τοῖς κατ' ἐκεῖνα τὰ ῥεύματα διὰ τῆς γῆς εἰςρεῖ τε καὶ πληροῖ αὐτὰ ὥσπερ οἱ ἐπαντλοῦντες, so hat man vergeblich diese ungeschickte Fassung zu rechtfertigen versucht; denn die Parallele zwischen τὸ ὕδωρ und οἱ ἐπαντλοῦντες ist durchaus unstatthaft; ebensowenig wird durch Madvigs Vorschlag, εἰςφρεῖ statt εἰςρεῖ zu lesen, gewonnen, da man zu diesem Verbum ἑαυτὸ ergänzen müsste. Plato wird geschrieben haben: τότε κατ' ἐκεῖνα τὰ τρήματα διὰ τῆς γῆς εἰςρεῖ τε καὶ πληροῖ αὐτά, ὥσπερ ἂν εἰ ἐπαντλοίη τις· hier weist: ἐκεῖνα τὰ [τ]ρήματα auf 111 D : τούτους δὲ πάντας ὑπὸ γῆν εἰς ἀλλήλους συντετρῆσϑαί τε πολλαχῇ κτλ. zurück. Wenn es am Schlusse des Capitels heisst 112 E : ἅπαντες γὰρ πρὸς ἀμφοτέροις τοῖς ῥεύμασι τὸ ἑκατέρωϑεν γίγνεται μέρος, so ist es ebenso unzulässig πρὸς in πως wie in πρόσω zu verwandeln, sondern πρὸς ist zu tilgen; wahrscheinlich fand sich hier eine abweichende Lesart vor: ἅπαντες und προσάντες. Die Paraphrase des Aristoteles: τὸ γὰρ λοιπὸν πρὸς ἄναντες ἤδη πᾶσιν εἶναι τὴν φοράν spricht nicht unbedingt für das erstere.

1) Ausserdem finden sich noch folgende Abweichungen: τῷ δίνῳ ᾐσί statt τῇ δίνῃ φησὶ καὶ τῇ κινήσει und οὕτω συγκυμαίνεσϑαι statt αὐτῷ συγκυκᾶσϑαι, und diese letztere Lesart des Joh. Damasc. verdient unbedingt den Vorzug, vielleicht auch die erstere, denn καὶ τῇ κινήσει sieht nur wie ein erklärender Zusatz zu τῷ δίνῳ oder τῇ δίνῃ aus.

2) In ähnlicher Weise wird bei Joh. Damasc. nach Aristoteles und Herakleides, welche die Ebbe und Fluth dem Einflusse der Sonne zuschrieben, Dikaearch mit den Worten: ἡλίῳ καὐτὸς τὴν αἰτίαν ἀνατίϑησι aufgeführt. Den Namen des Dikaearch hat Meineke richtig ergänzt, die Handschrift ἥνιος ὁ Μεσσήνιος; also war in der älteren Vorlage nur ἥνιος erhalten, was ein Abschreiber in ὁ Μεσσήνιος verbesserte. Ausserdem muss man schreiben: καϑ' οὓς μὲν ἂν τόπους γένηται τῆς γῆς (πλησίον), πλημμύροντι τὰ πελάγη, wo πλημμύρειν (nicht πλημμυρεῖν) in transitivem Sinne zu fassen ist; dann ταῦτα δὲ συμβαίνειν περὶ (nicht παρὰ) τὰς ἑῴας καὶ τὰς μεσημβρινὰς ἐκκλίσεις.

aber nicht Timaeos sein, der in der Plutarchischen Schrift unmittelbar vorher genannt wird; denn nach der Ansicht dieses Historikers bewirkten die Flüsse, welche sich von den Gebirgen des Keltenlandes in den Atlantischen Ocean ergiessen, diese Erscheinung: hier wird also .... in geographischen Verhältnissen, nicht in kosmischen .... [die Begründung gesucht. Vgl. Diels S. 383].

Der Auszug des Joh. Damasc. ist auch hier vollständiger; hier werden zwischen Timaeos und Seleukos noch Krates und Apollodoros von Kerkyra genannt:

Κράτης ὁ γραμματικὸς τὸν ἀντισπασμὸν τῆς
θαλάττης αἰτιᾶται.
Ἀπολλόδωρος ὁ Κερκυραῖος τὰς ἐκ τοῦ ὠ-
κεανοῦ παλιρροίας.

Der Auszug ist freilich so nachlässig, dass wir nicht erfahren, welche Erklärungen Krates und Apollodor gaben. Indem Krates mit Rücksicht auf Homer ein förmliches System der mathematischen Geographie aufstellte, hatte er über den Ocean und die regelmässig wiederkehrende Ebbe und Fluth gehandelt.

Indem Seleukos dies System einer eingehenden Kritik unterwarf, wird er auch die Hypothese, welche Krates über die periodischen Oscillationen des Weltmeeres aufgestellt hatte, geprüft haben [1]. Seleukos schliesst sich an Aristarch von Samos an, der die Sonne als den Mittelpunkt des Weltgebäudes betrachtet, um welchen die Erde ihren jährlichen Kreislauf vollendet. Krates, der sich zu den Grundsätzen der Stoa bekennt, konnte dieser kühnen Neuerung sich nicht anschliessen; er hält fest an der alten Anschauung (vergl. Strabo I, 31 τὴν πάροδον τοῦ ἡλίου), folglich kann er auch nicht wie Seleukos die Ebbe und Fluth auf die Bewegung der Erde zurückgeführt haben. Apollodor von Kerkyra wird, soviel ich weiss, nur einmal bei Clemens Al. Str. V, 570 ed. Par. erwähnt; hier erfahren wir, dass er mit der Erklärung des alten mystischen Branchidenhymnus sich beschäftigt hatte: Apollodor, der offenbar nach Krates über dies Problem sich aus-

---

[1] Seleukos wird seine Erklärung der Ebbe und Fluth eben in der Schrift gegen Krates vorgetragen haben, wenn auch der Zusatz ἀντιγεγραφὼς Κράτητι (schr. ὁ ἀντιγ.), wie das Partic. Perf. zeigt, mehr darauf hinweist, dass gerade diese Schrift des Seleukos dem grösseren Publikum vorzugsweise bekannt war. Die Rechtfertigung und Begründung des Aristarchischen Systemes hatte Seleukos offenbar in einer eigenen Schrift, nicht beiläufig in der ἀντιγραφὴ πρὸς Κράτητα, ausgeführt.

sprach, vielleicht ein Anhänger der Pergamenischen Schule, der nur die Hypothese des Meisters modificirt zu haben scheint, wird ebenso wenig das kosmische System des Aristarch von Samos adoptirt haben. Somit wären die Worte des Auszuges: Σέλευκος ὁ μαθηματικός, ἀντιγεγραφὼς Κράτητι, κινῶν καὐτὸς τὴν γῆν ohne jede Beziehung, die wir doch nothwendig voraussetzen müssen. Diese Schwierigkeit lässt sich nur durch die Annahme entfernen, dass die uns vorliegenden Auszüge aus dem Werke des Areios (s. oben S. 163) auch hier lückenhaft sind. Zwischen Apollodor und Seleukos muss noch ein anderer Naturkundiger genannt gewesen sein, der, gerade so wie Seleukos, von der Bewegung der Erde ausgehend, nur in anderer Weise das Problem zu lösen versuchte: und dies kann nur Aristarch von Samos gewesen sein, der Erste, der es wagte, mit der alten Anschauung zu brechen und das bisher gültige kosmische System vollständig umzukehren. Welche Hypothese Aristarch aufstellte, wissen wir nicht. Aristarch ist ein Schüler des Peripatetikers Straton; vielleicht hielt er an der in dieser Schule gültigen Voraussetzung von dem Einflusse der Sonne auf die Oscillationen des Weltmeeres, welche Aristoteles, Herakleides und Dikaearch vertreten, fest und combinirte dieselbe mit seiner neuen Lehre von der Bewegung der Erde, während Seleukos die Ebbe und Fluth auf den Einfluss des Mondes zurückführte. Dass der Mond die Ebbe und Fluth bewirkt, wie Seleukos annahm, ist jetzt allgemein anerkannt, aber zugleich erkennt die neuere Physik auch den Einfluss der Sonne an und erklärt daraus die Thatsache, dass zur Zeit des Neu- und Vollmondes die Höhe der Fluth sich entschieden steigert (s. Joh. Müller, Lehrbuch der kosmischen Physik S. 207).

Die grossen Astronomen des Jahrhunderts, wie Archimedes, verhielten sich ablehnend, da der Samier sein System nicht ausreichend begründet und gegen Einwürfe gesichert hatte. So verfloss ein volles Jahrhundert, bis Seleukos, den Spuren seines kühnen Vorgängers folgend, es unternahm, den Nachweis zu führen, dass die neue Theorie, welche alle Erscheinungen am Himmel lediglich auf die Bewegung der Erde zurückführt, den Phaenomenen vollkommen gerecht werde. Allein auch jetzt fand die Idee des Aristarch, welche die Einheit und Harmonie des Weltgebäudes herstellte, keine Anerkennung. Hipparchos, der grösste Astronom dieser Epoche, konnte sich nicht entschliessen, der

Neuerung zuzustimmen[1]: damit war das Schicksal der Hypothese entschieden; die griechische Astronomie hielt an der Vorstellung fest, dass die Erde unbeweglich im Weltenraume ruht.

Das Zeitalter des Seleukos lässt sich ganz genau bestimmen, da wir wissen, dass er gegen den Grammatiker Krates von Mallos schrieb und dass Hipparchos diese Schrift des Seleukos benutzt hat. Diese drei Männer sind eben Zeitgenossen; ihre Blüthe fällt in die Mitte des zweiten Jahrhunderts: Krates war unstreitig der älteste, Hipparchos war wohl erheblich jünger. Wir kennen von ihm Beobachtungen, welche von 160—125 [v. Chr. G.] reichen: dadurch ist die Zeit seines Wirkens genau umschrieben. Seleukos, über dessen Lebenszeit kein direktes Zeugnis vorliegt, mag eher Altersgenosse des Hipparch als des Krates gewesen sein.

Aber auch die Zeit, in welcher Seleukos seine Kritik des Krates veröffentlichte, lässt sich wenigstens annähernd ermitteln. Krates hatte seine Gelehrsamkeit und seinen Scharfsinn vor allem darauf verwendet, ein Bild der Homerischen Welt aufzustellen, wie es den unendlich erweiterten Kenntnissen seiner Zeit entsprach. Wie die Philosophen die Lehren ihrer Schule im Homer suchten und fanden, so übertrug Krates sein astronomisches und geographisches System ohne Weiteres auf den alten Dichter. Der nüchtern-verständigen Art des Grammatikers Aristarch musste diese Methode entschieden widerstreben. Nun ist es aber in hohem Grade befremdend, dass in den Überresten der Aristarchischen Kritik und Exegese, die in den Scholien zur Ilias und Odyssee vorliegen, auf diese Extravaganzen des Krates so gut wie gar keine Rücksicht genommen wird: Krates wird fast nur genannt, wo es sich um abweichende Lesarten handelt. Ich vermag dies auffallende Stillschweigen nur daraus zu erklären, dass Aristarch nur die kritischen Arbeiten des Krates über Homer kannte; die Schrift, in welcher der Pergamener das Homerische Weltbild zeichnete, offenbar die reife Frucht langjähriger Studien, muss erst erschienen sein, nachdem die Lehrthätigkeit des Aristarch in Alexandrien in Folge der Wirren, welche die Thronbesteigung des Ptolemaeos Physkon im

---

1) Die neue Theorie war eben noch nicht im Stande, die Ungleichheiten des Planetenlaufes genügend zu erklären; daher zogen es die beobachtenden Astronomen vor, bei dem alten Systeme zu verharren. Auch Copernikus erging es nicht anders. Tycho de Brahe verfolgt den alten Weg, bis Keplers Scharfsinn die Gesetze auffand, wodurch diese Schwierigkeiten beseitigt wurden, und so dem Copernikanischen Systeme zum Siege verhalf.

Jahre 146 begleiteten, ein unerwartetes Ende gefunden hatte. Aristarch, der Erzieher des unmündigen Sohnes von Philometor, hatte nach der Ermordung seines Zöglinges für sein eigenes Leben zu fürchten und flüchtete nach Kypern [1]), wo wohl der Tod sehr bald den hochverdienten Gelehrten abrief. So mag Krates erst im Jahre 145 oder sogar noch später seine Homerischen Studien veröffentlicht haben, und Seleukos wird alsbald seine Kritik dieses Werkes geschrieben haben, nicht sowohl um die Methode der Homerischen Exegese zu bekämpfen, sondern um die Ansichten des Krates über Astronomie und Physik, über Mathematik und Geographie zu prüfen: denn auf diesen Gebieten war Seleukos ein competenter Richter. Eben auf die Beobachtungen des Seleukos über Ebbe und Fluth nahm bald nachher Hipparch in seinem geographischen Werke Rücksicht. Die Schrift gegen Krates gehört vielleicht zu den ersten litterarischen Versuchen des Chaldaeers, wie ja auch Hipparch seine Schrift über Aratus in jüngeren Jahren verfasst hat. Die astronomische Schrift, in welcher Seleukos das kosmische System des Aristarchos von Samos zu rechtfertigen unternahm, mag später erschienen sein; denn das unvollendete Werk des grossen Meisters wieder aufzunehmen überstieg die Kräfte eines Anfängers.

Vielleicht gelingt es, zur Bestimmung der Lebenszeit des Seleukos noch andere Zeugnisse beizubringen. Ptolemaeos bezieht

---

1) Vergl. M. Schmidt Philol. VII, 367. Damals wanderten die alexandrinischen Gelehrten in Masse aus, während andere als Opfer der grausamen Verfolgung fielen, s. Athen. IV, 184 C. Auf diese Diaspora der Alexandriner bezieht sich das Epigramm des Herodikos (Athen. V, 222 A), worin sich die Abneigung der pergamenischen Schule gegen die Alexandriner unverhohlen, wenn auch nicht eben in würdiger Weise kundgiebt:

Φεύγετ', Ἀριστάρχειοι, ἐπ' εὐρέα νῶτα θαλάσσης,
Ἑλλάδα, τῆς ξουθῆς δειλότεροι κεμάδος,
γωνιοβόμβυκες, μονοσύλλαβοι, οἷσι μέμηλεν
τὸ σφὶν καὶ τὸ σφῶιν καὶ τὸ μὶν ἠδὲ τὸ νίν.
ταῦθ' ὑμῖν εἴη, δυσπέμψελοι· Ἡροδίκῳ δὲ
Ἑλλὰς ἀεὶ μίμνοι καὶ θεόπαις Βαβυλών.

Ἑλλάς V. 6 ist nur irrthümlich aus V. 2 wiederholt; Herodikos wünscht, indem er seine Freude an dem Unglück der heimathslosen Aristarcheer nicht verbirgt, dass ihm selbst seine Vaterstadt Babylon und sein Wohnort alle Zeit verbleiben möge: man denkt zunächst an Pergamon, und in der poetischen Sprache wäre Πέργαμ' ἀεί wohl zulässig, aber vielleicht ist Μαλλὸς ἀεί zu schreiben: auf Empfehlung des Krates mag sein Schüler damals in dieser Stadt als Lehrer gewirkt haben.

sich in der μεγάλη σύνταξις IX, 7 und XI, 7 auf drei Planetenbeobachtungen, welche nach der im Seleukidenreiche überlieferten Aera [1]) datirt sind; sie gehören in die Jahre 245, 237 und 229 [2]). Man hat diese Beobachtungen bald den Chaldaeern in Babylon, bald griechischen Astronomen daselbst, endlich chaldaeischen Astrologen in Alexandrien zugeschrieben [3]). Nichts steht im Wege diese Beobachtungen, welche nur einen Zeitraum von 16 Jahren umfassen, einem und demselben Astrologen, und zwar dem Seleukos, dessen litterarische Thätigkeit wir eben im Anfange dieses Zeitraumes nachgewiesen haben, [zuzuschreiben]. Dass Seleukos' Wirksamkeit seiner Heimath, dem uralten Sitze der Astronomie, angehört, ist an sich das Wahrscheinlichste. Seleukos' eigentliche Heimath war das eigentliche Littorale des persischen Meerbusens, daher wird er Ἐρυθραῖος genannt; diese Gegend war der eigentliche Sitz des chaldaeischen Stammes, dem auch Seleukos nach Strabos ausdrücklichem Zeugnis (XVI, 739) angehörte; daher könnte man ihn einen Chaldaeer nennen, wie Neuere thun; er heisst aber dem Strabo anderwärts mit gleichem Recht ὁ Βαβυλώνιος [4]). In Seleukeia, der neuen Hauptstadt Babyloniens, die rasch aufblühte, während das alte Babylon verfiel, mag der in Mathematik und Astronomie bereits von Lehrern seines Stammes unterrichtete Seleukos sich die Schätze der griechischen Bildung angeeignet haben. Vielleicht hat er seine Studien in Pergamos oder Alexandria fortgesetzt; nach Seleukeia zurückgekehrt [5]), hat er hier seine

---

1) Über diese Aera [s. Ideler Über die Sternkunde der Chaldaeer in den Abhandlungen der Akademie 1814—1815 S. 202 ff. und Bergk im Rheinischen Museum 37, S. 363 ff.]

2) Ideler [a. a. O. S. 205 und Handbuch der Chronologie I, S. 195. 223.]

3) Boeckh über die Sonnenkreise S. 171 hat diese verschiedenen Möglichkeiten erörtert.

4) Dies geht nicht auf die Stadt, sondern auf die Landschaft, s. Strabo XVI, 743.

5) Daher nennt ihn Strabo XVI, 739 ὁ ἀπὸ Σελευκείας, nach seinem Wohnsitze, nicht nach dem Geburtsorte. Damit halte man die spätere Bemerkung ebendas. XVI, 744 zusammen, die Bewohner der Landschaft würden gewöhnlich Babylonier genannt (ἀπὸ τῆς χώρας), wie Strabo selbst anderwärts den Astronomen nennt, ἀπὸ δὲ τῆς Σελευκείας ἧττον, κἂν ἐκεῖθεν ὦσι, καθάπερ Διογένη τὸν Στωϊκὸν φιλόσοφον. Strabo würde hier den Seleukos zu nennen nicht versäumt haben, wenn derselbe jener Stadt durch seine Geburt angehört hätte. Es ist irrig, wenn Ruge [Der Chaldaeer Seleukos. Dresden 1865] S. 9 das Resultat seiner Untersuchung in den Worten: Seleukos, ein Chaldaeer aus der Stadt

astronomischen Beobachtungen angestellt. Wenn, wie Boeckh annimmt, Ptolemaeos jene Planetenbeobachtungen aus Hipparch entlehnt hat, so steht dieser Ansicht nichts im Wege, da Hipparchs eigene Beobachtungen bis zum J . . . . .

Die von den Astronomen verworfene Hypothese gerieth zwar nicht völlig in Vergessenheit dank den Geschichtschreibern der Philosophie, welche emsig die Meinungen aller, die irgendwie dies Gebiet berührt hatten, verzeichneten. Aber auch von den Philosophen nahm keiner die Frage wieder auf, was bei dem starren Dogmatismus der Schulen und dem mehr und mehr schwindenden Interesse für die Naturphilosophie erklärlich ist. Nur Seneca, der geistreichste Mann seines Jahrhunderts, der nicht selten einen hellen prophetischen Blick bewährt, dem aber durchaus sittlicher Ernst abgeht, findet, dass dies Problem wohl eine erneute Erwägung werth sei [1]), und ein anderer Philosoph, in dem der Geist des Zweifels und der Verneinung noch viel mächtiger war, der mit der Virtuosität eines Taschenspielers alles und jedes für seine dialektischen Scheingefechte zu verwenden weiss, der Skeptiker Sextus Empiricus braucht noch einmal das Theorem des grossen Astronomen, um die Definition der Stoiker von der Zeit zu widerlegen [2]).

Seleukeia am Tigris, aus der Landschaft Babylonien am erythraeischen Meere," [zusammenfasst]. Seleukeia liegt weit ab vom Meere, nimmer konnte ein Eingeborener jener Stadt Ἐρυθραῖος heissen.

1) Quaest. Nat. VII, 2: *Illo quoque pertinebit hoc excussisse, ut sciamus, utrum mundus terra stante circumeat an mundo stante terra vertatur. Fuerunt enim, qui dicerent nos esse, quos rerum natura nescientes ferat, nec coeli motu fieri ortus et occasus, sed ipsos oriri et occidere. Digna res contemplatione, ut sciamus, in quo rerum statu simus, pigerrimam sortiti an velocissimam sedem, circum nos deus omnia an nos agat.*

2) Adv. Mathem. X, 174: οἵ γε μὴν τὴν τοῦ κόσμου κίνησιν ἀνελόντες, τὴν δὲ γῆν κινεῖσθαι δοξάσαντες, ὡς οἱ περὶ Ἀρίσταρχον τὸν μαθηματικὸν οὐ κωλύονται νοεῖν χρόνον. Es ist wohl denkbar, dass Frühere, um Aristarchs Ansicht zu widerlegen, sich auf die Definition des Chrysippos: χρόνος κόσμου κίνησις berufen hatten; nur dem Kleanthes darf man solches Sophisma nicht zutrauen.

DIE PHILOSTRATE.

V.

Die Philostrate[1].

Diese Familie, welche unter den Vertretern der Sophistik im zweiten und dritten Jahrhundert eine hervorragende Stelle einnimmt, stammt von der Insel Lemnos. Der Name Philostratos vererbte sich vom Vater auf den Sohn; diese Homonymie war ganz geeignet, Verwirrung zu stiften. Die Familie besass seit Alters das römische Bürgerrecht. Philostratos II nennt sich in der Vorrede der Biographie der Sophisten Flavius, den man gewöhnlich als unterscheidendes Merkmal dieses Sophisten ansieht: allein die übrigen Glieder der Familie hatten gleichen Anspruch auf diesen römischen Gentilnamen. So blieben zur Unterscheidung nur cognomina übrig; und der Vater des Philostratos I hiess (Flavius) Philostratus Verus, und so nannte sich Philostratos I wohl anfangs Sohn des Verus, später geradezu Verus, wie aus 'Ηρώδης 'Αττικοῦ nachher 'Ηρώδης 'Αττικός ward. Von den beiden anderen Philostratos sind uns keine cognomina bekannt. Die Bezeichnung nach der Heimath war hier auch nicht massgebend; denn der Insel Lemnos gehörten sie alle an. Doch wird Philostratos III von Philostratos II in der Geschichte der Sophistik regelmässig unter dem Namen ὁ Λήμνιος eingeführt. Philostratos II wird von Hierokles in seiner Schrift über Apollonios von Tyana und von Eusebius in seiner Gegenschrift ὁ 'Αθηναῖος genannt, und so mag er sich selbst gewöhnlich bezeichnet haben[2]; allein bei den Späteren, wie

---

1) [Dieser Aufsatz liegt zum grössten Theil in doppelter Fassung vor. — Vergl. Ersch und Gruber Allgemeine Encyklopädie, I, Bd. 81, S. 445 B.]

2) Hatte er doch in Athen längere Zeit gelebt und gelehrt, vielleicht besass er auch das attische Bürgerrecht.

(Nachträglicher Zusatz. Diese Vermuthung wird bestätigt durch eine

Eunapios, Synesios u. a. heisst auch er schlechthin ὁ *Λήμνιος,*
ὁ *Λήμνιος σοφιστής* [1]).

Eine kurze Biographie der litterarisch bekannten Mitglieder der
Familie nebst Schriftenverzeichnis giebt Suidas (Eudokia) II, 2, 1491—
1493; er stellt Philostratos II voran, nennt dann den Vater Philostratos I, zuletzt den jüngsten [2]). Der Artikel ist aus Hesychios
Illustrius abgeschrieben, welcher für die Geschichte der Sophisten
gute Quellen benutzte; nur unterlässt er auch hier nicht eigene
Zusätze anzubringen, die sich in der Regel durch ihre Verkehrtheit verrathen. Bei Philostratos I, dessen Zeitalter durch die
genau fixirte Thätigkeit des Sohnes wenigstens ungefähr bestimmt
war, fand er keine Zeitangabe und ergänzte auf eigene Gefahr
recht unverständig *γεγονὼς ἐπὶ Νέρωνος.* Bei dem Schriftenverzeichnis des Philostratos III fügt er *παράφρασιν τῆς Ὁμήρου
Ἀσπίδος* hinzu, d. h. Cap. [10] der *Εἰκόνες* des jüngeren Philostratos,
welches dem Hesychios bekannt war und sich vielleicht in besonderen Abschriften vorfand. Ebenso hat er hinzugesetzt: *τινὸς
δὲ καὶ τοὺς τῶν σοφιστῶν βίους ἐπ᾽ αὐτὸν ἀναφέρουσιν.* Gerade

---

kürzlich zu Olympia aufgefundene Inschrift auf der Basis einer Bildsäule: *ἀγαθῇ
τύχῃ. Δόγματι τῆς Ὀλυμπικῆς βουλῆς Φλ. Φιλόστρατον Ἀθηναῖον τὸν σοφιστὴν ἡ λαμπροτάτη πατρίς,* s. Archaeologische Zeitung 1878, S. 102.)
In einer Ephebeninschrift aus der Mitte des 3. Jahrhunderts (unter Gallien?)
erscheint ein athenischer Archon *Α. Φλαούιος Φιλόστρατος Στειριεύς,* wahrscheinlich ein Angehöriger derselben Familie.

1) Räthselhaft ist der Zuname *Τύριος.* *Photius cod. 44 nennt den Verfasser
der Biographie des Apollonios *Τύριος* (dagegen cod. 241 nur einfach *ἀπὸ φωνῆς
Φιλοστράτου).* Da er c. 150 ein Lexikon zu den 10 Reden des *Φιλοστράτος Τύριος*
anführt, so könnte man glauben, er habe hier *Τυρίου* auf eigene Gefahr [zugesetzt];
allein es fand sich offenbar in der Handschrift vor, dann auch Schol. Luc. IV, 197
[bietet] *Φιλοστράτῳ τῷ Τυρίῳ* (cod. Guel. τοῦ τυρίου) τὸν *Ἀπολλωνίου τοῦ
Τυανέως ἀπογράφοντι βίον.* Dann Tzetzes Chiliades VI, 305: Fl. Phil. *Τύριος οἶμαι
ῥήτωρ,* wo auch die V. Ap. gemeint ist: *ἄλλος δ᾽ ἐστὶν ὁ Ἀττικός,* freilich falsch,
aber er hat doch von dem *Ἀθηναῖος* gehört, cf. Olearius. Kayser S. XXXI [hält
es für] verschrieben für *Συρίου.* Allein eine Verschreibung ist unwahrscheinlich. Ich glaube, Phil. I hiess *Τύριος*: gleichviel aus welchem Grunde; er
hat das Lexikon verfasst; seinen Sohn konnte man *Φ. ὁ τοῦ Τυρίου* nennen
(Schol. Luc.); [dies wurde] dann auf den Sohn übertragen. *Λήμνιος*; unter diesem
Namen citirt Suidas den Ph. II, so das Leben d. Ap. unter *Κράτης,* die *Βίοι
Σοφ.* unter *Ἑρμογένης,* dann wohl auch unter *σοφισταί* ([die] Stelle [ist] verlesen, ich lese *ὑμεῖς — πάντες σοφισταί).** [Excerptzettel].

2) Westermann S. 357 f. hat nicht wohl gethan, diese überlieferte Folge zu
in chronologischer Anordnung abzuändern.

über den Verfasser dieser Schrift konnte kein Zweifel aufkommen; diese Biographien können höchstens durch den Irrthum eines Abschreibers aus dem Schriftenverzeichnis zu II in III gerathen sein. Auch sonst mag Hesychios in diesem Punkte die Verwirrung eher gesteigert haben, z. B. finden wir unter den Schriften des Philostratos I: γυμναστικόν, ἔστι δὲ περὶ τῶν ἐν Ὀλυμπίᾳ ἐπιτελουμένων; denn gerade diese Schrift konnte kein umsichtiger Kritiker dem Philostratos I beilegen, und die höchst ungeschickte Angabe des Inhaltes weist auf Hesychios hin.

Gestützt auf Suidas, unterscheidet man drei Sophisten Namens Philostratos: den Vater in der zweiten Hälfte des zweiten Jahrhunderts, den Sohn bis zur Mitte des dritten Jahrhunderts (von Severus bis Philippus 193—249), endlich seinen jüngeren Zeitgenossen, Philostratos III. Den litterarischen Nachlass, so weit er uns vorliegt, weist man insgesammt dem Philostratos II zu; nur die zweite Schrift Εἰκόνες eignet man dem Philostratos III zu [1]).

Wir besitzen von Philostratos I, einem vielseitigen und fruchtbaren Schriftsteller, nur den Dialog Nero. Die übrigen Schriften sind unter Philostratos II und seinen jüngeren Zeitgenossen Philostratos III zu vertheilen: wird so der litterarische Ruhm des zweiten, der allerdings der namhafteste Repräsentant seines Geschlechts war, verkürzt, so gelangt dagegen der dritte zu wohlverdienter Anerkennung, die ihm bisher versagt war. Die Thätigkeit dieser Sophistenfamilie umfasst also nahezu ein und ein halbes Jahrhundert (von 150—300) [2]).

Dieser jüngere Philostratos bezieht sich ausdrücklich auf die Εἰκόνες des älteren Philostratos, seines Vorfahren: ἐσπούδασταί τις γραφικῆς ἔργων ἔκφρασις τῷμῷ ὁμωνύμῳ τε καὶ μητροπάτορι λίαν ἀττικῶς τῆς γλώττης ἔχουσα ξὺν ὥρᾳ τε προηγμένη καὶ τόνῳ, und wenn er versichert, den Spuren seines Vorgängers zu folgen, so wird dies durch die Vergleichung beider Schriften vollkommen bestätigt. Auf Grund dieser Worte betrachtet man Philostratos III als Enkel des Philostratos II; damit steht freilich die Angabe des Suidas in offenem Widerspruche. Nach Suidas war Philostratos III Geschwisterkind und Schwiegersohn von Philostratos II: Φιλόστρατος Νερβιανοῦ, ἀδελφόπαις (nothwendige Verbesserung von Meur-

---

1) Die Schrift ist nur theilweise erhalten; sie bestand offenbar, wie ihr Vorbild, aus mehreren Büchern (II oder IV), wie auch die Überschrift Φιλοστράτου νεωτέρου εἰκόνων πρῶτον andeutet.

2) [Aus der älteren Fassung.]

sius statt des handschriftlichen ἀδελφόπαιδος) Φιλοστράτου τοῦ δευτέρου ... ἀκουστής τε καὶ γαμβρὸς γεγονὼς τοῦ δευτέρου Φιλοστράτου [1]).

Über diesen Widerspruch, den man nicht zu lösen vermag, setzt man sich leicht hinweg, übersieht aber die grossen Schwierigkeiten, in welche man sich verwickelt, indem man jene kleine Schrift dem Philostratos III zuweist. Dieser war ein frühreifes Talent; kaum 22 Jahre alt, trat er in Olympia mit einer improvisirten Rede auf (Vit. Soph. II, 27, 3); als er das 24. Jahr erreicht hatte, erhielt er von Caracalla das Privilegium der Steuerfreiheit (Vit. Soph. II, 30). Jener Vortrag zu Olympia ist nothwendig in das Jahr 213 zu verlegen (= Olympiade 248); Philostratos III war demnach im Jahre 191 geboren. Sein Grossvater mütterlicher Seits muss naturgemäss mindestens 40 Jahre älter sein; dann würde also für Philostratos II 151 als Geburtsjahr anzusetzen sein. (Dies streitet mit allem, was wir von den Lebensverhältnissen dieses Sophisten wissen. Dieser berichtet uns selbst über seine Lehrer *Proklos, Antipater und Hippodromos, die der Grenzscheide des zweiten und dritten Jahrhunderts angehören; Antipater wählte zu seinen Vorträgen die Thaten des Severus und ward später Sekretär dieses Kaisers; Hippodromos war auch Lehrer des jüngeren Philostratos ὁ Λήμνιος, folglich müssen wir die Studienzeit des Philostratos II gegen Ende des zweiten Jahrhunderts versetzen; er war höchstens zwanzig Jahre älter als der Lemnier, und es ist unmöglich, diesen mit dem Verfasser des Bruchstückes der Εἰκόνες für eine Person zu halten * [2]); wir kennen die Zeit der Abfassung seiner wichtigsten Schriften). Dann hätte Philostratos II im Alter von 30—40 Jahren die Schulen der attischen Rhetoren besucht, seine Schriften zwischen 60—80 Jahren verfasst und ein Alter von nahezu 100 Jahren erreicht. Ich denke, niemand wird uns ernstlich zumuthen, jener Combination zu Liebe dies alles für möglich

---

1) Eudokia: ἔστι δὲ καὶ ἄλλος Φιλόστρατος Νερβιανοῦ ἀδελφόπαιδος τοῦ υἱοῦ Φιλοστράτου erlaubt sich nur den Ausdruck zu variiren; Philostratos der Sohn ist eben Philostratos II.

2) [Aus der älteren Fassung.]

3) Caracalla regiert von 211—217. Wollte man auf Ol. 247 = 209 zurückgehen, dann hätte Philostratos gleich im ersten Jahre des Caracalla die ἀτέλεια erhalten; allein die Erzählung von dem Vorfall mit Philiskos (Olearius verlegt ihn in 215) weist deutlich auf eine spätere Zeit hin; auch würde durch die vorliegende Schwierigkeit nicht gemindert, sondern vermehrt.

zu halten. Die Schwierigkeiten verschwinden mit einem Schlage, so wie man mit Suidas in Philostratos III den Neffen, Schüler und Schwiegersohn des Philostratos II erkennt[1]), der etwa 20 Jahre älter (etwa um 171 geboren) sein mochte.

Philostratos III büsst somit allerdings jeden Anspruch auf die kleine unter dem Namen des jüngeren Philostratos überlieferte Schrift Εἰκόνες ein; allein ich werde ihn genügend für diesen Verlust entschädigen, indem ich ihm die Hauptschrift Εἰκόνες in 2 (4) Büchern, die ihm gehört, zurückgebe. Dafür liegt zunächst ein unverächtliches Zeugnis vor in der Notiz der Vatikanischen Handschrift der Epitome der Βίοι σοφιστῶν: in Kaysers Ausgabe der Vit. Soph. Heidelberg 1838 p. XXVIII.

Τούτου τοῦ Φιλοστράτου ἔοικεν εἶναι καὶ τὰ εἰς τὸν Τυανέα Ἀπολλώνιον· ἐν τούτῳ γὰρ τῷ βιβλίῳ μέμνηται τῶν εἰς τὸν Τυανέα ὁ Φιλόστρατος· τοίτου. φαίνονται εἶναι καὶ αἱ ἐρωτικαὶ ἐπιστολαί. Τοῦ δὲ Λημνίου Φιλοστράτου, τοῦ τὰς Εἰκόνας γράψαντος, μέμνηται οὗτος ἐν τούτῳ τῷ βιβλίῳ ἐπαινῶν τὸν ἄνδρα. Hier werden also die Εἰκόνες, eine bei den Späteren viel gelesene und hochgeschätzte Schrift, ausdrücklich dem Philostratos III beigelegt, nicht nach Vermuthung, sondern auf Grund der allgemeinen Überlieferung. Die Neueren haben diese wichtige Notiz nicht beachtet, offenbar in der Voraussetzung befangen, jener Scholiast habe die kleinere Schrift τοῦ νεωτέρου Φιλοστράτου im Sinne, welche im Alterthume gar keine Beachtung gefunden hat. Wenn mancher vielleicht die Glaubwürdigkeit dieser anonymen Notiz nicht als vollwichtig ansehen sollte, so wird jedes Bedenken gegenüber dem Zeugnisse des Menander verschwinden Rhet. Graec. T. III, S. 389 ed. Spengel: ἀλλ᾽ ὅταν ἁπλουστέρα (ἡ ἐξαγγελία) τυγχάνῃ καὶ ἀφελεστέρα, οἷα ἡ Ξενοφῶντος καὶ Νικοστράτου καὶ Δίωνος τοῦ Χρυσοστόμου καὶ Φιλοστράτου τοῦ τῶν Ἡρωικῶν τὴν ἐξήγησιν[2]) καὶ τὰς Εἰκόνας γράψαντος ἐῤῥιμμένη καὶ ἀκατάσκευος. Hier werden

---

1) Ob Philostratos III Sohn eines Bruders oder einer Schwester von Philostratos II war, mag dahingestellt bleiben. Der Name Νερβιανός ist von Nerva abgeleitet, wie Ala Agrippiana, Petriana von Agrippa, Petra. War Philostratus III Schwesterkind von Philostratos II, dann war allerdings Philostratos I sein μητροπάτωρ, aber niemand wird daraufhin die zwei Bücher Εἰκόνες dem Philostratos I zueignen wollen, um das Bruchstück der Εἰκόνες für Philostratos III zu retten. Auch darf man, wie sich zeigen wird, die Εἰκόνες von einer anderen Schrift nicht trennen, welche nicht vor Elagabals Zeit geschrieben sein kann.

2) Eine Handschrift hat dafür τοῦ τὸν Ἡρωικόν.

also von einem Rhetor, der etwa 50 Jahre später (*am Ende des dritten Jahrhunderts*) schrieb, so dass jeder Verdacht eines Irrthums ausgeschlossen ist, der 'Ηρωικός und die Εἰκόνες als diejenigen Schriften bezeichnet, welche den kunstlosen, natürlichen Stil dieses Sophisten am besten veranschaulichen. Diese beiden Schriften gehören also dem Philostratos III, wie sie auch in formeller Hinsicht sich sehr entschieden von der Manier des Philostratos II entfernen[1]). Als Stilist ward der jüngere Philostratos allgemein für mustergültig anerkannt; man stellte ihn mit Nikostratos zusammen[2]), der in der Dekas der jüngeren Redner (ἐπιδεύτεροι) einen Platz gefunden hatte und ebenfalls Εἰκόνες schrieb.

Dass die Späteren das litterarische Eigenthum der verschiedenen Philostrate nicht mehr zu sondern vermochten, ist erklärlich. Suidas legt den 'Ηρωικός und die Εἰκόνες dem Philostratos II bei, aber er scheint dieselben Schriften auch ganz richtig im Verzeichnisse der litterarischen Arbeiten des Philostratos III aufzuführen[3]).

Ist Philostratos III der Verfasser der Εἰκόνες, dann hat sein gleichnamiger Enkel sich an einer ähnlichen Aufgabe versucht,

1) Die Zeit der Abfassung der Εἰκόνες lässt sich nicht ermitteln; der 'Ηρωικός ist wohl bald nach dem Tode des Elagabalus (im J. 222) geschrieben, wie II, c. 6 die Beziehung auf den Athleten Helix (vergl. Dio C. LXXIX, 10) andeutet. *Man darf nicht einwenden, Philostratos II habe die ungekünstelte Schreibart später mit der schwülstigen vertauscht; denn das Leben des Apollonios ist unter Caracalla, der 'Ηρωικός unter Elagabalus, die Biographie der Sophisten unter Alexander Severus verfasst: der 'Ηρωικός müsste also, wenn er ein Werk des Philostratos II wäre, hinsichtlich des Stiles jenen beiden Schriften gleichen, dies ist aber nicht der Fall.* [Aus der älteren Fassung.]

2) S. Menander. Der Sophist Metrophanes schrieb nach Suidas II, 1, 841: περὶ τῶν χαρακτήρων Πλάτωνος, Ξενοφῶντος, Νικοστράτου, Φιλοστράτου, indem er den beiden Klassikern zwei, wie er wohl meinte, ebenbürtige Vertreter der modernen Redekunst gegenüberstellte.

3) Die Εἰκόνες ἤτοι ἐκφράσεις ἐν βιβλίοις δ' nennt er nach den erotischen Briefen, den 'Ηρωικός zwischen dem Leben des Apollonios und den Biographien der Sophisten (die Handschrift A vor dem Leben des Ap.). Von Philostratos III heisst es: ἔγραψεν Εἰκόνας, Παναθηναικόν, Τρωικόν; diese Εἰκόνες sind unzweifelhaft dasselbe Werk, und Τρωικός entweder verschrieben statt 'Ηρωικός oder nur eine Variation des Titels. Sonst führt Suidas nur noch μελέται ε' von ihm auf. Seine Thätigkeit charakterisirt Philostratos II Vit. Soph. II, 33, 4 mit den Worten: τίς μὲν ἐν δικαστηρίοις ὁ ἀνὴρ οὗτος, τίς δὲ ἐν δημηγορίαις, τίς δὲ ἐν συγγράμμασι, τίς δὲ ἐν μελέταις, ὅσος δὲ ἐν σχεδίῳ λόγῳ, wolle er nicht sprechen. Ebendaselbst 3 erwähnt er ein Sendschreiben des Philostratos an Aspasios: περὶ πῶς χρὴ ἐπιστέλλειν.

von der uns noch das Bruchstück der Εἰκόνες erhalten ist. Wir müssen also noch einen **Philostratos IV** unterscheiden, der in der zweiten Hälfte des dritten Jahrhunderts lebte und litterarisch wohl ohne sonderliche Bedeutung war.

*****Flavius Philostratos II**, unbestritten der namhafteste seiner Geschlechtsverwandten, ist für uns nebst seinem Neffen und Aelian der Hauptvertreter der Sophistik im dritten Jahrhundert: denn fast nur die Schriften dieses Mannes sind dem Schicksal entgangen, welches die ephemeren Leistungen ihrer Zunftgenossen traf. In Lemnos geboren, verlebte er die erste Jugend auf der heimischen Insel, genoss dann in Athen den Unterricht angesehener Sophisten und trat bald hier als Lehrer auf[1]), siedelte aber später (unter der Regierung des Septimius Severus) nach Rom über, wo er unter Philippus 243 ff. starb. Hier war Philostratos namentlich in dem Hofkreise der Kaiserin Julia Domna[2]), welche Philosophen, Mathematiker, Rhetoren um sich zu versammeln liebte, wohl gelitten; auch begleitete er den Caracalla im Jahre 213 auf seinem Feldzuge gegen die Alemannen[3]) *[4]).

Dem Philostratos II verbleiben demnach das Leben des Apollonios von Tyana und die Biographien der Sophisten[5]), ferner die erotischen Briefe, offenbar eine Jugendarbeit. Und damit steht auch das Zeugnis des ungenannten Scholiasten der Vatikanischen Handschrift (s. S. 179) vollständig im Einklange.* Das Leben des Apollonios von Tyana in acht Büchern ist nicht nur das umfangreichste, sondern auch das bedeutendste [Werk] dieses Sophisten.*[5]) Der γυμναστικός, welchen Suidas irriger Weise dem Philostratos I beilegt (denn in dieser Schrift wird c. 46 des Athleten Helix aus Phönikien gedacht, dessen Blüthezeit in die

---

1) Den Namen Flavius bezeugt die Überschrift der Biographie der Sophisten. Über seinen Aufenthalt in Lemnos vergl. Brief 50 und Leben des Apoll. VI, 27.

2) Ἡ φιλόσοφος Leben d. Soph. II, 30.

3) Leben d. Soph. II, 32. In der Vorrede der Schrift gedenkt er auch seines Aufenthaltes zu Antiochia.

4) [Aus der älteren Fassung.]

5) Hier verweist Philostratos selbst auf die erstere Schrift II, 5: τοῦτο μὲν δὴ ὁπόσοις τρόποις ἀπίθανον, εἴρηται σαφῶς ἐν τοῖς ἐς Ἀπολλώνιον. Durch dies Citat wird auch die sonst auffällige Fassung des Titels bestätigt. *Eunapios, Suidas u. a. nennen es βίος Ἀπολλωνίου.* *Beide Werke legt Eunapios Praef. dem Philostratos bei, die Biographien der Sophisten auch Synesios im Dio. Dass die Briefe ihm gehören, dafür spricht der Anhang, wo sich auch ein Schreiben an Julia Domna findet.* [Aus der älteren Fassung.]

Regierung des Elagabalus fällt, s. S. 180), wird von den Neueren dem Sohne zugeeignet: ich lasse es vorläufig unentschieden, ob diese Schrift von Philostratos II oder III verfasst ist.

Philostratos I[1]) entwickelte, wie das Verzeichnis seiner Schriften beweist, eine sehr vielseitige litterarische Thätigkeit und versuchte sich unter anderen auch in der Poesie (*machte Tragödien und Komödien*). Von seinen Schriften hat sich nur eine (Νέρων) erhalten, welche durch einen leicht erklärlichen Zufall sich in den Nachlass Lukians verirrt hat, obwohl sie keineswegs die charakteristischen Züge von Lukians Art zeigt. Kayser hat sie mit Berufung auf Suidas dem Philostratos zugewiesen, betrachtet sie jedoch als eine Arbeit des Sohnes, während sie nach dem Verzeichnisse vom Vater verfasst ist, und daran ist unbedingt festzuhalten. Auf den Νέρων bezieht sich Philostratos II Leben des Apollonios V, 19, wo er weitere Äusserungen des Musonios über das Virtuosenthum des Nero mitzutheilen ablehnt: ὡς μὴ δοκοίην θρασύνεσθαι πρὸς τὸν ἐμμελῶς (so richtig Olearius statt ἀμελῶς) αὐτὰ εἰπόντα. Mit diesen Worten verweist Philostratos deutlich auf die Schrift seines Vaters. *Ausserdem spricht gegen jene Vermuthung, dass der Dialog das Auftreten des Nero als Tragöde an den Isthmien ausführlich schildert, wovon Philostratos Leben des Apollonios IV, 24 nichts weiss*[2]). Der Νέρων ist ein Gespräch zwischen einem Lemnier und dem stoischen Philosophen Musonios, der, wie hier berichtet wird, auf Neros Geheiss bei der Durchstechung des Isthmos mit Hand anlegen musste, während der Kaiser Griechenland durchzog, um an den grossen Festversammlungen als Wagenlenker oder Virtuose aufzutreten, ein anschauliches Bild des unerträglichen Druckes und zugleich der tiefsten Er-

---

1) Philostratos I war vor allem als Rhetor in Athen thätig; hier war sein Rival Fronto aus Emesa, der Oheim des Longin, Suidas Φρόντων II, 2, 1549. Mit Unrecht will Kayser XXXIII dies auf Philostratos II beziehen und nimmt deshalb an, nach dem Tode der Julia sei Philostratos II nach Athen gegangen. Dies ist nicht zu billigen. Er hat zwar Recht, Philostratos I kann nicht mit Apsines rivalisirt haben, aber dies liegt auch gar nicht in den Worten des Suidas: Fronto wird, wie dies herkömmlich war, zuerst in Athen aufgetreten sein; hier rivalisirte er mit Philostratos I, der damals der [namhafteste] Vertreter der Rhetorik [war] (unter Commodus). Unter Severus geht er nach Rom, kehrt aber dann wieder nach Athen zurück und rivalisirt jetzt mit Apsines, dem Freunde des Philostratos II (unter Caracalla); hier stirbt er auch, indem er seinen Neffen zum Erben einsetzt. Grabschrift zu Athen. [Loser Zettel.]

2) [Aus der älteren Fassung.]

niedrigung der höchsten Gewalt. Dieser kleine Dialog ist aber auch von einem gewissen litterarhistorischen Interesse. Es ist eine unläugbare Thatsache, dass von einem Einflusse Lukians auf seine unmittelbaren Zeitgenossen so gut wie gar nichts wahrzunehmen ist: der mächtigen Zunft der Sophisten war er gründlich verhasst, und sie suchten sich nicht sowohl durch giftige Polemik zu rächen, sondern den Unbequemen todt zu schweigen. Hier nun sehen wir, wie ein unmittelbarer Zeitgenosse Lukians, ein angesehener athenischer Sophist, den Muth hat, in die Fusstapfen des verhassten Satirikers zu treten [1]).

Wir müssen also vier Sophisten Namens Philostratos unterscheiden, und von allen sind uns noch jetzt Proben ihrer schriftstellerischen Thätigkeit erhalten.

Das verwandtschaftliche Verhältnis dieser Familie ist folgendes:

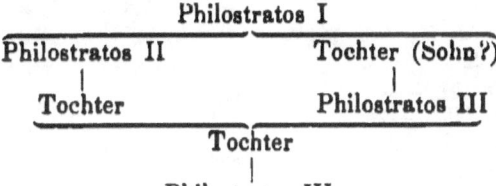

Der litterarische Nachlass vertheilt sich unter die einzelnen, wie folgt:

Philostratos I:
Νέρων.

Philostratos II:
Τὰ ἐς τὸν Τυανέα Ἀπολλώνιον.
Βίοι σοφιστῶν.
Ἐπιστολαὶ ἐρωτικαί.
? Γυμναστικός.

Philostratos III:
Εἰκόνες.
Ἡρωικός.

Philostratos IV:
Εἰκόνες.

---

1) Hierher gehört wohl auch der Peregrinus Proteus des Philostratos I (Suidas Πρωτέα, τίνα ἢ σοφιστήν, wo die die Interpunktion zu tilgen). Wenn der Rhetor Menander S. 346 ein ἐγκώμιον Πρωτέως τοῦ κυνός ausführt und dabei etwa die Schrift des Philostratos im Sinne hatte, darf man wohl annehmen, dass die Schrift eine satirische Lobrede des Kynikers enthielt.

Stellenverzeichnis

Auf Verbesserungsvorschläge wird durch einen Stern verwiesen.

Achilles Tatius vita Arati S. 160.
Aeschines gegen Ktesiph. § 183 S. 125, 1.
Archimedes ψαμμίτης I, 3 S. *159.
— I, 4 S. *150 f.
— I, 5 S. *162, 163, 1. 2.
— I, 6 S. *160 f.
— I, 7 S. *161.
— I, 8 S. *159 u. *1.
— IV, 14 S. *161 f.
Archytas περὶ τοῦ ὄντος S. 121 u. *1.
Aristides II, 324 S. 16, 1, 2. 17, 1.
Aristophanes Babylon. fr. 30 (64) S. 93, 1.
— Ritter 1065 S. 133, 3.
— Wespen 1009 S. 14, 1.
Aristoteles de coelo II, 8 S. 144 A.
162, 1. 163, 2. 3. 164, 1.
— — II, 13 S. 157, 1. 2.
— — II, 14 S. 146, 1. 156, 2.
— — III, 1 S. 156, 1. 2.
— Met. I, 4 S. 148.
— Meteor. I, 8 S. 164, 1.
— — II, 2 S. 165 A.
— Phys. I, 5 S. *147.
— Pol. II, 6, 2 S. 52. 54.
— — II, 6, 8 S. 65, 2.
— — II, 6, 9 S. 53 f.
— — II, 6, 11 S. 53, 2.
— — II, 7 S. 74.
— — II, 9 S. 73, 1.
— — II, 12, 8 S. 66, 2.
— — IV, 1, 2, 3 S. 55, 2.
— — VIII, 5, 6 S. 124.

Aristoteles Biogr. u. Scholien s. unten.
— Soph. Elench. 22, 31 S. 134.
— Topik IX S. 123.
Aristoxenos S. 29. 137, 2 f.
Athenaeos I, 3 F, 4 E S. 67, 1.
— II, 59 C ff. S. 63 f., 1.
— IV, 184 C S. 169, 1.
— V, 178 F S. 67, 1.
— V, 186 A S. 67, 2.
— V, 186 B S. 67, 1.
— V, 222 A S. *169, 1.
— X, 419 D S. 67, 1.
— XI, 509 C S. *27, 2.
— XII, 547 D S. 68 A.
— XII, 547 F S. *67, 1.
— XIII, 595 B S. 67, 1.

Biographie des Aristoteles ed. Robbe
S. 3. 4 S. 16, 1. 2.
(andere s. unter Philostratos, Suidas).

Cicero Ac. II, 39 S. 151 f., 2. 152, 3.
— Cato c. 5 S. 100, 1.
— de nat. deorum II, 5 S. 153, 1.
— Rep. I, 14 S. 157.
— Tusc. I, 25 S. 157.
Clemens Al. Strom. V, 540 Par. S. 166.

Demosthenes geg. Leptines § 112 S. 125,1.
Διαλέξεις c. 1 S. 126.
— c. 2 S. *124 u. 1. 135. 136 u. 2.
— c. 3 S. 121. 125. 126. 127, 1.
131, 2. 135.

Διαλέξεις c. 4 S. 122 u. 1. 125. *131.
*133 u. *3. 134.
— c. 5 S. 130. 131. *132. 135. 136.
Dio Cassius LXXIX, 10 S. 180, L
Diodor XV, 89 S. 9, L
— XVI, 42 S. 125, L
— XXVI, 24 S. 158, L
Diogenes Laertios S. 9 u. *1.
— — I, 10, 3 S. 76, 2.
— — III, 2 S. 13, 3.
— — III, 19 S. 12 f. u. L
— — III, 20, 2. 23. 24 S. 13 f., 3.
— — III, 37 S. 43 f.
— — III, 39 S. 66, 4.
— — III, 66 S. 108, 2.
— — V, 1, 33 S. *41, L
— — VI, 90 S. 17, L
— — VII, 3, 6 S. 153, 2.
— — VIII, 85 S. 152, L
Dionys Halicarn. de comp. verb. c. 3 S. 125, L.
— — c. 12 S. 136.

Epicharm S. *31, 3.
Eudokia S. 178, L
Eusebios praep. ev. XV, 2 S. 16, L
— — XV, 50 S. 163, 4. 164.
— — XV, 59 S. 144, 4.

Galen S. 144, L 163, 4. 164.
Gellius III, 10, 6 S. 142.
— III, 13 S. 15, L
Geminos ed. Petav. S. 149 u. *1. *150 u. 1.
— p. 2 S. 144.
— p. 3 S. 151.
— p. 4 S. 156 u. 2.
— p. 31 S. 142 A.
— p. 38 S. 156, 2.
— p. 61 S. 162, L 163, 2. 164, L

Hesychios *6, L (s. Suidas).
Hippolyt. adv. Haeret. p. 19 Miller 152 A.
Homer E 75 S. 146.
— J 304 S. 133, 3.
— ζ 10 S. 57.

Inschriften 57 u. 3. 176, A.
Johannes Damascenus s. Stobaeos.

Isokrates Alkidamas [§ 7] S. 21, 2.
— Antidosis 9. 16. 19 S. 32.
— — 84 S. 40.
— — 195 S. 30.
— — 258 S. 40.
— — 260 S. 23, 2. 38.
— — 261 S. 23, 3. 40, L
— — 293. 285 S. 40.
— Busiris 5 S. 35.
— Euagoras 9 S. 5, L
— — 47 ff. S. 132 f.
— Helena 1 S. 34.
— — 6 S. 36.
— — 2—6 S. 35, 4.
— Panathen. 16 S. *25, L
— — 17 S. 25, L 80, L
— — 26 S. 39.
— — 28 S. 39, 2.
— — 119 S. 39.
— — 209 S. 124.
— Paneg. 188 S. 36, L
— Philippos 12 S. 39.
— geg. d. Sophisten Anf. S. 29 f.
— — 4. 20 S. 33, L
— — 19 S. 33.

Kleanthes Hymnus auf Zeus 7 S. 153, L
Kratinos Pytine S. 125, L

Marcianus Capella VIII S. 159, L
Menander Rh. Gr. III, 346 Sp. S. 183, L
— — 399 S. 179.

Pausanias VI, 17, 9 S. 129, 2.
Philostratos II Leben des Apoll. IV, 24 S. 182.
— — V, 19 S. 182.
— — VII, 27 S. 191, L
— Leben d. Soph. II, 5 S. 191, 5.
— — II, 27, 3 S. 178.
— — II, 30 S. 191, 2.
— — II, 32 S. 191, 3.
— — II, 33 S. 190, 3.
— — II, 36 S. 178.
— Vat. Epitome S. 179. 181.
— Brief 80 S. 181, L
— Γυμναστικός 46 S. 181.
— III Ἡρωικός II, 6 S. 190, L

Philostratos III *Εἰκόνες* c. 10 S. 176.
— IV *Εἰκόνες* Anf. S. 177.
Photius ὀργεῶνες S. 43, L
— — S. 176, L
Pindar fr. 215 S. 135, 3.
Plato Alcibiades I, 121 D S. 53, L
— Apologie 28 E S. 14, L
— Brief XIII S. 134, L.
— Eryxias 399 A S. 17, L
— Euthydemos 271 C S. 27.
— — 297 S. 27, 2.
— — 301 A S. 28, 2.
— — 304 E S. 29, 2.
— — 305 D S. 26, 2.
— — S. 123.
— Gesetze I 625 A S. *78, 80, 90, 113.
— — I 625 B S. 78.
— — I 625 D S. 113.
— — I 626 D S. 108.
— — I 629 S. 63.
— — I 629 D S. 108.
— — I 630 A S. 71.
— — I 631 B S. 100.
— — I 631 D S. 80.
— — I 632 C S. 100, 106.
— — I 632 E S. 78.
— — I 633 D S. 108.
— — I 635 C S. 69.
— — I 635 E S. *90, L
— — I 637 D S. 68, 73, *77.
— — I 638 E S. 78.
— — I 639 E S. 66, 4.
— — I 640 C S. 71.
— — I 640 D S. 69.
— — I 641—644 S. 72.
— — I 641 D S. 77, 2.
— — I 641 E S. 81 A.
— — I 641 E—642 E S. 77.
— — I 642 A S. 70, *75 u. 2, 77, L
— — I 642 C S. 76, L
— — I 643 B S. 62.
— — I 645 C S. 75, 77, L
— — I 647 A S. 115, L.
— — I 649 C S. 72 u. L
— — II 652 A—656 B S. 61, 66.
— — II 652 A S. *82, L.
— — II 653 A S. 61, 62.
— — II 653 B S. 61.

Plato Gesetze II 653 D S. 71, L. 62.
— — II 653 E S. 71, L
— — II 655 D S. 64, L
— — II 656 C—664 B S. 83 ff.
— — II 656 D—657 B S. 92 A.
— — II 656 D E S. 84, 91.
— — II 659 C S. 67.
— — II 659 D S. 54, L
— — II 660 B S. 83, 85.
— — II 660 D E S. 83.
— — II 661 A S. 71.
— — II 662 B S. 65.
— — II 662 C S. 83.
— — II 662 D S. 85.
— — II 664 B—673 D S. 88.
— — II 664 B S. 69, *96.
— — II 664 D S. 69, 2, 71, L
— — II 664 E S. 62.
— — II 665 A S. 69, L 71, 1, 125 A.
— — II 665 B S. 69, 2.
— — II 666 A S. 69.
— — II 666 B S. *69, 2, 70, 71, 1.
— — II 666 B C S. 71.
— — II 670 A S. 69, 2, 70.
— — II 670 B S. 69.
— — II 670 D S. 70.
— — II 671 A S. 70, 71 u. L
— — II 671 B S. 71.
— — II 671 C S. 68, L 70, 72, L
— — II 671 D S. 72, L 115, L.
— — II 671 E S. 69, 2.
— — II 672 D S. 70, 71, L
— — II 673 B S. 83.
— — II 673 E—674 C S. 88.
— — II 673 E S. 72.
— — II 674 A S. *73 f.
— — II 674 C S. 72.
— — III 676 A S. *78, L 79, L
— — III 676—683 B S. 113, L.
— — III 682 E S. 109 ff. *110, 1.
    *111 f. u. 2, 112, 2.
— — III 683 B f. S. 112, 113, L
— — III 683 C S. *113, L
— — III 683 E S. 110, 2, 113, L
— — III 685 A S. 114.
— — III 685 B S. 113.
— — III 686 C 110, L
— — III 688 A S. 113.

Stellenverzeichnis. 187

Plato Gesetze III 656 B S. 114.
— — III 688 C S. 110, 2.
— — III 693 B S. 114, L
— — III 698 B S. 115, L
— — III 699 C S. 115.
— — III 700 A S. 116.
— — III 702 A S. 114 f.
— — III 702 B D S. 115.
— — IV 705 D S. 116.
— — IV 707 D S. 116.
— — IV 711 A S. 115, L
— — IV 719 B S. 116.
— — V 732 D S. *66, 102.
— — V 733 D S. 112.
— — V 733 E S. 65.
— — V 734 E — 735 A S. 64 ff.
— — V 734 E S. 51, *64 u. L 66.
— — V 735 A S. *65, L 66, L
— — V 735 B S. 64.
— — V 736 E S. 64, L
— — V 737 B S. 64.
— — V 738 A S. 56.
— — V 738 B S. 79, 2.
— — V 738 B—E S. 56.
— — V 738 B C S. *58 A.
— — V 738 C S. 59.
— — V 738 D S. 57, 59.
— — V 738 E S. 46, L
— — V 739 S. 46 f.
— — V 739 A S. *48, L 49, L
— — V 739 B S. *49, 2. *57, L
— — V 739 A--E S. 56.
— — V 739 C ff. S. 49.
— — V 739 D S. 49, 66.
— — V 739 E S. 49, 50, L 56, 80.
— — V 746 A S. 62 A.
— — VI 756 A S. 47.
— — VI 769 A S. 94, 2.
— — VI 769 A — 771 A S. 99.
— — VI 770 A S. 99.
— — VI 770 E S. 101.
— — VI 771 A S. 94, 2.
— — VI 771 D E S. 58.
— — VII 797 A S. 84 u. L
— — VII 797 B S. 84, L
— — VII 798 B S. 94, L
— — VII 798 D S. 84, L
— — VII 799 A S. 84, 92 A.

Plato Gesetze VII 799 A B S. 91 f.
— — VII 800 A S. 64.
— — VII 812 B S. *69, 2. 89.
— — VIII 825 B S. 58.
— — IX 857 B — 864 C S. 105.
— — IX 860 E S. 105.
— — X 885 B — 907 D S. 104.
— — X 885 B S. 105.
— — X 890 E S. 87, 2. 105.
— — X 896 B S. 104.
— — X 896 E — 898 D S. 47, L
— — X 897 A S. 47, L
— — X 899 A S. 104.
— — X 907 D S. 105.
— — X 908 A S. 94, 2.
— — X 909 A S. 94, 2.
— — X 910 C S. 43, L
— — XII 945 C S. 102, L
— — XII 945 E S. 101, 2.
— — XII 951 D S. 94 f.
— — XII 951 E S. 94.
— — XII 960 B S. 103, L 107.
— — XII 960 B — 961 B S. 94 f. 98.
— — XII 960 B — 969 D S. 106.
— — XII 960 E S. 97, L
— — XII 961 A S. *94, 95 u. L
— — XII 961 B S. 103.
— — XII 961 C — 968 A S. 100.
— — XII 961 C S. 95, 97.
— — XII 961 D S. 98, 2. 101.
— — XII 961 E S. 101, 103, L
— — XII 962 B S. 97, L 98, L
    *102 f. 107.
— — XII 962 C S. 103.
— — XII 962 D S. 101.
— — XII 963 A C D S. 101.
— — XII 963 B S. 103, L
— — XII 964 D S. 98, 2.
— — XII 964 E S. 106.
— — XII 965 A C S. 102.
— — XII 965 D S. *103, 2.
— — XII 965 E S. 80.
— — XII 966 C — 969 A S. 102.
— — XII 966 C D S. *103, 2.
— — XII 967 D S. *103, 2.
— — XII 968 A — 966 B S. 98.
— — XII 968 A S. 95, *96, 97, 106.
— — XII 968 B S. 96, 98.

Plato Gesetze XII 965 C S. 96. *97, 2. 3.
— — XII 968 D S. 102.
— — XII 968 E S. *97, 3. 101, 2. 102.
— — XII 969 A S. 95.
— — 969 B S. 98 u. *2. 102, 1.
— — Epinom. 985 C S. 59.
— Gorgias 449 C S. 135.
— Hippias mai. 285 D S. 137.
— — min. 369 D. 369 A S. 136 f.
— Kratylos 416 B S. *124 f. 3.
— Meno 71 D S. 136, 2.
— Phaedo 111 D E S. *164 f. 3.
— — 112 A S. 165 A.
— — 112 B S. *165 A.
— — 112 E S. *165 A.
— Phaedros 235 B S. 32.
— — 247 A S. 154.
— — 267 B S. 135.
— — 269 S. 32.
— — 271 D — 272 B S. 32.
— — 279 A S. 22, 2.
— Protag. 328 C S. 131.
—. — 329 B, 334 E, 335 E S. 135, 1.
— Republ. III 400 C S. 125 A.
— — VI 495 C S. *37 f.
— — VI 500 B S. 23, 2. 38. *39, 1.
— — VI 500 D S. 38, 3.
— — IX 580 A — 589 A S. 86.
— — X 614 ff. S. 155 A.
— Soph. 251 B S. 31, 2.
— — 253 A S. 125 A.
— Sympos. 187 B S. 125 A.
— Theaetet. 172 C S. 11. 14.
— — 173 A S. 19, 2.
— — 173 C S. 11.
— — 173 E S. 23, 3.
— — 174 C S. 15, 1.
— — 174 D S. 19 f.
— — 175 B S. 21 f.
— — 175 C S. *9 f. 15.
— — 175 D ff. S. 5 ff.
— — 175 E S. *20, 3.
— — 176 A S. 20, 4.
— — 176 C S. 21, 3.
— — 177 B S. 21, 3. 26, 2.
Proleg. phil. Platon. c. 24 S. 44 u. 2.
— c. 25 S. 43, 2.
— Dio c. 22. 24 S. 134, 1.

Plutarch Marcellus c. 14 S. 158, 2.
— Perikl. c. 32, 2 S. 14 A.
— Solon. c. 12 S. 76, 2.
— Mor. p. 17 S. 165 A.
— de facie in orbe lunae c. 6 S. *154.
 155. 163.
— de mus. 31 S. 124, 2.
— de plac. phil. II, 1 S. 142, 1.
— — II, 24 S. *163.
— — III, 13 S. 144. 151, 2. 163, 2.
— — III, 17 S. 164 ff.
Polybios V, 88 S. 158.
— VIII, 8 S. 157.
— XXXVIII, 3 S. 6, 1.
Proklos zu Plato Tim. p. 40 S. 145, 1.
Protagoras Μέγας λόγος S. *32, 1.
Ptolemaeos μεγάλη σύνταξις IX, 7.
 XI, 7 S. 170.

Scholia Aristotel. ed. Brandis 338 A
 S. 147.
— — 348 S. 156.
— — 348 B S. 143. 148.
— — 476 A S. 147.
— — 495 A S. 143 f.
— — 498 B S. 157.
— — 495 B. 498 A. 502 B. 503 B.
 504 A. 505 B. 506 A S. 156.
— — 501 B S. 156, 2.
— — 505 B S. 145, 1.
— — 506 A S. 144.
— — 508 A S. 145.
Scholien zu Platos Gesetzen Anf. S. 51, 1.
— — I 633 A S. 69, 1.
— zu Phaedo 108 D S. 137.
Seneca quaest. nat. VII, 2 S. 171 u. 1.
Servius S. 135 u. 1.
Sextus Empiricus adv. Math. X 174
 S. 171 u. 2.
Simplikios zur Physik ed. Karsten p. 17
 S. 156.
— — 59 S. 147.
— — 64 S. 148.
— — ed. Ald. S. 147.
— — ed. Ald. 65 B S. 156.
— zu de coelo ed Karsten 138 S. 150.
— — 200 B S. 143, 1.
— — 200 S. 163, 2.

Simpliklos zu de coelo ed. Karsten
240 A B S. 146, 1.
— — 242 A S. 145.
— — 250 S. *143, 1.
— — 265 B S. 157, 1.
Skymnos 30, 7 S. 60 A.
Stobaeos Ekl. Phys. I p. 98 S. 141 f. 2.
— — p. 145 S. 153, 2. 163, 4.
— — II, 2, 4 S. 121 u. *1.
— — II p. 21 S. 89 A.
— — 636 S. 164, 3.
— Flor. 173, 4 S. 141, 3.
— — IV p. 245 S. 165 u. *1. 2. *166, 1.
*167.
Strabo I, 31 S. 166.
— XVI, 739 S. 170 u. 5.
— XVI, 743 S. 170, 4.
— XVI, 744 S. 170, 5.
Suidas *Μητροφάνης* S. 150, 2.
— *Πρωτεύς* S. *183, 1.
— *σοφισταί* S. *176, 1.
— *Φιλίππος* S. 60, 1. *61. 1.

Suidas *Φιλόστρατος* S. 176. 177 f.
— *Φρόντων* S. 152, 1.

Theogius 627. 628 S. 66, 3.
Theon Smyrn. de astronom. ed. Martin
p. 212. 226. 229. 234. 240.
244 S. 157.
— — p. 208 S. 157, 1.
— — p. 272 S. 43, 2. 157, 1.
— — p. 326 S. *155 A.
— — p. 328 S. 154 u. *3.
— — p. 332 S. 155 A.
Thukydides III, 50 S. 57.
— IV, 98 S. 59.
— V, 5 S. *60 A.
Tzetzes Chiliades I 305 S. 176.

Xenophon Agesilaos 1, 2 S. 7 f.
— — 2, 27 f. S. 10, 1.
— — 10, 3 S. 9.
— Hellen. VI 4, 26 S. 128, 4.
— — VII 4, 33 S. 128.

Druckfehler.

S. 21, 3 L.: Abschnitte; 23, 3 Z. 2: διατρίβοντες; 79, 2 Z. 3: διεφθαρμένην; 83, Z. 7: 664 B; 85 Z. 9 v. u.: Lakonen, Z. 5 v. u.: V, 733 E; 89, Z. 3 v. u.: Ekl.; 96 Z. 2. v. u. und 97, Z. 13: ὧν; 101, Z. 10 v. u.: ἥ; 108, Z. 2 v. u. wohl: Stadium; 115, Z. 13 v. u.: ἴσεσθαι.; 116, Z. 4: ἃ λέγεις; 120, Z. 7 v. u.: Satire; 125, Z. 17: καὶ; 127, Z. 3 v. u.: λόγος; 144, Z. 14 v. u.: ἠρεμούσης.

FUES'S VERLAG (R. REISLAND) IN LEIPZIG.

Vierteljahrsschrift
für
wissenschaftliche Philosophie

unter Mitwirkung von

M. Heinze und **W. Wundt**

herausgegeben von

R. Avenarius.

VII. Jahrgang (1883) erstes und zweites Heft.

Inhalt von Heft 1: *E. Laas*, Aphorismen über Staat und Kirche. — *F. Staudinger*, Zur Grundlegung des Erfahrungsbegriffs. Zweiter Artikel (Schluss). — *Ths. Achelis*, Die Ethik der Gegenwart in ihrer Beziehung zur Naturwissenschaft. — Anzeigen: Zur Physiologie und Pathologie des Gedächtnisses. — Th. Ribot, Les Maladies de la Mémoire; von *J. Seitz*. — Joh. Friedr. Herbart, Sämmtliche Werke. In chronologischer Reihenfolge herausgegeben von *Karl Kehrbach*. Bd. I. — Selbstanzeigen: *Nicolas Grot*, Zur Frage über die Reform der Logik. Versuch einer neuen Theorie der Denkprocesse. — *Harald Höffding*, Psykologi i Omrids paa Grundlag of Erfaring (Psychologie in Umriss auf empirischer Grundlage). — Philosophische Zeitschriften. — Bibliographische Mittheilungen.

Inhalt von Heft 2: *J. Jacobson*, Philosophische Untersuchungen zur Metageometrie. Erster Artikel. — *F. Tönnies*, Studien zur Entwickelungsgeschichte des Spinoza. Erster Artikel. — *B. Erdmann*, Logische Studien. Zweiter Artikel. — Anzeigen: Hermann Brunnhofer, Giordano Bruno's Weltanschauung und Verhängniss; von *H. Wernekke*. — Benno Erdmann, 1) Nachträge aus Kant's Kritik der reinen Vernunft. 2) Reflexionen Kant's zur kritischen Philosophie, I. Bd. 1. Heft; von *H. Vaihinger*. — Ferd. Aug. Müller, Das Axiom der Psychophysik und die psychologische Bedeutung der Weber'schen Versuche; von *A. Wernicke*. — Georg Heinr. Schneider, 1) Der thierische Wille. 2) Der menschliche Wille; von *G. von Gizycki*. — Karl Uphues, Grundlehren der Logik. Nach Richard Shute's Discourse on truth bearbeitet; von *E. Laas*. — Selbstanzeigen: *Alfred Benn*, The Greek Philosophers. — *Kurd Lasswitz*, Die Lehre Kant's von der Idealität des Raumes und der Zeit etc. — *Alexander Wernicke*, Grundzüge der Elementar-Mechanik etc. — Philosophische Zeitschriften. — Bibliographische Mittheilungen.

Grössere Artikel des VI. Jahrganges.

T. Achelis, Lotze's Philosophie. — *B. Erdmann*, Logische Studien. I. Artikel. — *G. Helm*, Der Aether und die Wirkungen in der Ferne. — *G. Heymans*, Die Methode der Ethik. 1.—3. Artikel. — *J. von Kries*, Ueber die Messung intensiver Grössen und über das sog. psychophysische Gesetz. — *E. Laas*, Vergeltung und Zurechnung. 4. u. 5. Artikel (Schluss). — *Schmitz-Dumont*, Die Kategorien der Begriffe und das Congruenzenaxiom. 2.—4. Artikel. — *R. von Schubert*, Ueber den Begriff des Seins mit besonderer Berücksichtigung Benecke's. *F. Staudinger*, Zur Grundlegung des Erfahrungsbegriffs. 1. Art. — *A. Wernicke*, Ueber Activität und Passivität in ihrem Verhältniss zu Freiheit und Nothwendigkeit. — *A. Wernicke*, Den Manen Darwin's. — *W. Wundt*, Logische Streitfragen. 1. Artikel.

☞ **Preis des Jahrganges von 30—34 Bogen in 4 Heften M. 12.—.**

FUES'S VERLAG (R. REISLAND) IN LEIPZIG.

Encyklopädie
des
gesammten Erziehungs- und Unterrichtswesens,
bearbeitet
von einer Anzahl Schulmänner und Gelehrten,
herausgegeben unter Mitwirkung der

DD. Palmer, Wildermuth, Hauber
von
Prälat Dr. K. A. Schmid,
Gymnasialrector a. D. in Stuttgart.

Zweite verbesserte Auflage. 1876—1883.
I. Band: *A—Dänemark.* Preis 18 M. II. Band: *Dankbarkeit—Globus.* Preis 18 M.
III. Band: *Goethe—Kindheit.* Preis 18 M. IV. Band: *Kirche—Muttersprache.*
Preis 18 M. V. Band: *Nachahmung—Philanthropinismus.* Preis 16 M.

Die Bände VII—XI sind noch in erster Auflage zu haben
und kosten zusammen genommen 56 M. 40 Pf.; 1. und 2. Auflage schliessen sich aneinander an.

In der Vorrede zum ersten Bande der zweiten Auflage sagt die Redaction über diese:

„Die Nothwendigkeit dieser neuen Auflage ist schneller, als wir es gedacht, an uns herangetreten und eben damit die Frage, wie weit die neue Auflage aus einem unveränderten Abdruck der ersten bestehen könne oder nicht. Da war es denn von vorne herein unverkennbar, dass wir die verschiedenen Artikel verschieden zu behandeln haben. Statistische Zahlen z. B. werden überhaupt bald unrichtig; es sind aber besonders in Deutschland seit dem Erscheinen unserer ersten Bände so grosse politische Veränderungen vor sich gegangen, durch auch die Schulzustände infolge hiervon wesentlich umgestaltet wurden. Eine Anzahl statistischer Artikel bedurfte deshalb einer umfassenden Umarbeitung. Die Verhandlungen über pädagogische und didaktische Fragen sind nicht unfruchtbar gewesen, sondern haben auf einzelnen Punkten zu sicheren Ergebnissen geführt. Auch die geschichtliche Forschung ist vorwärts gedrungen und ihre Ertragnisse durften nicht unbeachtet bleiben. Von den wirklichen Fortschritten auf allen diesen Gebieten haben wir uns bemüht Kenntniss zu nehmen und dieselben für unser Werk fruchtbar zu machen, und auch in dieser Beziehung wird die zweite Ausgabe die Bezeichnung einer verbesserten nicht mit Unrecht in Anspruch nehmen u. s. w."

Der Werth und die Bedeutsamkeit der Schmid'schen Pädagogischen Encyklopädie sind gleich bei ihrem ersten Erscheinen anerkannt worden.
Vom Preussischen Cultusministerium wurde das Werk als eine der beachtenswerthesten Erscheinungen der neueren pädagogischen Literatur zur Anschaffung empfohlen.

Pädagogisches Handbuch für Schule und Haus.
Auf Grundlage
der Encyklopädie des gesammten Erziehungs- und Unterrichtswesens, vornehmlich
für die Volks-, Bürger-, Mittel- und Fortbildungs-Schulen
in alphab. Ordnung bearbeitet von
Prälat Dr. K. A. Schmid,
Gymnasial-Rector a. D. in Stuttgart.

2 Bände (145 Bogen) Gross-Octav. 1877—79. Preis M. 29.—.
Sehr eleg. geb. in 2 Halbfrzbde. M. 33.—.

www.ingramcontent.com/pod-product-compliance
Lightning Source LLC
Chambersburg PA
CBHW032129160426
43197CB00008B/567